纪念苏庚春八十五周年诞辰专辑

文物鉴定与研究

（四）

广东省文物鉴定站 编

文物出版社

苏庚春同志为广东的文博事业作出了卓越的贡献我们永远怀念他

吴南生

二〇〇九年八月

吴南生先生题词

1.元　青花西厢故事图瓶

2.元　湖田窑青白釉浮雕"墙头马上"图
高足杯

3.宋　建窑酱黑釉鹧鸪斑束口盏

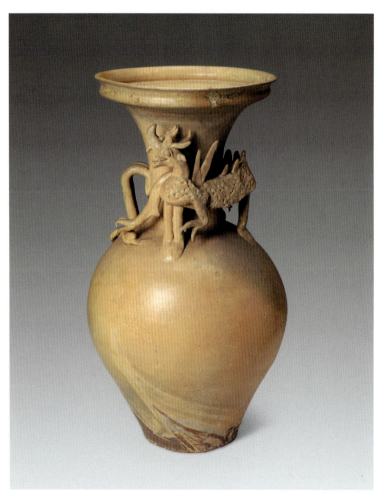

4.唐　越窑四系盘龙罂
（浙江省博物馆藏）

5. 西汉　双凤纹玉剑格

6. 战国　玉龙纹板

7.良渚文化　神人兽面纹玉琮

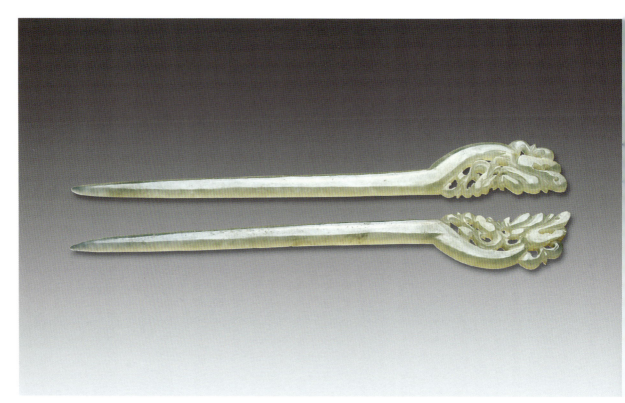

8.明　白玉龙凤纹玉簪（一对）

9.二色裱装　　　　　　　　　　　10.三色裱装

11. 明　陈道复《墨牡丹》扇面（北京故宫博物院藏）

12. 明　张穆《临钱舜举钟馗出猎图》（香港艺术馆藏）

目　录

前　言

　　苏庚春先生是我国知名古书画鉴定专家，国家文物鉴定委员会委员，1993 年首批享受国务院特殊津贴的专家学者，是广东古书画鉴定第一人和最高权威，为广东省文物鉴定事业的发展建立了不可磨灭的功绩。今年是苏庚春先生八十五周年诞辰，我们怀着十分崇敬的心情，缅怀先生的功业、品德和教诲，激励后来者为文物鉴定事业作出新贡献。

　　苏庚春，字更淳，河北深县人。1924 年 12 月出生于北京。自幼从父苏永乾在琉璃厂学习古书画鉴定，后拜夏山楼主韩慎先学习。1961 年调广东，先后任广东省博物馆保管部副主任，广东文物出境鉴定组组长、广东省博物馆顾问。是第四、五、六届广东政协委员、广东省国际文化交流中心理事、广州市文史馆馆员。2001 年 12 月 23 日因糖尿病并发症在广州逝世，享年 78 岁。

　　苏庚春先生 1961 年到广东时，广东省博物馆甫落成开馆，藏品匮乏。苏先生通过他在北京从事征集鉴定工作时结交的朋友，从全国各地文物经营机构和收藏家手中为省博物馆征集了大量书画藏品，其中一、二级品就达千余件，使广东省博物馆书画藏品跻身全国博物馆前十名。苏庚春先生在广东的 40 年间，为省内各博物馆鉴定征集的书画藏品有数万件之多。在文物出境鉴定组工作期间，苏先生以他丰富的学识和过人的眼力，在准备出口的文物商品中查验出国家禁止出境文物，保护了大批国家珍贵文物不使之外流。在广东的这 40 年，苏先生培养了一批书画鉴定人才，聚集和发展起广东的书画收藏队伍。现今活跃在省内文物博物馆和拍卖机构的书画鉴定人员，几乎都直接或间接得到苏先生的教诲。

　　苏庚春先生治学严谨，实事求是；兢兢业业，克己奉公；淡泊名利，生活简朴；谦和宽厚，与人为善；奖掖后学，诲人不倦。他的业绩和精神将永远铭刻在我们心里，耸立在广东文博事业的史册上。

2009 年 12 月，是苏庚春先生八十五周年诞辰纪念日。为了缅怀先生对广东文博事业作出的贡献，我们选编了一组纪念文章，这些文章都是广东书画鉴定界的朋友们在苏庚春先生逝世后自发撰写的。广东省政协原主席吴南生同志也欣然为此题词。我们可以从中再一次重温苏庚春先生为广东文博事业所作出的贡献。

苏庚春先生为文物鉴定事业奋斗了一生，我们将永远怀念他。

编　者

2009 年 9 月

跟从苏庚春老师学鉴定

单小英（广东省文物鉴定站）

我认识苏庚春先生，是在 1986 年。

那年 1 月，我从部队转业到广东省文物管理委员会办公室（省文物鉴定站前身）任秘书工作。去之前，我就听我母亲说过（我母亲时任省文化厅副厅长）"文管办有个苏老，苏庚春，是书画鉴定方面的权威，很有名气，人也很好，大家都很尊敬他。省博物馆的藏品到香港展览时，我们一起去过。"当时，苏庚春先生已从文管办退休。一天，先生来单位办事，见到我，经介绍，他非常高兴。我说：母亲让我好好跟您学习。他连说："好！好！好好学。"过了一段时间，又一次见到先生。他从信封里拿出张纸：

1992 年 12 月 9 日，苏庚春（前排左二）接待香港著名书画鉴藏家刘作筹（前排左三）观摩广东省博物馆藏书画。中坐者吴南生，左一单小英。

"我给你写了幅字。"先生说。我打开字幅，是个横条，上面写着"宝剑锋从磨砺出，梅花香自苦寒来。古贤名句书奉晓英同志共勉。丙寅冬十月六日博陵苏庚春。"书法流畅宛转，字里行间还透着墨香，引首钤一方朱文"来日方长"印。我明白，这是先生对我的期望。

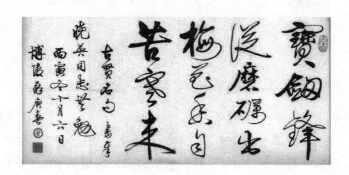

苏先生是河北深县人，自小随父亲在北京琉璃厂贞古斋练就了一双鉴定书画的火眼金睛，郭沫若曾称赞先生"年少眼明"，当时先生才20余岁，与刘九庵、李孟东、王大山被誉为琉璃厂书画鉴定"四大家"。1959年，时任广东省副省长的魏今非有感于广东书画鉴定力量薄弱，特赴京请先生南来。苏先生先后任广东省博物馆保管部副主任、广东省文物出境鉴定组组长、广东省博物馆顾问。先生到广东后，为外贸等部门的文物出口鉴定把关，保护了近万件国家禁止出境文物。先生利用他过去与收藏家建立的关系，到全国各地为广东的各级博物馆鉴定、征集了数以万计的书画藏品。仅就省博物馆而言，6000余件馆藏书画90%以上是先生经手征集的（数字统计至先生去世时），其中一级品有百余件、二级品有千余件之多，这确立了省博物馆书画藏品名列全国博物馆前十名的地位。

两年后，我调到省博物馆，在保管部书画组，开始了对于古代书画鉴定的学习。苏先生是省博物馆聘请的鉴定顾问，先生家就住在距博物馆仅几百米的文明路214号。我在博物馆整理和征集书画期间，少不了上门向先生请教或是把先生请到博物馆来，指点我们工作。先生是个谦和的人，总是有求必应，并且不厌其烦，耐心教诲。我称他老师，他欣然应允，但我留意到，他在对别人介绍他的学生时，往往只提到我的师兄李遇春、陆小明等人，而我的名字他从未提及。一次，和先生闲聊，他说过去跟老师学习，都要举行拜师仪式。我试探地问："那我跟您学，也要举行个拜师仪式吧？"先生说："仪式就不用了，吃顿饭就行了。"几天后，我请先生和师母一起吃了饭，席间给老师、师母敬茶，就算正式拜师了。对拜师一事，当时我没多想，只是想着遂老师心意吧！现在想起来，老师自有他的道理。当年，孔老夫子的学生拜师入门是要行三拜九叩大礼的。一直以来，尊师重教是中华民族的文化传统。凡事要先定名分，名正才能言顺。师者，传道授业解惑者也。一日为师，终身为父，今后不管天南海北、荣辱升迁，师徒关系终身不会变。旧时拜师，有着复杂的程序，要先请中人向师傅说合，再择吉日设宴，写拜师帖，行拜师礼等。现在，事情新办，形式可以简化，但总要有一个定名分、明确师徒关系的形式。老师是老派人，在老师那里，祖宗的规矩不能不讲，必要的形式不能没有，连起码的规矩都没有了，也就没有名分，无所谓师徒了。

1995 年 2 月 25 日，苏庚春（右一）接待香港同行观摩广东省博物馆藏《宋人群峰晴雪图》（该图为吴南生捐献）。右二为单小英。

　　老师在广东书画鉴定界威望很高，许多书画展览或是拍卖预展，都会有很多老师的朋友、书画收藏爱好者约请老师前去观看或是请帮忙"长眼"。老师为人热心，逢有朋友约请，一般都欣然应允。碰到这样的学习机会，我自然不会轻易放过。跟随老师看展览，老师一般并不多语，但我如果有问题，老师则会明确作答："真的。""这件挺好。""这件有问题。"但话亦不多。我当时初学，对于这样的回答远远不满足：真的，为什么说是真的？有问题，问题在哪呢？心里虽然不解，但不好意思问。等渐渐入门后，我明白了：不多语，是为了尊重展览的举办方；不多语，是为了让学生自己去领悟。学习书画鉴定，不管别人怎么解释、说明，关键还是要自己领悟。在你还没领悟、没到那个层次时，别人怎么说，你都很难明白，何况许多感觉是只能意会而无法言传的。启功先生等大家对书画鉴定有"望气"一说，这个"气"，是在丰富积累基础上而产生的第一眼的整体感觉，如果没有这种积累，是无法理解这个"望气"的。

　　老师向我们传授鉴定知识是毫无保留的。为了使我能尽快掌握一些判别个别画家作品的特点和要领，老师将他数十年来积累总结的经验告诉我们。如：张爱落款习惯将"爱"字的最后两笔写成两个横竖勾相套叠而不是相连接；何绍基落款习惯将"基"字的捺画写成点画；伊秉绶落款习惯"绶"字绞丝边的最后点画与"受"字宝盖的点画

1995 年 2 月 25 日观摩广东省博物馆藏画后留影。左一苏庚春、左五吴南生、右五邓炳权、右四林雅杰、右三许礼平、右二单小英、右一江英。

合一；唐寅落款"唐"字中间竖画往往与"口"字竖画相连，等等。当然，老师说："违反这些规律的一定不真，符合这些规律的不一定真，还要看书画本身进行判定。"老师教我们掌握这些画家落款习惯的基本点，再结合绘画和书法本身进行真伪判定，确实相对容易许多。

老师是个随和宽厚的人，他很少对我们这些学生提出严格要求和目标，也很少规定书目让我们读，而总是用启发、引导的方法让我们学习。有时一起看画，他会举出前次一起看过的同一个人的东西作比较，进行真假优劣分析。有时一起看画遇到我们提问，他会"突然"反问："你怎么看？"这种时候，我挺紧张：我看得对不对，老师会不会批评？接下来老师会说出他的意见，如果自己的判断和老师意见不同，过后我便会多找些这个人的画看以提高自己。有时老师好像是不经意地提出某本书或某文章的重要，应该读一读。一段时间后，交谈中他会提到该书内容，我如果读过该书，就可和老师一起讨论，他这时就别提有多高兴了！1999 年代，国内一些刊物上刚登载了关于王己千先生收藏的《溪岸图》真假争论的相关文章，几天后我去老师家，聊天时他就问及我对此的看法。虽然我对此事有些粗略耳闻，但对学者们的观点及理由并未深入了解。经老师这么一问和听他谈了看法，回去后我赶紧找来相关文章认真阅读，觉得收获确实很大。

老师年事已高，而且患有严重的糖尿病，但他仍然孜孜不倦的学习，及时掌握理论界和市场的新动向。我每次去老师家，他除了接待书画同好，就是在潜心读书或搦管挥毫。老师的行动对我们后学是一种无言的最好督促和鞭策。老师在学术上没有门户之见，我们跟他学，他从来没有要求我们只接受他的观点，他对书画鉴定界的其他先生如启功、徐邦达等都很尊重，尤其尊敬谢稚柳先生，他说谢老不仅鉴定眼力好，画也画得好，是很难得的。老师一直希望我也能够自

1993 年 3 月 1 日参观杨初（左一）画展后留影。左二为苏庚春夫人张沛之，右二为苏庚春，右一为单小英。

己动笔写写画画，可由于我生性疏懒，这方面多少让老师有些失望。

老师生活的节俭、朴素是人所共知的。他一年四季没有几套像样的衣服，我们见到老师时，他大多数时候穿着一件略显宽大的半旧浅灰色中山装，深灰色单裤。老师出门办事都是挤公交车，从不"打的"。我们怕他年纪大，挤公交车不安全，多次劝他。他却说，用二角钱就能办的事，就不要用二十元钱。老师并不缺钱，但他一直保持着简朴的生活和淡泊名利的心态。在用钱方面，老师对自己近乎吝啬，但对我们学生却很大方。作为学生，我们觉得请老师和师母吃饭就像请自己父母吃饭一样是天经地义，但老师很"公平"，坚持老师和学生付账机会均等。一次，为了坚持他自己付账，竟摆出了"师道尊严"，说："过去老师是要管学生饭的！"

老师、师母对我很好，他们没有女儿，老师经常说："我们要有你这样一个女儿该多好！"我也把老师看作自己的父辈一样尊重和孝敬。向老师请教、和老师聊天，他谈得最多的是近期的书画展览信息，他最近过眼的书画作品及印象，书画市场的价格及动向。他也会谈自己学习鉴定的经历，在北京琉璃厂的经历，为各博物馆征集的书画名作、征集过程及所见所闻，许多涉及古董行和收藏家、书画家的遗闻逸事，是非常有价值和不可多得的口述历史。但由于我当时的识见浅陋，对这些可贵的信息资料居然不甚留意，没有将这些历史资料记录下来，现在后悔晚矣！

老师离开我们一晃已经八年。这八年，我始终没有感觉老师与我们已是阴阳相隔，

1998 年 4 月 1 日，苏庚春（前排右）接待美国著名书画鉴藏家王己千（前排中）在广东省博物馆观摩藏画后留影。前排左为广东省博物馆原馆长邓炳权，后排右为单小英，左为朱万章。

而是觉得老师只不过像往时到了夏季就回北京一样暂时离开我们，他始终在关注我、关心我和帮助我。这八年，我按照老师的教诲，在学习书画鉴定的道路上不断前行，虽然说不上非常刻苦、勤奋，但还是在不断进步。我一直记住老师对我说的话："你能看到自己的不足，你就能不断进步。"

老师在世时，是广东的书画鉴定权威，大家信服他，只要他说"这件东西是真的"，人们就敢花钱买。老师离开我们这些年，我们更深切地感受到他在书画鉴定领域的地位和价值。他看过的书画、他作的书画题跋，仍然是我们学习书画鉴定的宝贵教材和鉴定书画的重要依据；在鉴定水平上，至今仍然使我们后学者望其项背而汗颜。广东的书画同道聚在一起，少不了要谈起老师。老师的点点滴滴，成为我们这一代受过他教诲、培养、影响和帮助的从业人员和书画爱好者的永恒话题。

2009 年 6 月

苏庚春的学术历程及鉴定成就

朱万章（广东省博物馆）

苏庚春（1924~2001年）是国家文物鉴定委员会委员，著名书画鉴定家。他字更淳，河北深县人，1924年12月出生于北京的古玩世家，自小秉承家学，又博闻强识，从父亲苏永乾先生在北京琉璃厂经营字画古董行——贞古斋，后又师承夏山楼主韩德寿先生，年纪轻轻便练就了一双鉴别书画的慧眼，当时与刘九庵、王大山、李孟东并誉为"琉璃厂书画鉴定四大家"，郭沫若先生曾赞赏其"年少眼明，后起之秀"。1956年公私合营以后，苏庚春先生任北京宝古斋书画门市部主任等职。1961年，他应当时广东省副省长魏今非的邀请，调到广东省工作，从此广东书画文物的鉴赏水平为之焕然一新。苏庚春先生以其高深的学养和独特的鉴赏能力，为博物馆、图书馆、美术馆、海关等

苏庚春小影

国家机构鉴定或征集文物达数十万件，保护和挽救了祖国珍贵的文化遗产；他所培养的书画鉴定人才已成为广东文物鉴定界的栋梁。笔者自1992年7月起进入先生曾供职的广东省博物馆从事书画鉴藏工作，有幸忝列门墙，跟随学习书画鉴定近十年，其中于先生之事耳濡目染既多，现择其要者略述其学术历程及鉴定成就，以纪教泽。

一、关于苏庚春的师承

传统的书画鉴定，离不开老师的言传身教，苏庚春自然也不例外。

苏庚春在书画鉴定方面最早的老师应是他的父亲苏永乾。苏永乾[①]（1888～1963年），字惕夫、惕甫，河北深县人。早年进京，在北京琉璃厂韫珍斋跟随李克甫当学徒。李有三个鉴定字画眼力都不错的弟子（另两人是冯伯勋、董兰池），数苏永乾的眼力最好。1919年，苏永乾在琉璃厂开了一个叫"贞古斋"的书画店铺，以鉴定书画和经营书画文玩出名。据陈重远《鉴赏述往事》记载，苏永乾"有几十年的鉴定经验，很受收藏家和近代书画家的赞赏，同行人也佩服"[②]。启功（1912～2005年）在回忆录中就谈到，他常去贞古斋看画，并得苏永乾指授书画鉴定的秘诀。启功对早年随苏永乾学习字画鉴定的这段经历一直铭刻在心，直到晚年，他还保存着从贞古斋花四元钱买来的清

韩慎先小影

代雍正年间朱琳所画的《黑鸟老等》。启功先生认为这是对苏永乾先生的最好纪念[③]。苏庚春跟随父亲经营贞古斋，当时有"少掌柜"之称。在这种边经营边学鉴定的实践中，为苏庚春的书画鉴定打下了坚实的基础。

此外，据苏庚春自己所说，他在书画鉴定方面的另一重要老师是韩慎先。韩慎先[④]（1897～1962年），近代著名收藏家和书画鉴定家，字德寿，北京人，久居天津。据说他曾先后收藏到元代王蒙的《夏山高隐图》和清初王石谷的临本《夏山高隐图》（两画现均藏北京故宫博物院），因而以"夏山楼"名其斋号，并自号夏山楼主。其祖父韩麟阁曾为清吏部官吏。他曾自开古玩店，后从陈彦衡学戏，对谭派唱腔颇有研究，非常讲究字韵。曾于高亭唱片公司灌有《定军山》、《朱砂痣》、《二进宫》、《宿店》、《卖马》等唱片，颇有影响。他的拿手戏为"三子"，即《法场换子》、《桑园寄子》、《辕门斩子》。余叔岩曾从其学《南阳关》唱腔，并传韩《战太平》唱腔，互相传授。据说晚年在天津时，当地的名票多拜在他的门下。他也是1949年以来我国早期的书画鉴定权威之一，与张珩、谢稚柳等同为首批书画鉴定小组成员，曾供职于天津艺术博物馆，任副馆长。

　　据苏庚春回忆,韩慎先幼时常随父游览于厂肆,当时尚蓄一小辫,故有人称韩小辫;因为他居长,所以人们官称为韩大爷。他博学多能,除对书画精通外,尚能识别瓷、铜、玉、砚等项。对诗文、书法也自有独到之处;在京剧方面,嗓音极好,专攻老生,有余(叔言)派韵味;自己又会拉胡琴,晚年天津名票多拜于门下。他在京津一带影响很大,如果谁说是夏山楼主的学生,就会走到哪,都能吃得开。韩慎先晚年主要研究书画和教学生。苏庚春与韩老结识,先是由鉴定书画,后来则是兼学唱戏。据苏庚春在他的书画鉴定札记《犁春居书画琐谈》中记载,韩慎先开始时做苏先生的琴师,他说苏嗓子好,有"云遮月"之味,一定要比鉴定字画更红,叫苏学唱戏。可是苏庚春常常将所学会的戏唱过后,韩慎先总是说,全对,也全不对,假如要教苏,比教不会唱的更难。因为这时苏先生已经唱的有自己的一套了(自己的辙),改起来是较为难的。后来,苏先生便"知难而退"了,还是继续搞他的字画鉴定本行。

　　学习鉴定字画,韩慎先告诉苏先生说,第一要有好记忆力,如没有好的记忆力,那一定学不会,这是个根本,沾事则忘,那就学不了鉴定;第二要熟悉中国历史,同时也要熟悉历代有名的书画家,这是学习书画鉴定所必需的基本知识。一个对美术史一无所知的人是无从谈书画鉴定的;第三要真假好坏都得看,有比较才有鉴别,这是学习书画鉴定所必需的外在条件。古往今来,大凡具有鉴定法眼者,大多过眼书画无数,从而练就慧眼。对于韩慎先所提出的三个要求,苏庚春都已具备。

　　据苏先生说,有一天他去韩老师家。看见房中挂着一幅郑板桥的墨竹,便向他讨教,韩老师说:郑板桥是用画法写书,书体叫"乱石铺街",字体中有的笔画像竹枝和兰叶;画竹的特点是竹叶比竹枝要宽,每一幅单看是"个"字,整看也是"个"字;画石头不点苔。他的署名"燮"字,从"火"字多数是真,从"又"字多数是伪。韩老师说,一天就让学这么多,以后要学,每学一"招"要付十元。"钱我不要,凑多了咱们拿这钱去吃饭,这样你会印象深,能记住。"苏庚春原

清·郑板桥《竹石图》,纸本墨笔,广东省博物馆藏

来住在北京东琉璃厂旁的桐梓胡同，有时每个月去天津一两次，每次去了都会学个一两"招"。这样时间长了，又通过自己在实践中有所领悟，慢慢也就积累了一些书画鉴定的知识。这是苏庚春后来走上书画鉴定并卓然成家的最重要的原因之一。

二、独具慧眼，抢救国宝

谁也不能准确统计，也无法说出苏庚春于20世纪60年代初南下广东后，究竟为广东的博物馆、美术馆及其他文物机构征集了多少书画藏品，为国家抢救了多少重要书画文物。但一提起苏先生的名字，广东的文博界几乎无人不知，大凡广东的博物馆、美术馆中有书画收藏者，几乎都有过苏先生参与鉴定或征集书画的记录。据不完全统计，经他手鉴定、征集和抢救的书画文物有数万件，尤其是广东省博物馆——就笔者目力所及，自60年代初至80年代中期苏先生退休，他为博物馆所征集的书画就有三千多件。在博物馆的书画账本、卡片、包首、布套甚至木柜上，到处都能见到苏先生的手迹，这些手迹包括一些鉴定意见、征集经过、题签等，字字珠玑，饱含了他对所鉴定、征集的书画所倾注数十年的感情。这里特别要提的是，他为国家所抢救的两件国宝级书画——明代陈录的《推蓬春意图》和边景昭的《雪梅双鹤图》。

1973年，中国出口商品交易会在广州举行。苏先生例行对出口的古旧字画进行鉴定。按照当时政策，一些工艺品公司可以将不能进博物馆、美术馆收藏的古旧书画出口，以此为国家换取外汇。这类书画，一般多为伪品，或即使是真品，但大多水平不高，属等外品。但为了慎重起见，作为南大门的广州，每次大多由苏先生主持对这一批书画做最后把关，确信无误后才给予放行。在这一年，苏先生对天津送来的一件署款为"陈录"的《梅花图卷》产生了浓厚的兴趣。凭借他多年的经验，他断定，这件品相完好、画幅巨大（纵29厘米、横902.5厘米）、被当地文物鉴定部门定为仿品的《梅花图卷》极有可能是一条漏网的大鱼。于是，他以30元的价格为广东省博物馆买下来，带回馆里作进一步深入研究。陈录是明代早期的著名画家，他字宪章，号如隐居士，会稽（今浙江绍兴）人，工诗擅画，其中梅、松、竹、兰尤为见长，尤以墨梅的造诣最为精湛，与王谦齐名。他的传世作品不多。苏先生将此画与其他已有定论的陈录作品进一步比较，发现系真迹无疑。该画引首有徐世昌和周右的鉴定名章，时人程南云题写篆书"推蓬春意"，拖尾则有明清两代鉴藏家题跋，分别是明代的刘昌钦、张泰和清代的陈鸿寿、徐楙、卢昌祚、姚元之、杨殿邦、夏塽、林则徐等人所题，这些题跋也是真迹，更加印证了苏先生的判断。后来，中国古代书画鉴定小组的专家们来鉴定后，也都认为是陈录的精品，并被定为一级文物。在20世纪80年代，文物出版社还专门为此画出版了单行本册页，流传甚广。

抢救国宝《雪梅双鹤图》之事，颇具传奇色彩。在1982年，广州的某书店从北方征集一批古旧书籍和字画，邀请苏先生去鉴定。当苏先生对每件书画和古籍逐一鉴定完后，没有发现多少可圈可点的宝贝。在临走时，突然对包裹这批书画和古籍的一张颜色黯淡、发黄的旧绢产生了浓厚兴趣，觉得应该是一幅非常古老的旧绢。后来他将此绢带回博物馆，将绢上尘封的污迹小心翼翼地拭去，发现是一幅画有白鹤与梅花的古画，近而再摩挲，用放大镜审视，发现在画的右上角有一炷香题识："待昭边景昭写雪梅双鹤图"。苏先生一看，异常兴奋，因为画的风格与边景昭完全一致，而且又有边景昭自己的题识，当为边景昭真品无疑。苏先生以1500元的价格从书店为博物馆购得此画，并送往北京的古画装裱师修复，后来在题款下又发现了"边氏文进"和"移情动植"两方印，更进一步肯定了他的判断。20世纪80年代后期，启功、徐邦达、刘九庵、谢稚柳、杨仁恺等中国古代书画鉴定小组的专

明·边文进《雪梅双鹤图》，绢本设色，156×91厘米，广东省博物馆藏

家们巡回鉴定到广东省博物馆，看了边景昭的这幅《雪梅双鹤图》后，均称精品，并将其定为国家一级文物。据鉴定小组编辑的《中国古代书画图目》记载，边景昭传世的画作极为少见，仅有故宫博物院收藏的《双鹤图》、《竹鹤双清图》（合作）两件、上海博物馆收藏的《杏竹春禽图》、《花竹聚禽图》和《秋塘鹨鸽图》三件和广东省博物馆收藏的这件作品，共计6件。广东省博物馆所藏的此件作品纵156厘米、横91厘米，堪称鸿篇巨制，乃其传世画迹中之珍品。此画所幸有赖苏先生彗眼识宝，不然可能将永无见天之日，或早已被人弃之纸篓。

这类例子还有很多，比如在北京琉璃厂的大甩卖中只花了3元钱便为广东省博物馆收购到明末清初广东著名水墨花鸟画家赵焞夫的《花卉册页》……等等。在广东省博物馆，凡是经他征集的作品大多在背后有着一段动人的故事，记录着独具慧眼的苏先生的传奇经历。记得在20世纪八十年代，广州的《南方日报》还专门以题为《好犀利的

眼睛》对苏先生进行了专门报道，使其大名远扬。

　　对于博物馆征集藏品，苏先生常常告诫我们，一定要有前瞻性。比如一些美术史上的小名家，作品传世不多，但艺术水平精湛，这类作品也要适当征集，也许将来随着研究的深入，他们将成为填补美术史空白的重要佐证；还有就是当代的一些艺术造诣高超的画家作品也要适当征集，这些作品若干年后就是重要的文物。在苏先生所处的"当代"，他便利用其广泛的社会关系，为博物馆收藏了诸如傅抱石、谢稚柳、李可染、刘海粟、黎雄才、关山月、林墉等人佳作。事实上，当时并不被以收藏古书画为主的文博界所看好的当代名家作品，现在已然成为博物馆、美术馆收藏的新宠，而且价格不菲。目前广东省博物馆收藏此类作品极多，这是和苏先生的远见卓识分不开的。

　　正是因为苏先生这种独到的鉴定实力与高瞻远瞩的眼界，使得僻居岭海一角的广东省博物馆能成为继故宫博物院、上海博物馆、南京博物院、辽宁省博物馆、天津艺术博物馆之后的中国书画收藏大馆，尤其明清以来的书画作品，无论质量还是数量，均可在省级博物馆中位居前列。

三、"鉴伪易，鉴真难"

　　书画鉴定是一门高深且兼具实用性和学术性的学问，没有一定的书画阅历和文史、艺术等方面的知识是远远不行的。在现代的文物鉴定中，书画鉴定是唯一一种不能以科技手段替代的文物鉴定门类，在以后相当长时间内，仍然需要人们的经验来进行判断。既然主要取决于经验，因此难免会受到很多主观因素的制约，使书画鉴定自然成为所有文物鉴定中最难的一门学问。

　　在苏庚春看来，书画鉴定中，最难的莫过于"鉴真"而不是所谓的"鉴伪"。所谓的鉴伪，相信很多鉴定界人士都有过这样的经历：经常看到某某"鉴定家"动辄将东西看假，有时即使是真的作品，但略有瑕疵，也会被判以伪作或存疑。这样会白白地错失征集佳作的良机。但这还不是最坏的。如果这样的人供职于把手国门的文物监管、鉴定部门，那国家可能会因此流失珍贵的文物，造成不必要的损失，后果就相当严重了。若发现此类鉴定"失误"，真正追究起来，他可以说是自己眼力较严，两手一甩，毫不干事，人们也会因为他的"把关严"而理解、原谅他。在苏庚春看来，这是一种极不负责任的行为，最多也就是鉴定书画的初级阶段。所谓"鉴真"，是在别人"鉴伪"中被打入另册的"伪作"或不留意的作品中发现"仙丹"，去伪存真，去粗取精。大家所熟知的启功、徐邦达、刘九庵、谢稚柳、杨仁恺、傅熹年等著名书画鉴定专家都有这个本事，苏庚春也不例外。上述《推蓬春意图》和《雪梅双鹤图》的发现与抢救就是一个典型的例子。

1988 年 12 月，苏庚春（后排左五）与刘九庵、徐邦达、杨仁恺、启功、欧初、谢稚柳、吴南生（前排左起）等在广州留影

　　徐建融在一篇题为《鉴定眼界的严与宽》的文中谈到：在书画鉴定中，一种是以鉴定家的"自我"为中心，一种是以待鉴定的作品为中心。他指出，在这种情况下，不是眼睛宽和眼睛紧的问题，而是人品的问题。撇开开门见山的真和假，对于可真可假的情况，当它与鉴定者没有利害关系的情况下，王季迁先生曾对人说过："某甲心胸宽阔，所以一律看真，某乙心胸褊狭，所以一律看假"[5]。这是很有道理的，苏庚春是一个为人温和的谦谦君子，心胸开阔，所以在遇到像徐建融所说的这种情况时，总是将作品看真。有意思的是，他所看真的那些书画，后来都得到全国古书画鉴定小组的成员如启功、徐邦达、刘九庵、谢稚柳、杨仁恺、傅熹年等人的认同，在行内获得一致好评。

　　苏庚春经常在一些画廊、文物店、拍卖行或收藏家手中不断地发现一些不被人看好、打入冷宫但实际上是真品、精品的书画，为博物馆收购回来，充实了馆藏。在广东省博物馆的书画库中，这类作品比比皆是。有的已被国家文物鉴定委员会的专家们定为一级或二、三级文物，绝大多数被选入权威的《中国古代书画图目》、《中国美术全集》和《中国绘画全集》中，成为研究中国美术史的重要实物资料。

四、"清者自清，浊者自浊"

　　20 世纪 80 年代以来，随着经济的发展，艺术市场开始复苏。由于苏庚春在京、粤两地书画圈中所公认的鉴定眼力与公信力，社会上登门求字、鉴定和要求为其书画题跋的人踵接于门。苏先生是一个谦和与古道热肠之人，他几乎有求必应。但对于假的书画，他一概婉言谢绝，即使再熟的朋友他也不题半字，这一点几乎成为圈中人的共识。

1988 年 3 月 19 日，苏庚春（右）与徐邦达（中）
在广东顺德博物馆鉴定书画（林家强摄）

　　但在艺术市场上（尤其是广东的市场），常常出现一些假冒苏先生的题跋或书法作品。在一些假的书画作品上也赫然出现一些假的苏先生题字；更有甚者，在一些假的书画上出现真的苏先生题跋。后来一调查，原来是苏先生在真的书画上题跋后被人调了包，换在了假的书画上（俗称"移花接木"）。对于知情者来说，知道是那些趋利者所为，大多一笑置之。但对于一些不明真相的人来说，以为是苏先生收了别人的钱财而违心所题（这里要说明一点，据我所知，苏先生为人题跋从未收受钱财），这自然就严重影响到他的声誉和地位。从维护他的声誉着想，我们几次建议他登报作个声名或将作假售假者诉之以法，也有记者朋友自告奋勇要求写文章帮他做个澄清，一向淡泊为人的苏先生总是淡然一笑："清者自清，浊者自浊"，完全是一副恬淡出世的心态。这种豁达与宽容在当今实属罕见。

后来再有人题跋，他总是诙谐地告诉来者，想卖好价钱，就不要来找我题，大家都知道这个题跋是不可信的。事实上，这种违反诚信准则的作假行为不但无损苏先生形象，反而让更多的人知道了苏先生的大名，知道了书画鉴定的真正准则。

五、著书立说，薪火相传

苏庚春从早年北京琉璃厂的"少掌柜"到南方地区赫赫有名的书画鉴定家，六十年如一日，积累了丰富的鉴定经验，成为书画鉴定界一笔宝贵的精神财富。很多知道苏先生的人，都认为他只懂得鉴定，而拙于笔耕。其实，这是一个美丽的误解。

苏庚春先生的著述非常丰富，但他却从来不事张扬。从20世纪70年代起，他便开始撰写《中国艺术辑略》，洋洋洒洒70万言。该书对中国书画艺术的流变、画家的生平以及所寓目的画迹做了详尽的考证。其时俞剑华的《中国美术家人名辞典》还未面世，此书的编撰，无疑对于整理中国绘画史、查阅画家资料具有开创之功。遗憾的是，由于各种原因此书在他生前一直未能面世。2004年，为纪念苏庚春先生八十周年诞辰，由笔者将其数十本手稿整理，更名为《苏庚春中国画史记略》，交由广东旅游出版社梓行。虽然由于时代的变迁，大量的美术史论著已经问世，书中的一些观点或资料显得有些过时，但书中高扬的一种严谨踏实的学风则是值得美术史学界借鉴的。尤为难得的是，书中所提供的一般画史所难以见到的第一手资料，有不少来自于苏先生鉴画之余的亲手笔录，蕴含了他的鉴定思想，为中国绘画史的研究提供了非常珍贵的参考依据。如广东省博物馆在1970年发现一件署款为元代山水画家高克恭（1248～1310年）的《云山烟树圈卷》。此卷曾经书画鉴定家认为是明代初期的作品，但也有人认为是高氏的真迹，原因是该卷可能是一分成二，前半段失掉或裁为二件，前半段或会有高氏题识，而此段的款

苏庚春著《苏庚春中国画史记略》书影

识字迹潦草显然为后人所添，但卷尾的李衍题字看不出是伪作。苏庚春特把它提供出来，以备鉴考⑥。这就为我们保存了鉴定资料。

苏庚春著《明清以来书画鉴定家选》书影

苏先生的另一部著作是他所编撰的《明清以来书画鉴定家选》一书。该书于1998年由荣宝斋（香港）有限公司出版。该书记录了明清以来书画鉴定家的生平及其常用印鉴，对于书画鉴定具有非常重要的辅证作用。此书在大陆较为少见，影响不广，但在广东、香港地区，一直以来成为很多书画从业人员和收藏者案头必备的参考书。

此外，苏先生长期以来有将自己鉴定心得记录在纸的习惯。自2000年以来，笔者将这些随手所写之笔记和他随口所讲之鉴定妙语整理出来，并征得他的同意，命名为《犁春居书画琐谈》，并按不同内容加上小标题。先是于2000年在《中国文物报·收藏鉴赏周刊》连载，一开始便在海内外引起很大反响。笔者时常接到来函来电询问结集出版之事，有时因为工作原因未能及时整理发表，便有读者来电追问事由，唯恐停载。后来，一些网站也作了转载。近年，广州的《文史纵横》、《收藏·拍卖》等杂志也纷纷连载，在行内影响极大。

苏庚春《犁春居书画琐谈》在广州的《收藏·拍卖》杂志连载

　　著书传道之外，苏先生还从不吝惜自己的"绝活"，经常在不同场合向晚辈们传授自己的学术精髓和鉴定心得。书画鉴定是一门古老的综合性人文学科，它所需要的是博闻强识和坚忍不拔的毅力。苏先生所经眼之书画不知凡几，他通过类比总结，并大量阅读各种典籍，逐步形成了一套自己的鉴定思路与方法。如"海阳四家"之一的查士标（另三家为渐江、汪之瑞、孙逸）的署款中之"士"字，到了晚年一般都写成"七"字才是真迹。广东南海林良是明代较早期的花鸟画家，与当时的吕纪齐名。他的署款都是两个字"林良"，用印大多为朱文方印"以善图书"。其中，署款之"林"字，左边的"木"字较短，右边的"木"字较细长，而最后一捺，多是用点……等等。虽然这些并不是什么惊世宏论，但没有相当阅历和深厚功力的人是无法总结出来的。

20 世纪 70 年代，苏庚春（右一）与谢稚柳夫妇留影

　　苏庚春是当时岭南地区唯一的以鉴定古代书画为主的国家文物鉴定委员会委员。在传统的鉴定大家渐行渐远的时代，相信广东在以后也很难出现像他这样的鉴定大家。但尽管如此，由于苏先生的言传身教，广东的书画鉴定人才却是代不乏人。如今，苏先生所培育的广东新一代书画鉴定人才也正在茁壮成长；他们在文物监管部门、博物馆、美术馆、文物店、画廊、拍卖行等继续传承着他的书画鉴定事业，使其薪火相传。而他的著述也正在教化后人，成为美术史学界、文物鉴定界的重要文化遗产；经他所征集、鉴定的书画正在博物馆、美术馆的展厅里、学术讲坛上泽被后世……

六、"以有限的人生，做无穷的事业"

　　苏先生长期身患糖尿病，晚年更染咳疾和眼疾，加上长期忘我工作，因而体质较弱，于 2001 年 12 月 23 日上午在广东的省中医院二沙岛分院安详地驾鹤西去，享寿仅七十八岁。当时，广东各界近千人在广州新殡仪馆青松厅为这位在广东呕心沥血四十余年的书画鉴定家送行。

　　苏庚春先生生前有很多任职，他历任第四、第五、第六届广东省政协委员、国家文物鉴定委员会委员、广东省文物出境鉴定组组长、广东省博物馆顾问、广东省国际文化交流中心理事、广州市文史研究馆馆员等职。自 1993 年起，享受国务院颁发的政府特殊津贴。在所有这些荣誉和任职中,他所最看中的还是书画鉴定家的身份。在苏庚春先生的广州寓所中,经常可以见到这样一幅他手书的行草对联:"以有限的人生,做无穷的事业"。正是这样的座右铭,使他没有忘记自己作为书画鉴定家的责任感和使命。

2000 年 8 月 22 日,苏庚春(左)、朱万章(右)在北京徐邦达寓所合影

　　大凡博物馆或其他文物鉴定部门有所求,即使再忙,他也会忙中抽闲,倾力而为。记得在 2000 年 8 月,笔者经手从香港接收了一批书画收藏家李国荣先生捐赠的宋元以来的书画数十件。苏先生在广州对其作了初步鉴定后,认为其中一张署款"夏圭"的扇面山水画和其他几件无款的宋元绘画很值得研究,这些画应该都是宋元时期的,"夏圭"则是后添款。为了进一步印证自己的判断,他建议我们单独将这几件画送到北京请徐邦达先生再掌掌眼。他不顾身体不适,在炎热的北京城,亲自和我们一起将画送到徐邦达寓所,和徐先生一起对画逐一鉴定研究。除了一件猴子扇画被苏先生定为元代后期、而徐先生定为明代早期,时代略有出入外,最后的鉴定结果和苏先生一致。这件小事给我的印象极为深刻。苏先生那种严谨踏实的学风、兢兢业业的责任感,现在回想起来,还让人十分感念。

　　苏先生自 1984 年退休后,一直生活在广州和北京两地。他有一方印曰:"燕粤两居人",以示其生活状态。每逢暑期,他必到北京小住,一般国庆后,便又回到广州。他曾将自己喻为候鸟。这种两地奔波的生活方式也有被打破的时候,那就是如果广东的博物馆和文物鉴定部门有重要的文物需要鉴定或有与书画相关的重要活动时,他便会无怨无悔地选择留在广州。这种牺牲精神似乎也成为他的另一种生活方式。

七、张画苏题，风雅传世

　　苏庚春先生同时也是一位著名的书法家和篆刻家。其书法宗师钟繇、王羲之，淡雅而飘逸，深为收藏界所赞赏。其夫人张沛之（蕴贞）则擅长绘画，尤其长于花鸟，但拙于临池，因此苏先生常常为其画题字。古时有"潘（恭寿）画王（文治）题"之谓，今则有"张画苏题"之雅事，一时传为艺苑美谈。在 20 世纪 90 年代，苏庚春伉俪在广州、北京两地联合举办书画联展，并出版《暮趣墨缘——苏庚春张沛之书画集》，一时影响甚广。

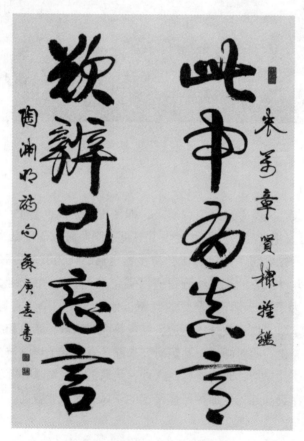

苏庚春书赠朱万章的《行书五言联》

　　1976 年夏，作家曾敏之曾书赠二绝句赞苏庚春、张沛之伉俪。其一曰："曾凭博识鉴菁英，燕赵襟怀看岫云。解得天和随分乐，岭南风物最留实"；其二曰："对花写照品花忙，腕底漆来国色香。为有孤山高格调，故教绿萼傲冰霜"，并题识曰："庚春、蕴贞贤伉俪一精品篆，一画梅花，恬淡为怀，各有所宁"。曾敏之先生寥寥数语，可谓知人之言，可以说是对苏庚春伉俪的高度赞赏与客观评价。

"张画苏题"之《春风得意图》，纸本设色，
136×68 厘米

　　苏庚春先生一生为人谦和、淡泊名利；治学缜密，诲人不倦。他的早逝，是中国文博界，尤其是广东文博界的巨大损失。他的学者风范和高尚品格，将影响和激励后人，成为书画鉴定界的典范。

1982 年秋月，苏庚春、张沛之伉俪参观故宫后在御花园留影

2005 年夏杪敬写于广东省博物馆
2008 年孟秋修订于京城之新源里

注　释

① 关于苏永乾资料，可参见苏庚春《明清以来书画鉴定家选》（荣宝斋（香港）有限公司，1998 年）和陈重远《鉴赏述往事》（北京出版社，1999 年）。其中陈重远《鉴赏述往事》将苏永乾生年定为 1893 年，参见该书 411 页，现以苏庚春之说为是。

② 陈重远《鉴赏述往事》，412 页，北京出版社，1999 年版。

③ 启功口述，赵仁珪、章景怀整理《启功口述历史》，187 页，北京师范大学出版社，2004 年版。笔者在《启功与书画鉴定学》一文中也谈及此事，该文载《第三届启功书法学国际学术研讨会论文集》，文物出版社，2009 年版。

④ 关于韩慎先疑年及生平，各种版本之资料说法不一，本文分别参阅中国人民政治协商会议天津市

委员会文史资料研究委员会编《天津近代人物录·韩慎先》（天津市地方史志编修委员会总编辑室，1987 年）和章用秀编著《名家收藏趣谈·韩慎先》（江西美术出版社，2005 年版）。

⑤　徐建融《鉴定眼界的严与宽》，《中国书画》2005 年 4 期，总第 28 期，31 页。

⑥　苏庚春《苏庚春中国画史记略》，121 页，广东旅游出版社，2004 年版。

怀念苏庚春先生

吴　泰（自由画家）

　　我有缘认识苏庚春先生源于父亲的关系，父亲曾与他在广东省博物馆时共事过一段很短的时间。苏老1961年经副省长魏今非引荐，从北京宝古斋书画部门南下广东省博任职书画鉴定工作。一年后，即1962年夏，朱光市长前秘书杨荦同志（当时任省博党委书记）特聘我父亲吴灏（子玉）到省博专门从事书画鉴定、研究、修补、复制等工作，不久我父亲就因"精简"政策而自动离职了。

1988年12月，中国古代书画鉴定小组来广东巡回鉴定，时摄于白天鹅宾馆，左起：吴美美、刘九庵、启功、谢稚柳、吴子玉、饶北全、苏庚春、张沛之（吴泰摄）

全国精简工作从 1962 年 5 月开始实施至 1963 年 7 月结束，在此大环境下，省博员工当时共有 300 人，要裁减到只剩下 16 个编制。父亲因当时在那里工作还差几天才满 3 个月，则属自动引退一类，从此就离开了省博。

父亲离开省博后，苏老与他亦时有往还，况父之业师谢稚柳先生与苏老在公在私往还甚密，故自 20 世纪 60 年代起至 90 年代间，都时有往来，而较频密者为七八十年代。

苏老自 37 岁任职省博至去世止，时间跨度非常大，从事工作繁重，积累了不少书画鉴定方面的宝贵经验，为省博的鉴古、征集、收藏等工作付出不少辛劳，作出很多贡献。

20 世纪 80 年代，苏庚春（右一）与吴子玉（右二）、谢稚柳（左二）、梁纪在广州大三元酒家留影

苏老很少谈论政治，身处那年代，心思专一于书画鉴定，并勤于此道，敬业乐业。于几十年的专职工作中，不断总结，勤做笔录，研究所及，遍及地方诸多名家，无不娴熟其生平、事迹、画法风格、前后变化等细节，并特别留意历来大家之"高仿"者。

每一鉴古高手必有其侧重点，盖自取其喜好，亦无所谓对错，有些鉴古专家喜从历代名家入手，而对中小及地方名家有所忽略，人的记忆力是有限的，不可能做到十足，鉴定既"鉴"也要求"证"，既要"见"也要"证"，容不得半点浮躁。要"见"那就是要通过比较，"类比"要用肉眼看实物，对比分析，好的要看，坏的也要看，字画的鉴定，凭经验的成数很高，通过熟悉作者的绘画技法，在技法上的比较，印鉴款式上的比较，同时代及其时代风格的比较等等去辨别求证；故鉴定书画也要讲环境的配合，要有很多藏品供分析研究才有可能总结经验，从比较中定优劣，否则，单从历代的文字记录，按图索骥，那是不可能提高自己的鉴定水平的。

苏老以馆为家，热爱本职工作，此亦为其内在之动力，这样一来，怎能不对其本馆的藏品的来龙去脉了如指掌呢？在此有利的环境下，做着实实在在的研究工作，不出成绩是不可能的事。

北京故宫博物院的书画鉴定专家刘九庵先生和苏老年轻时也有过同样的经历，并与刘先生的鉴定方法如出一辙；重实证、旁证、勤记录，从繁杂的记录中总结经验，并熟记历代名家及各地方中小名家之行迹，遍及画家师友，同代生活习惯，历代仿者事迹，不放过一切漏网之鱼，他俩都属老实人的做法，从不投机取巧，兢兢业业，诚可贵也。

余之与苏老，属父辈朋友，小时候经常随父至其省博住处，回想三十多年前往事，已漫幻难以细述，记忆中那时苏老为人憨厚，谈吐爽朗，操一纯正京腔，走路也快，见到我们异常热情。那时其房子很是有画意，房子就在省博的鲁迅博物馆旁（现已拆掉），几间瓦房，周围圈有竹篱笆，香蕉树与柚子树散布其间。故宫博物院藏的原济山水册其中一页，上题："芭蕉略雨点婆娑，一夜轻雷洗剩魔；梦对褚公书绝倒，令人神往十分过。"苏老那时候的房子大概也有那画页中的意趣，现在回想起来也很是写意。门前草地上也可放几张桌子，于花架下，吃吃花生，谈谈书画鉴定的轶闻趣事，其乐无穷。当时也引来了不少朋好，如：陈角榆（广州市二轻局局长）、欧初、周凯（广州市冶金局局长）、方锐（广州市园林局局长）、王贵忱、谢文勇（广州美术馆副馆长）、白云起（公安局局长）、邓涛（市文物店鉴定专家）、谭棣华及后来的谢志峰兄弟等等。那时候搞收藏的都有一个习惯，都想找个好的鉴定专家把自己手头的藏品鉴定一下，都是要"走群众路线"（商承祚的习惯用语），一张字画在广州都要跑遍几个点去鉴定，诸如容庚、商承祚、邓涛、苏庚春及我父，几位都意见统一，方才会安下心来。而苏老则是他们最容易找的对象，他平易近人，请他看藏品也容易。商、容则年纪老迈，行动不便，我父则是隐居于市，与社会接触不多。

我父自1972年始与上海谢稚柳先生互通书信，其间苏老亦时有帮他俩师徒奔走于上海、广州之间，传递物件，1976年此等事显得最为频繁，及后于1978、1979年起，谢公及鉴定小组南来鉴定书画，苏老在公在私都热情接待，大家济济一堂，其乐也融融矣。鉴定小组对省博的书画鉴定工作也极繁重，也够累坏那几位老人家的了，时每遇明、清两代广东书画名家作品，凡已经过苏老鉴定确认的，他们都较少有何异议，毕竟苏老对之熟悉，自然难有非议了。

苏老的离世，是书画鉴定界的损失，也是广东省博物馆的一大损失。而其历年在书画鉴定上的笔记及其总结的一些经验记述，为广东鉴定界作出了不可磨灭的贡献，亦为后来者提供了一份宝贵的经验，其付出的辛劳，足令后学们敬仰不已。

鉴定大师苏庚春

李小骥（羊城晚报社）

口头禅有"看一眼"。这"一眼"是多久？一秒？两秒？三秒？这"一眼"又有多大价值……全国文物鉴定委员会委员、著名书画鉴定家苏庚春先生的"一眼"可了不得。几个一"眼"下去，能让人不因错买赝品而破财，能让海关不因误放而导致文物流失。

2001年12月23日，78岁的苏庚春驾鹤仙去。有人说，广东书画鉴定界从此"群龙无首"。这话有点失之偏颇，但也从某一侧面表达了人们对苏先生书画鉴定功力的至高推崇。

1961年，37岁的苏庚春从北京调至广东省博物馆，负责为海关做书画验关出口工作。当时，他在北京书画鉴定行内已颇具知名度，是被广东省副省长魏今非指名调来的。到广州后，一待就是40年。为此，他曾治印"半个岭南人"。苏庚春的南下，大大增强了广东的书画鉴定力量。省内凡是与书画鉴定有关的部门，如海关、博物馆、文物商店、进出口公司等，几乎都留下了他的踪迹。广东省博物馆的书画藏品，超过90%是由他鉴定、征集的。

略显文弱的苏庚春先生为人宽和温厚。只有见过他鉴定书画，才会感受到他的慈眉善目之后还有另一双鹰隼般的利眼。

20世纪70年代，广州市古籍书店从河南洛阳收购回一批旧书，连带收了张残破的《雪梅双鹤图》。这张画没有上下轴，画面呈黑黄色，还满布霉斑。它原本是被图钉钉在墙上的，无论是原主人还是收购者，都认为它没有太大价值。苏庚春来到之后，一眼就看出（据当时在现场的人后来回忆，苏先生确实是仅仅看了一眼），这是明代早期著名画家边景昭的真迹！他马上要省博物馆将它送去北京故宫博物院装裱后予以收藏。后来，这张用400元收购、用900元装裱的《雪梅双鹤图》被专家定为国家一级文物。边景昭的真迹不多，被苏庚春发现的，当时是全国的第四张。

行内行外都知道，著名画家徐悲鸿擅画马，但画的牛，行外人却不多见。难怪20世纪60年代，一名出关旅客夹带的有徐悲鸿落款的牛图，因没有发票而被海关暂扣后，被在场的海关人员认为是假托徐悲鸿之名的赝品。但经见多识广的苏庚春辨识之后，这张牛图却被作为真迹扣了下来。苏庚春告诉大家，徐悲鸿的国画题材比较广泛，山水、人物、家禽、走兽，均有入画。当然，说这张牛是徐悲鸿画的，也因为它和徐悲鸿的画风十分吻合。

当苏老（右）打开一卷书画做鉴定时，你才会感受到他那慈眉善目后面另一双鹰隼般的利眼

有一年的广交会期间，苏庚春被请去鉴定明代陈录的《墨梅图卷》。这张画看起来比较新，送画来的天津某外贸公司认为这是张赝品。由于只有经苏庚春鉴定并盖上火漆标记，才能合法卖给外宾，因此请他过目不过是"例行公事"而已，可是，苏庚春看了之后却说："这是真迹！"根据对陈录画风的了解，再结合观察《墨梅图卷》精致的装裱以及画上的印章、题跋等，他果断拍板。至于画比较新，是因为民国时期曾为某达官贵人装裱、收藏。于是，这帧几乎成"漏网之鱼"的《墨梅图卷》，按规定就由广东省博物馆收购了。后来，它也被定为国家一级文物。

苏庚春征集的明代陈录的《推蓬春意图》卷之一，纸本墨笔，29×902.5厘米，广东省博物馆藏

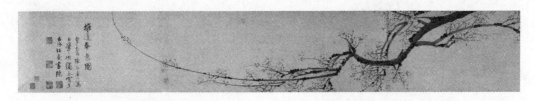

苏庚春征集的明代陈录的《推蓬春意图》卷之二，纸本墨笔，29×902.5厘米，广东省博物馆藏

精湛的技艺出于勤奋的实践。苏庚春祖籍河北深县，3岁迁居北京。从15岁起，就在自家书画店贞古斋随父亲学习书画鉴定。当时，其父苏永乾在北京的书画店聚集地琉璃厂也小有名气。5年后，苏庚春拜天津著名书画鉴定家韩慎先为师。35岁时，又拜北京晋秀斋的老板、对陶瓷杂项等颇有研究的贾济川为师，向他学习印章、墨、砚等的鉴定。

从22岁起，苏庚春就走南闯北收购书画。由于贞古斋是自家开的，或亏或赚，甘苦自尝，所以不得不处处谨慎，丝毫不敢大意。寒来暑往，曾过眼万千书法名画，也渐渐学会了分辨"苏州片"、"后门造"、"开封货"等赝品，鉴定水平日臻娴熟。这时期他收购的名画，有些现仍珍藏于北京故宫博物院。

新中国给了苏庚春展示才华的广阔天地。在调至广东之前，他先后在北京宝古斋书画门市部、特种工艺公司工作，和另外三位高手被合称为琉璃厂书画行业的"四大寇"。

苏庚春不但熟识许多大名家作品的创作特点、艺术风格，对行内不大留意的"小名家"也很有研究。有时，鉴定"小名家"的一些作品，刚展开小半截，仅看了几道笔墨，还没见到落款，他就能一口道出作者姓甚名谁。待作品全部展开再看，署名、印章竟和他说的分毫不差！

做书画鉴定，从没人能百分之百准确。对某帧书画的真假，当自己信心不足时，苏庚春宁可说它是真的。他曾告诫弟子：鉴定时，把"假"错成"真"可以原谅，把"真"误作"假"则不能原谅。因为把"假"错成"真"，可把作品留下来待日后请别的高人再做鉴定。如果确是自己弄错了，至多让人笑话一两句。但要是在自己没有把握的情况下轻率地把"真"看做"假"，作品就会被轻视，甚至会造成文物的损坏、流失。

由于苏庚春在书画鉴定界威望较高，近年来竟有造假者模仿他的笔迹在赝品上题跋，影响了他的名誉。有弟子建议苏庚春将造假者诉诸法律，他没有同意，只是淡然一笑："清者自清，浊者自浊。"

小忆苏庚春

叶向荣（自由学者）

苏庚春先生是我国著名的书画鉴定家。数十年来，曾先后在北京和广州从事书画鉴定工作。我虽与苏老交情不深，但亦有过一面之缘。

苏庚春先生挥毫情景，摄于 20 世纪 90 年代

记得那是 1998 年，在佛山华侨大厦的一次书画拍卖展。是日下午，我与朋友一同来到展厅观看拍卖展品，在我们差不多看完时，忽见展厅正门工作人员正拥着二人走进来，其中一位正是苏庚春老。他们专程从广州赶来。

　　我们静静地站到苏老一行的后面与他们一起观看，一边聆听苏老对每件书画的简要鉴语……当来到98号展品前，苏老显得格外精神。此乃沈周水墨手卷《秋山策杖图》，经国内三大鉴定专家张珩、谢稚柳及苏庚春过目，曾给予高度评价，弥足珍贵，为世所罕见的珍品。"此幅《秋山策杖图》是上世纪五六十年代曾在广东工作的老干部魏今非先生得自北京并珍藏的。你们看，画面布局疏朗，山石勾勒皴擦，笔墨洗练、简洁，已臻化境。水光一色，江天无际，一老翁拄杖独行，秋风萧瑟，人世沧桑，都于作者笔端流露于画面之上，一如画家心境。"苏老又说："此画落款八十三翁沈周制，沈周卒于明正德四年八月（1509年），享年83岁。此图乃其垂暮之年绝笔之作。画面还有两方收藏印，一方为白文：甲戌宋荦。另一方为朱文：牧仲氏。宋荦字牧仲，号漫堂，河南商丘人，官至吏部尚书，以书画名世，精鉴赏，富收藏。由所钤印章推断宋荦得此图当在甲戌年（即康熙三十三年，1694年）。"苏老然后又叫每人认真欣赏一下这难得的佳作。我真为苏老的鉴赏所折服，他不但熟悉历代书画名家，对收藏者的认识也了如指掌，的确非几十年的鉴赏功力不可为也。临分手时，我向苏老奉上名片，也顺便表明我对他老人家的敬佩。

　　事后我写了一封信给苏老，一是感谢能有幸聆听他老鉴赏书画这事，二则希望能得他老一幅墨宝以作纪念。没想到过了十天左右，我收到一封来自广东省博物馆的信，小心剪开，是苏老寄来的一幅书法。欣赏着苏老的书法，我欣喜万分，苏老在书画鉴赏界可谓德高望重，但没有半点架子，尤其对后辈的关怀和鼓励，更是使人肃然起敬。如今苏庚春老虽然已故，但他那淳朴而慈祥的音容，永远印记在我的脑海之中。

一瓣心香：怀念苏庚春老师

孙淑彦（广东揭阳丁日昌纪念馆）

2004 年，苏庚春老师谢世已三周年了。

三年来，一直觉得应该写点什么，来悼念这位可亲可敬的长辈，但总感到笔下拙涩，也许是话太多，反而不知从何说起。

昨天，与陈宇弟到书店，无意间购得《苏庚春中国画史记略》，16 开本，500 多页，沉甸甸。漏夜拜读，不禁勾起了一幕幕尘封的往事。

《记略》开篇有苏师的简传，摘之如下：

苏庚春（1924 ~ 2001 年），字更淳，河北深县人。我国著名书画鉴定家。昔年随父苏永乾先生在北京琉璃厂贞古斋经营书画古董。与刘九庵、王大山、李孟东并称"琉璃厂书画鉴定四大家"。郭沫若先生曾赞赏他"年少眼明，后起之秀"。1961 年应广东省魏今非副省长邀请，调至广东省博物馆，从此寄寓广州。长期从事古代书画鉴定与研究工作。历任广东省第四、五、六届政协委员；国家文物鉴定委员会委员、广东省文物出境鉴定组组长、广东博物馆顾问、广州市文史馆馆员。也擅书法与篆刻。著有《明清以来书画鉴定家选》《犁春居书画琐谈》《苏庚春中国画史记略》等。与夫人合作出版《苏庚春张沛之书画集》。

传记当然能反映苏师一生的成就，但只是几根粗线条，好像缺了点什么。

我有缘，曾亲承苏师教泽，至今印象尚深。记得在 1986 年，我由揭阳县博物馆派遣，到广州参加广东省文化厅举办的中国书画鉴定学习班，时间三个月。报名时要缴膳费，主办者说要收粮票。那时，潮汕已不使用粮票，我也没有"粮票"的概念。一听，即傻了眼，问：是否可用人民币代替。回答不行！正当我进退维谷、不知所措时，旁边坐着一位长者说，粮票由他代交。这位素不相识的人，在我十分狼狈的情况下，解我燃眉之急，可想当时我是如何感激。激动得连请教对方的尊姓大名都没有。

第二天开学，主持者介绍这次的任课老师，我才知道，昨天为我代缴粮票的长者，就是本次学习班的主要授课者，大名鼎鼎的书画鉴定家苏庚春老师。未来广州之前，对苏老师的学识，我早已有所闻，想不到竟然是一位这么平易近人、没有名家架子的学者。在介绍到苏师时，掌声很热烈，可能我的更加热烈。

事后，我向苏师致谢代缴粮票的事。他淡淡一笑说："这是小事。"后来我把这件"小事"写成短文，收录于拙著《芳林片羽》中。在苏师看来是"小事"，在我却视为"大事"。

1988 年至 1989 年，我再次负笈羊城，仍然攻读文物鉴定，书画鉴定的主讲者依然是苏师。听苏师的课，是一种享受。那标准的北京口音，加上对中国历代书画家作品风格的真知灼见，娓娓道来，如数家珍，让人如坐春风。

在学期中间，某次，有人请苏师到其家观看书画，苏师命我同往。那晚，令我大开眼界，也更知道苏师的鉴定作风和为人品格。他不因人家送红包而糊模了"火眼金睛"，改变自己的鉴定态度。苏师对我说，鉴定书画，首先是对自己负责，更不能用自己的名声去换钱。某些人一拿到钱，不管真假，按照别人的意思在前贤的作品上胡写一通，那是出卖知识，出卖人格。

因为觉得这次看画不仅增长了学识，更重要的是，增加了对苏师人格的理解，所以我把这前前后后，也写成一文发表，后来收录于拙著《玩赏手札》，以时时鞭策自己。

苏庚春先生在鉴定书画，摄于 20 世纪 90 年代

20 世纪 90 年代初，按照上级的要求，潮汕各县市博物馆的馆藏书画，要各自全面清理、鉴定后，再请苏师鉴真假，定级别。1990 年，苏师应邀到潮汕，当他完成潮州博物馆鉴定工作之后，将到揭阳时。揭阳县政府为苏师这种"级别"的人物，要由哪一级干部到潮州迎接而踌躇时，揭阳县文化局陈作宏局长提议，由我到潮州最好，理由很简单，学生为老师带路，天经地义。

我欣然应命，偕博物馆张秀清馆长前往潮州，而且有点迫不及待。途中，与苏师谈及派人"迎驾"和"级别"一事，他用那特有的淡淡一笑，说："这样最好。"到揭阳的第二天，县领导接踵而来，向苏师表达敬仰之情，一个宝贵的上午在握手寒暄之中浪费去。午餐时，苏师对我说，请转告领导，下午请不用再来，否则我们的工作没法开展。

我如何"转告"呢？最后采取了消极的非常措施：将博物馆书画仓库的大门紧闭，有人来找苏老师，让门卫挡驾，说不知道，有事请晚上到宾馆。

在苏老师未来之前一段时间，我先把藏馆书画逐一鉴真伪、定级别。这是一次考试，而比起在学校时的考试更广泛。因为是几年来学习书画鉴定的总检阅，成绩究竟可打几分？当打开每一件作品时，我都认真而又诚惶诚恐地聆听苏老师的评语。我是否看走眼，以假作真？或者将真误假？级别定高了还是定低了？苏师边看边说，遇到有特殊意义的作品，更是详细解释。当看到潮汕书画家作品时，苏师说，这些你比我更熟悉，按你定的就好。中间，因为阴差阳错，不知为什么，其中一副对联竟然被拆散，拿出来的是没有署款的上联。刚打开，苏师立即十分肯定地说，这是清代南海大收藏家吴荣光的法书，是对联的上联。到将结束时，找到下联，果然是吴荣光的作品。

陪伴苏师三天的宝贵时间，使我增长了不少知识，真是受益匪浅。而我感到最高兴的是，这次特殊的考试，最后还能得了九十多分。老师高兴，学生更高兴，皆大欢喜。套用一句人们最喜欢说的话："与君一席话，胜读十年书。"何况不是朋友而是师，更不是"一席"，而是三日。文物鉴定，除了研读书本，最讲究的是看实物。一味读书而无实物可参照，只是纸上谈兵，"纸上得来终觉浅，绝知此事要躬行"。（陆放翁诗）一场手把手教，又是实战型的考试，在非常融洽又很愉快的气氛中胜利闭幕。

当年在读书时，苏老师要求每个学生至少要记住几百位古代书画家的姓名和风格。在这次鉴定馆藏书画时，每拿到一件作品，他总脱口而出，书画家是哪里人，风格如何，师承情况如何，有时还谈一下画家的趣闻和轶事。我只有惊叹、服膺而已。今年出版的《苏庚春中国画史记略》，涉及历代书画家数以千计，我才知很多人物他都娴熟于心。对于每位书画家，一下子说出他的来龙去脉，把酒话桑麻，如同是老朋友。他的腹笥容量大而且多，里面蕴藏着许多宝贝，要用时如囊中取宝，应有尽有。

1995年，揭阳特美思酒店举办"中国书画精品拍卖会"，我恰好与友人同往。中间，拍卖苏师一件行书陆放翁"小楼一夜听春雨；深巷明朝卖杏花"对联，起拍价四百元。我觉得不错，向人借牌举拍，开始，竞拍者有几人，到突破千元大关时，只剩下我与另一位竞争者。我坐在前面第一排左旁，竞争者坐在后面。竞拍规定，每次增加一百元，作为工薪阶层，一百元也事非小可，我只好硬着头皮与之竞争。最后到近两千元时，我囊中羞涩，军粮缺乏，只好忍痛败北放弃。

会后，我找到竞争者，原来是一位认识的汕头画家，说明情况之后，双方哈哈大笑。他说很仰望苏老师的为人和学识，进而喜欢他的书法，竞拍时志在必得，不获全胜决不鸣锣收兵。苏师的书法，来源于钟元常、王右军，飘逸秀雅。

自1990年在博物馆面聆苏老师教诲之后，一直到他谢世，因暌违两地及其他种种原因，我再无缘谒见。如今苏老师走了，走得很远很远。尘封的永恒的记忆变成了永恒的遗憾，"此情可待成追忆"。

幸而有这沉甸甸的《苏庚春中国画史记略》，仿佛是作者生命的化身，里面充满了才华和睿智，依然在滋润着后进小子，"只有香如故"。

但愿这篇短文能成为苏师灵前的一瓣心香。

2004 年 10 月

逸事：精诚动天地

——记苏庚春先生

陈玲玲（广东省文物商店）

我与苏庚春先生相识有 30 多年，先生一生对文博事业之挚诚、工作态度之勤勉、对人之谦和崇礼、生活之俭朴淡泊，有口皆碑。40 年前，先生以不惑之年，毅然离开生于斯、长于斯、已有成于斯的京华重地，来到我们这个祖国南隅都城，相信当时一定是怀着开辟一方新天地的理想。40 年过去，对广东历史文化遗产的有效保护、合理利用，先生是功不可没的。

记得在 20 世纪 70 年代中期，广东省文物总店正值创办初期，拿着那么一点启动资金，调集了那么几个人，借居在光孝寺里，这真难为了当时我们的领头人。苏先生在那个时候可为我们出了大力，他和已故首任经理蒋凡先生带领着业务人员，上黄山、下芜湖、奔京津、赴苏杭，满身风尘几多颠簸，依旧是谈笑风生。要知道那时他已年过半百，经常出差在外，交通、通讯、食宿等都远比现在艰苦。他通过许多关系，为省文物商店的经营开拓了多种途径；凭着他深厚的鉴别功力，为我们征集到一批又一批新旧书画，奠定了我们开展书画经营业务的基础。这项业务一直到 90 年代初期，依然是广东省文物总店主要的创利项目之一，并培养出自己的书画鉴定人才。

虽然后来专门出差的情况少了，但先生始终扶持着我们往前走。凡是看不懂的、拿不定主意的古旧书画，我们就会马上请先生来把关定心。随着文物商业市场形势的变化，为了在困境中图谋生机，我们曾经把库房里所有的书画翻腾了一遍，为的是重新甄别、整理，有价值的东西要分门别类，或重新装裱。这件工作自始至终都是由苏先生亲自主持进行的。我们的这些书画可不比博物馆里的藏品那样干净整齐，有些已经在箱子里头躺了十几年了，有些由于保管经验和条件不足发了霉，当时正值夏季，可以想象得到，这是一件多么不好做的差事。苏先生每天都是精神饱满地来进行工作，一面做着还一面讲解，大家都围在先生旁边学，获益匪浅。

在广东省文物总店近 30 年的历史中，苏先生一直与我们休戚与共。有一段时间，我们曾付给先生一点"车马"补贴，但未几先生便坚辞不受。他说我们的日子也艰难，无须破费，有活照样来干，酬劳是不用给。这一件件一桩桩的事，都表现出先生高尚的人格品质。所有与先生有过接触打过交道的人，肯定都有这种感受。每想起来，都觉得先生给予我们的实在太多，而我们能回馈的实在太少。

　　苏先生一生时时广结善缘，处处惠泽他人。我从没有见过他脸带一点愠色，没有听过他关于某人某事的半句微言，好像也没有他推托不办的事情。他总是那样的文质彬彬、儒雅大度，同辈引他为直、谅、多闻之益友，后生以忘年之交为幸。

1973 年 8 月 25 日苏庚春（右）与冯先铭（中）、宋良璧摄于广州

近些年来，艺术品拍卖的活跃令先生更是忙上加忙，无论是委托拍卖的、竞投的、公家的、私人的，都会来找先生帮忙，他既劳心又劳力。这对于一位年届耄耋的长者来说，无疑是一个过分超重的砝码。我们都很担心他的健康，常常提出谢访或出避的建议，先生却总是不以为然。而有人却常常以无聊废话烦扰先生，更有人借先生之名以售其奸！先生的胸怀情愫庶几已臻于至境，相对之下，我们都应该挤出自己身上的"小"来。

苏先生把毕生大部分的心血洒在南粤大地，为了自己钟情的事业放下了亲情旧谊，舍却了叨庭之乐，与夫人一起在这里承受着日间生活上许多的不便。他本可以也像白石老人在《却饮图》中写的———"吾年老神倦不能冒暑热、伤夜寒、作无益奔走，因画此图谨申鄙意，以免见招不应之罪"———那样明示各位，以闲看云舒卷的优悠听听京戏、写写字、或与夫人书画相娱，或与至交酬唱相乐。但先生总是乐呵呵地忙着，直到最后。

正是：生而无憾，当为贤达。

十竹斋刊本书杂记三题

王贵忱（广东省博物馆）

记十竹斋《印存初集》

《印存初集》四卷，明海阳胡正言（1584～1674 年）篆。开花纸印墨栏格，上格朱钤印文，下格墨刷隶书释文，书口有"十竹斋"三字。此本是胡氏辑录为明末清初名流所刻名号、斋阁及成语等印章，共收印 708 方，纸墨精良，钤印本，广东省中山图书馆藏本。卷首有周亮工、王相业、陈丹衷、韩诗、杜浚和钱应金等六人序文，卷末有彭源、吴奇两篇跋文。周亮工序文署丁亥年款，是为清顺治四年（1647 年），也即清军进入南京后的第三个年头成书的。其时周氏尤为遗民，尚未依从清朝正朔，故用干支纪年。

胡正言字曰从，原籍安徽海阳，侨居上元（今南京），筑屋于鸡笼山侧，宅前种竹十数根，因以十竹斋名其室。曰从幼学多才艺，著录校刊图籍甚多，就中以《十竹斋画谱》、《十竹斋笺谱》最著称。他的篆刻在明末清初名重一时，周亮工在《胡氏印存序》中推赞称："余雅有此癖（篆刻），尝遍索诸家（印蜕）汇帙自怡。适曰从游广陵，挟数方见赠，因出其手作一册相质。……其出碑入碣，动应鼎彝，确确乎可以式范风雅者也。"据王相业《印存序》说，胡氏印谱初名《印史》，在周亮工所著《印人传》一书也引其说，谓曰从初有《印史》之作，意即上述引文中所说持赠的书册。其后《印史》传本著录绝少，罕固可知。近唯智龛先生的《十竹斋主胡正言》（见《艺林丛录》第九编）一文称，张鲁庵先生旧藏《印史》二册，"篇名及印章释文均用墨笔注写，有陈丹衷、杜浚两序，存七百十三印"。从知馆藏本卷首的六家序文非成于同一时期，《印史》成书则在顺治四年之前。郑振铎先生旧藏《十竹斋印存》四卷，见其所著《劫中得书记》介绍。他的这部《十竹斋印存》也是开花纸印本，有史可法、萧士玮等人印，史、萧诸印并见馆藏本著录，序跋和版本特点也多相符合，疑为属同一版本，而著录书名有异，可能是郑先生所命名。此外，同治《上江两县志》著录有胡正言《十竹斋印薮》一书，又别见叶铭《叶氏印谱目》载有胡氏《印薮印存初集》四卷，书名与馆藏本、郑本又不同，因疑前二种或为转相抄录旧籍而致书名不同。

笔者旧藏有二卷本胡正言《印存初集》，也是开花纸原钤本，卷首六家序文以及版框、栏格等与馆藏本前二卷相同，收印则互有损益。此本卷一半叶两印，共 15 叶钤 59 印；卷二半叶四印，共 25 叶钤 198 印，总 257 印，卷末各有卷终墨刷印记。查馆藏本卷一为 10 叶钤 39 印，卷二为 24 叶钤 186 印，总 225 印，各卷之后也俱有卷终印记，知无脱叶之失。二卷本卷一第六叶钤录清辉阁、稽山草堂、飞云阁、就园四印，而馆藏本卷一第六叶则钤录东崖居士、黄景昉、道邻、史可法四印，由见同是第六叶收印不同如此。举此二事，可见不是同一版本。在二卷本书前，有墨刷三行文字扉叶一纸，正中印大字书名《印存初集》，右上作"海阳胡曰从篆"，左下有"金陵十竹斋珍藏"一行。

《印存初集》

右下方加钤"每部定价纹银贰两"八字长方朱文印，这一纪录对考见当时的书价具有参考价值。案《印存初集》二卷本又见《四库存目》著录：《印存初集》二卷，《印存玄览》二卷（内府藏本）。……

《初集》以朱印之，别名《玄览》者则以墨印之。

二卷本既与馆藏本非同一版本，而与馆臣著录《印存初集》卷数相同，或是同一版本亦未可知。二卷本《印存玄览》则未见。据《十竹斋主胡正言》一文说，胡正言在 1660 年"和他的两个儿子其朴、其毅又刊行了《印存玄览》四卷，印章亦用木刻墨刷，精妙绝伦，书口易'十竹斋'为'蒂古堂'。陈师泰说：'《玄览》刻成，列姓名其间者，盖不少矣'。"著录详明，当是智龛先生目验之谈。以与《四库存目》卷数不同，未知是否馆臣笔误所致？抑或为先后所出两种版本。

曰从辑录自作印成谱续而再出，其初传本当非少数，然 300 年后则希若星凤，故为略记所闻如此。

几部明清刊本书的定价印记

接周叔弢丈来书，承寄下有定价印记古籍扉叶影本一纸。今将来书节录于下：

《印存初集》确是罕见之书。尤为可贵者是标明定价，可以考见当时书价。每本壹两（可居案：《印存初集》两卷分装二册），可谓高矣，当时已为世所重也。拟乞将

《印存》扉页影印二页见赐，不情之请，想能见谅。古籍中标明价格者，可谓绝无仅有。仆藏书中，只清同治李氏活字本《金石四例》用朱印标明价格，他无所见也。

周叔老是我国著名藏书家，旧藏宋元刊本及名家抄校本甚多，晚近又集活字本古籍，此《金石四例》是其一，均已先后捐献给国家。周叔老学识渊博，对古籍定价印记一事犹重视如此，此类定价印例传本绝少可知。新近出版的孙殿起先生《贩书偶记续编》，载有万历丙申本甘旸《集古印正》五卷、《附说》一卷，卷首有木记："计六册，每部纹银三钱，古玉夔龙为记"。殿起先生娴熟版片之学，其对定价印记特为著录，由知这方面资料至为希见。此外，日本尊经文库藏万历中闽建书林金拱唐绣梓的《新调万古长春》，扉叶亦钤有"每部价银一钱二分"一方朱文印记[①]。见闻所及，仅此数事而已。

《草堂诗余》

至于纪录买书价银的文字资料，也不多见。嘉靖间，日本人在苏州、宁波等地买书，《鹤林玉露》一部四册价银二钱，《文献通考》一部九钱，《本草》一部十册四两九钱，《奇效良方》一部七钱[②]。书价的高低与版本好坏有关，但如348卷的巨著《文献通考》，价银九钱则难以令人置信，可能是移录有笔误，或别有原因。

证以万历本《新调万古长春》，与上述嘉靖间书价相近，而明末清初间的书价资料更是少见，据徐康《前尘梦影录》称，崇祯间毛晋刻书，白银三分刻一百字，刻工甚为低廉，这时的书价也不会过高。从嘉靖至明末，书价的波动似乎并不很大。笔者旧藏中适有甘氏《集古印正》5卷（分装6册），无《附说》，万历二十四年竹纸钤印本，曾经明末徐真木等人递藏，卷前无扉叶，不知其初有无定价印记。依据孙殿起先生纪录，此书六卷本价银仅三钱，可谓价廉。至顺治初年，十竹斋开花纸钤印本《印存初集》二卷，仅73叶，定价纹银二两，以视嘉靖、万历年间书价未免过高，恐与清初战乱局面，白银购买力降低不无关系[③]。十竹斋刻印图书向称纸墨精良，如周叔老所说，"当时已为世所重"，和定价之高有直接关系。

明季以来，藏书家买书纪值，率多举宋元刊本，少有记述普通版本和新书价格。周叔老出重值买此七宝转轮藏定本《校补金石例四种》，是取活字本扉叶加钤"每部实兑纹银四两"一印。此为近时书林一段掌故，因并记之。

自正德以后，官俸十分之九用白银，十分之一用铜钱。纸币"大明宝钞"滞碍通行后，铜钱鼓铸不多，交易中大数用银，小数用钱，白银成为重要支付手段。白银的使用，多见于正史和稗官杂记纪录，也有银锭流传下来，其他实物资料则甚少。图书上的定价印记，不但对物价史有参考价值，也是白银在明清货币经济中占据重要地位的见证物。

胡正言所刻书二种

胡正言刻印的图书，有《精选古今诗余醉》和《四书正》二种。

《精选古今诗余醉》15 卷，为明末潘游龙选，范文光参，胡正言校，分别由陈斑、顾梦游、郭雍园等 15 人各订正一卷，选录唐李白以下至明崇祯间陈继儒诸家长短句，间有选家的评语。卷首有陈斑崇祯六年《序》、潘游龙《自序》和管贞干的《附言》。书中避熹宗讳，校俱作较，正文书口刻有"十竹斋"三字，书前有蓝印版面扉叶，刻印较精，殆为崇祯间竹纸初印本。

此本往时得于广州书肆，卖家以为秘籍，经多次方始议谐得之。1977 年春在李一氓处，获观无是楼也藏有此书，乃乾隆时据原版重印而附增加选词补版印本，始知原版片至乾隆间犹存。匆匆浏览，未能记录两本究竟有何异同。李一老富藏词曲书，内多珍秘之本，喜见珠联璧合，因将我的这个初印本举赠，为无是楼又增添一词总集本。

近见唐圭璋先生编订新版《全宋词》，从其引用书目中，知中国科学院图书馆藏有潘游龙选本《古今诗余醉》15 卷，而未及是何人刻本，且书名省作《古今诗余醉》，与上述二本《精选古今诗余醉》书名有异。查《全宋词》引用书目，皆详记藏书单位、版本年代，并及刻书人姓名或斋名堂号，唯《古今诗余醉》一书仅记"明崇祯刊本"。两本《精选古今诗余醉》正文书口俱有"十竹斋"三字，是以唐先生所据版本不同，非忽略所致。因疑科学院藏本或是潘选初刻也未可知，抑为明末坊间依胡本重刊而未刻书口斋名，并书名也省去"精选"二字者。可见此书在明末清初传本当非少数，百年后又有增补重印本，而后世却鲜见著录，益知古籍显晦无常，未可以一时一地所见遽论有无耳。

《篆书正》4 卷，戴岩荦纂著。顺治间胡正言校刊初印本，无是楼藏书。

此书传本至希，往蒙李一氓丈录示卷一和卷四的序跋程序，并承手自通录卷末胡正言跋文，又经复校、点句后寄下。此跋文对研究胡氏生平行谊有参考价值。现依李老写本录下：

六书之学，自郑氏而后，代有作者：若顾野王、徐锴、张有、郑樵、戴侗、杨桓、周伯琦、赵古则诸书，世所昭著。以迄颜元孙之《干禄》，郭忠恕之《佩觿》，魏庄渠之《精蕴》，黄谏之《正文》，杨用修之《索隐》，悉皆阐发渊敫，亦云详核。昔贤犹病其浩繁，互有得失。呜乎！难言之矣。言衰迟失学，志窃考古，少侍如真李先生，获耳籀、斯遗义。顾以家贫，无能纲罗载籍，汇辑一编，就正有道，良可浩叹。大司徒戴道默先生，经世大业，炳若日星，研精古学，旁及篆籀，与患骨刘徵君商榷有年。惜言向往之怀，未得如清老之于荆公，抱字说以相从耳。日者，水部马使君寄示先生手订《篆书正》一书，过施谦德，谬承下问，以言谫劣，讵能窥测万一。总其大旨，析类以辨形，援今以证古，简易严确，一归于正，无竢论点，不假音切，俾观者展卷，判如苍素，知所的从，洵字林之瑰宝。今马使君属言镂版行世，言校督书篆，勉竭心目，由夏迄秋，刳厥始竣，粲然成册，上可赞兴翰同文之治，并以广嘉惠来学之心，言虽固陋，幸辱先生之知，敢述所见，缀于简末如此。顺治丁酉十月朔日，前中书舍人新安后学胡正言敬书于蒂古堂。

署名款下有两方木刻墨刷印文，其一"胡正言字曰从"，其二"七十有四老人"各六字印文。李老别加附注说：

> 可见此书是胡刻的，书很有十竹斋的派头。但胡年已74，想来十竹斋这个书铺早没有了。故写、刻、印是胡的，而卖，甚至出印费，是前面那个"永魁斋"。
>
> 书口无"十竹斋"字样。

案胡正言《印存初集》书口有"十竹斋"，扉叶并有"金陵十竹斋珍藏"七字，而胡氏在《篆书正》跋文中加署的是"蒂古堂"。后三年，即胡氏77岁刊行的《印存玄览》四卷，书口也刻有蒂古堂（见智龛先生《十竹斋主胡正言》一文），可知胡氏晚年是以蒂古名堂的。但《篆书正》书口和扉叶并无此堂名，所以李老以为"永魁斋"并非胡氏书铺，是可信的。

关于胡正言生卒年问题，过去无定论。经智龛先生在《十竹斋主胡正言》一文中，引据《南疆逸史》等书，考定胡氏是万历十二年（1584年）生，卒于康熙十三年（1674年），终年91，与《篆书正》跋文印文年岁悉合，可知这一考证是属准确。

弘光朝，胡氏曾官武英殿中书舍人，入清后，以胜国遗民自居，跋文中虽冠顺治年号，仍署"前中书舍人"衔以示无二志。正言少时潜志于六书、篆刻诸学，其在古文字学方面校订辑录并见诸传本的有《说文字原》一卷，《六书正讹》五卷和《古文六书统要》二卷等。

注 释

① 黄裳《晚明的版画》，见《读书》1981年1期。
② 见彭信威《中国货币史》717页，上海人民出版社1965年11月版。
③ 据彭信威《中国货币史》的统计资料崇祯年间每公石米值银33.57公分，而至顺治初年每公石米则升值为白银47.11公分，可见清初白银购买力是有所降低的。

胡正言所刻图书见闻记

王贵忱　（广东省博物馆）

王大文　（广州南油实业有限公司）

　　明末清初间，十竹斋主人胡正言多才多艺，著述丰富，并以校刊图书严谨、纸印精美为学者所重。其彩色套印本《十竹斋书画谱》、《十竹斋笺谱》，尤为艺林艳传不绝，对近三百年来的美术界、出版界影响甚大。往承周叔弢丈鼓励，督促辑录胡氏十竹斋所刻书目，笔者尝辑录《胡正言所刻图书简述》一文。其后续有所见，并发现原辑录文本中有未妥处，更以近几年来相继出版的《中国古籍善本书目》经部、史部、子部和丛部等，揭示出相当可观的胡刻书目。遂略依四库分类法，就见闻所及，将传世的胡刻图书目录以及往昔见于著录之书目等，间附以管见，统为编次一过。需要说明的是，此次重编主要是借助于《中国古籍善本书目》，如果不是这部汇编之功甚伟的全国联合善本书目的出版，实无法想象胡正言刻书种类之多和流传下来的图书之富。唯编者僻居岭外一隅，孤陋寡闻，挂一漏万原在意料中。失误之处，敬请指教。

经部、小学类

字书

　　（1）《说文字原》1卷，元周伯琦撰。崇祯七年胡正言十竹斋刊本。辽宁省图书馆、华侨大学图书馆，藏有该书。

　　（2）《说文字原》1卷、《六书正讹》五卷，元周伯琦撰，胡正言订。崇祯七年十竹斋刊竹纸印本。北京图书馆藏。又见《西谛书目》著录。

　　（3）《六书正讹》5卷，元周伯琦撰。崇祯七年胡正言十竹斋刊本。北京大学图书馆、中国人民大学图书馆、山西省图书馆、祁县图书馆、山西师范学院图书馆、辽宁省图书馆、旅大市图书馆、齐齐哈尔市图书馆、西北师范学院图书馆、青岛市博物馆、南京图书馆、安徽省图书馆、芜湖市图书馆、安徽省博物馆、福建省图书馆、惠安县文化馆、福建师范大学图书馆、湖南师范大学图书馆、广东中山图书馆、广西壮族自治区桂林图书馆，藏有该书。其中中国科学院图书馆藏本，是"明末十竹斋刻清印本"①。此外，据《中国善本书提要》称，北京大学图书馆所藏《六书正讹》五卷，原题"元鄱阳周伯琦编注，明海阳胡正言订篆"，而封面题作"古香阁藏板"，疑原胡氏"书板已售与古香阁矣"②。美国国会图书馆亦藏有一部"元鄱阳周伯琦编注、明海阳胡正言订篆"十竹斋本《六书正讹》五卷。经王重民先生"以旧本照之，篆文因旧，非正言手书，特将古文改为李阳冰体耳"③。

据上述可知胡氏十竹斋所刊《六书正讹》五卷传本甚多，既有明刻清印本，又有十竹斋易主后"古香阁藏板"的印本。又，沈津先生《胡正言与十竹斋》一文所引，宁波天一阁所藏清郎遂辑《杏花村志》十二卷，乃康熙二十四年十竹斋刊本，是书左角上方钤印"金陵十竹斋发兑"牌记。乃胡正言身后印本书④。

（4）《千文六书统要》2卷，附《千字文篆法偏旁正讹歌》一卷，明李登撰，胡正言篆。康熙二年刊本⑤。

（5）《千文六书统要》2卷，附《篆法偏旁正讹歌》一卷，清胡正言撰，康熙十竹斋刊本。首都图书馆、中国科学院图书馆、北京大学图书馆、北京师范学院图书馆、天津图书馆、临猗县图书馆、吉林省社会科学院图书馆、青海省图书馆、山东省图书馆、南京图书馆、安徽大学图书馆，均藏有该书。

（6）《千字文》2卷，清初十竹斋刊本。中国科学院图书馆藏⑥。

（7）《篆书正》4卷，清戴明说撰。顺治十四年胡正言校刊，白鹿纸印本。胡正言在本书跋文中题"敬书于蒂古堂"，是则所见胡氏刻书至此后不复用十竹斋堂号。原书系李一氓丈无是楼故物⑦。

（8）《篆书正》4卷，清戴明说撰。顺治十四年胡正言刊本。北京大学图书馆、上海图书馆、辽宁大学图书馆、吉林省社会科学院图书馆、湖南师范大学图书馆、南充师范学校图书馆，均藏有该书。

（9）《篆书正》4卷，清戴明说撰。清单为濂跋。山东省图书馆藏⑧。

（10）《钦颁小学》，崇祯末年南京礼部檄令胡正言校刊者⑨。

韵书

（11）《韵法横图》1卷，《韵法直图》1卷，明李世泽撰，明末胡正言十竹斋刊本。南京图书馆藏。又见沈津《胡正言与十竹斋》一文著录。

（12）《交泰韵》2卷，明吕坤撰，崇祯间十竹斋刊本⑩。

史部·杂史类

（13）《敬事草》5卷，明孔贞运撰，崇祯间十竹斋刊本。广东省中山图书馆藏。

史部·传记类

（14）《皇明表忠纪》10 卷，首一卷，明钱士升撰。《附录》1 卷。崇祯间胡氏十竹斋刊本。北京图书馆藏。

（15）《苏米谭史广》6 卷，明郭化辑，崇祯间刊本[11]。

（16）《苏米谭史广》6 卷，美国国会图书馆藏。原题："宣城肩吾郭化辑，有道徐日昌阅，海阳曰从胡正言校。"明十竹斋刊本。据王重民先生称，此本封面署"十竹斋藏板"，而另见北京图书馆别藏一本封面署"烟雨山房发刊，龙光堂兑客"，不署年月。又称"此书剞劂精雅，疏朗悦目，在十竹斋刻书中，可与《画谱》并驾"云[12]。

史部·目录类

杂录

（17）《九十授经图》，胡正言撰。据郭味渠先生称此书有戴本孝题诗[13]。末见原书，不知是何家刊本。

子部·儒家类

（18）《尚书孝经讲义》，胡正言撰[14]。

（19）《格言类编》6 卷，胡正言辑。崇祯六年刊本[15]。

子部·医家类

（20）《古今辞命达》8 卷，明胡正心辑。崇祯间刊本。此书仅见《胡正言与十竹斋》一文著录。案：胡正心是胡正言之兄，编著医家书数种，《古今辞命达》当属医家书。

（21）《薛氏医按八种》19 卷，明胡正心编。崇祯五年胡氏十竹斋刊本。中医科学院藏。

（22）《订补简易备验方》16 卷，明胡正心、胡正言辑。崇祯四年刊，袖珍本。中医科学院、济南市图书馆，均藏有该书。又见《胡正言与十竹斋》一文著录。

（23）《十竹斋刊袖珍本医书十三种》明胡正心汇集。崇祯五年刊，袖珍本[16]。

（24）《伤寒五法》二卷、《伤寒金镜录》一卷、《伤寒秘要》二卷，明胡正心纂集。崇祯六年十竹斋刊，袖珍本⑰。

（25）《伤寒金镜录》一卷，元敖氏撰，杜清碧增定。《伤寒秘要》二卷，明金陵董玹撰定，新安胡正心补参。《伤寒五法》二卷，明新安胡正心编辑。崇祯六年刊，清印袖珍本⑱。据著录为"崇正六年刊"，乃避清雍正帝名讳，改"祯"为"正"，系明刊清印本。

（26）《伤寒五法》二卷，明陈长卿撰。崇祯间胡氏十竹斋刊本。中医科学院藏。

（27）《伤寒秘要》二卷，明董玹撰，明胡正心补。崇祯六年胡氏十竹斋刊。国家图书馆、中医科学院，均藏有该书。

子部·艺术类

书画

（28）《书法必稽》一卷，胡正言辑。明末刊本⑲。

（29）《十竹斋临古篆文法帖》，上元胡正言曰从氏摹，男其朴、其毅同校。顺治间原拓本208页。此本开篇刻入书版白文圆形"十竹斋"三字双螭印、白文方形"胡氏鉴赏图章"六字印各一方。卷首有胡正言于顺治十年手写隶体前言一篇，后三年成书。所见胡氏十竹斋堂号，最后出现在本书上，顺治十四年刊本《篆书正》所署胡氏堂名则易十竹斋为蒂古堂。原书为胡艺先生藏⑳。

画谱

（30）《十竹斋书画谱》八卷，明胡正言辑。崇祯间胡氏十竹斋刻彩色套印本。国家图书馆、国家博物馆、中国科学院图书馆、辽宁省图书馆，均藏有该书。

（31）《十竹斋画谱》八卷，明胡正言辑。王重民先生以该书目录改玄作元，为康熙间刷印本。美国国会图书馆藏㉑。

（32）《十竹斋画谱》，无卷数，明海阳胡正言辑。崇祯癸未刊本㉒。

（33）《十竹斋画谱》，不分卷，胡正言辑。天启七年刊，彩色套印本。见《胡正言与十竹斋》一文。

此书见于各家著录间有异同，画谱与书画谱互见，八卷与无卷数及不分卷并存，原刻初印与后印本有别，又有原刊与翻刻本之分。笔者所见原刊初印者是开花纸印本，中山大学周连宽先生著文说既有开花纸本，又有棉纸印本㉓。据已故周芜先生考证《十竹斋画谱》的"各种翻刻本、影印本不下二十种之多"㉔。我们所见康熙间芥子园翻刻本《十竹斋画谱》，刻印精审，也是开花纸印本，南京一藏家有之。原椠本与芥子园翻刻本绝不多有。较常见者为晚清时期翻刻本。

（34）《十竹斋笺谱初集》四卷，明胡正言辑。崇祯十七年胡氏十竹斋刊，彩色套印本。北京图书馆、故宫博物院图书馆、上海博物馆，均藏有该书。

（35）《十竹斋笺谱初集》四卷，明胡正言辑。崇祯十七年胡氏十竹斋刊，彩色套印本。清徐康、沈树镛跋。北京图书馆藏。

（36）《梨云馆竹谱》一卷，胡正言辑。崇祯间刊本㉕。又见《西谛书目》著录。

（37）《石谱》一卷，胡正言辑。明末刻，彩色套印本㉖。

篆刻

（38）《印史》，不分卷，胡正言篆。钤写本。张鲁庵先生旧藏㉗。

王相业为胡正言《印存》作序云："吾友胡曰从氏所为金石古文之书既成，命曰《印史》有日矣。既而见昔有是名也，谋所以易之于雪蕉子。雪蕉子曰，是宜名《印存》㉘。"王相业，号雪蕉，与胡氏友善。此序文为后出之钤印本《印存初集》所作。是则原钤本《印史》久已传行于世矣。往承友人智龛先生见告，张鲁庵所藏《印史》二册，有陈丹衷、杜濬两序，收 713 印，身后不知所归。此谱当是易代之前成书，为所知传世胡氏最早之印谱。

（39）《印存初集》二卷，胡正言篆刻。顺治四年十竹斋开花纸钤印本。此书原为颂斋秘籍，容希白师投赠笔者。

卷首有周亮工、王相业、陈丹衷、韩诗、杜濬、钱应金六人序文。通篇版格、释文为刻版墨刷。上格朱钤印文，下格墨刷释文，书口下刻"十竹斋"三字，朱墨相间，规制谨严。卷一半页收两印，共 15 页钤 59 印；卷二半页收 4 印，共 25 页钤 198 印，两卷总钤 257 印。此两卷本，与广东省中山图书馆所藏胡氏《印存初集》四卷本之前两卷版式相同，而钤印及其墨印释文则间有异同。经查阅粤馆藏本前两卷：其卷一为 13 页钤 39 印，卷二为 24 页钤 186 印，总 225 印，以视笔者所藏两卷本少 6 页，减 22 印，查两种版本各卷之末，皆有卷终印记，知无夺页之失。又如两卷本之卷一第六页钤录清辉阁、稽山草堂、飞云阁、就园四印，而馆藏四卷本卷一第六页则钤东崖居士、黄景昉、道邻、史可法四印。由以见同属卷一第六页，收印不同竟至如此，非属同一版本可知。两卷本《印存初集》，初见《四库全书总目》载录，其提要称："《印存初集》二卷，《印存玄览》二卷，……《初集》以朱印之，别名《玄览》者，则以墨印之㉙。"其书乾隆时为内府藏书，馆臣既称是书有本名、别名之别，应是同一部书有原钤朱印本，又有覆刻墨刷本，盖如明顾从德之《集古印谱》故事，原钤本与木刻本并行者。初以为此二卷本或属四卷本残存之前二卷，嗣见《四库全书总目》著录，始知胡氏《初集》、《玄览》各有两卷本行世。

（40）《印存初集》四卷，胡正言篆刻。顺治四年胡氏十竹斋钤印本。国家图书馆、北京文物局、上海博物馆、山东省博物馆、南京图书馆、浙江图书馆、西泠印社、河南省图书馆、四川省图书馆，均藏有该书。

（41）《印存初集》四卷，胡正言篆刻。顺治四年胡氏十竹斋钤印本。广东省中山图书馆藏，唯不见《中国古籍善本书目》（子部）收录。

馆藏此本，往尝查阅数次。卷首六家序文和卷一卷二版式，与两卷本《印存初集》同，收印则互有损益。卷末有彭源、吴奇两篇跋文为两卷本所无。内收胡氏为钱士升、倪元璐、范景文、杨文聪、钟惺、谭元春、王思任、史可法、周亮工、杜濬等朝野名流所刻名号印章，名画家石溪的"石溪之印"亦在其中，总708印。

此外，《贩书偶记续编》著录有胡正言《印存初集》四卷。郑振铎先生《劫中得书记》一书揭示的《十竹斋印存》四卷，据郑先生的跋文知与粤馆四卷本、浙馆四卷本序跋、版式相同，仅著录书名有异，郑氏旧藏似应正名为《印存初集》四卷本。浙江省图书馆所藏胡正言《印存初集》四卷，据著录序跋、版式与粤馆藏本同，以收印752方为少异[30]，知非同一版本。

（42）《印存玄览》二卷，胡正言篆刻。墨印本。仅见《四库全书总目》著录，未知别有传本。

（43）《印存玄览》四卷，胡正言篆刻。顺治十七年胡氏蒂古堂刻本。国家图书馆、南京图书馆，均藏有该书。

（44）《印存玄览》四卷，胡正言篆刻。顺治十七年胡氏蒂古堂刻，开花纸印本。郭若愚先生藏。

往蒙若愚先生出示所藏此本，因得匆匆翻阅一过。卷首有纪映钟等人序文，版本风格与钤印本《印存初集》相类而以印文、释文及版框均为刊本墨刷为不同，开本略小，并书口已易"十竹斋"为"蒂古堂"。就版式而言，以视钤印《印存初集》本略缩小版格。仓促间未及记录，不知内容与钤印本有何异同。此本印版施重墨如漆，纸墨晶莹，甚为精彩别致，与明《欣赏编》本王厚之《印章图谱》和明顾从德《集古印谱》有天壤之别，刊印之精美与钤印本《印存初集》有异曲同工之妙。《印存初集》有两卷本与四卷本之分，《印存玄览》亦如之，可知胡氏晚年犹勤于印学如此。

此外，同治《上江两县志》著录胡正言有《十竹斋印薮》一书，叶铭《叶氏印谱目》载录胡氏别有《印薮印存初集》四卷，俱不见他家引述，姑附于此待问。

（45）《胡氏篆草》二卷，胡正言篆刻。上卷版心书口刻有"蒂古堂"三字，卷首有顾梦游等人序文，顺治间原钤本，收印332方。浙江省图书馆藏[31]。

（46）《胡氏篆草》一卷，胡正言篆刻。顺治间蒂古堂印本。见《贩书偶记续编》著录。又见矫毅先生《胡正言的生平和他的篆刻艺术》一文著录有《胡氏篆草》

一卷㉜。

（47）《胡氏篆草二集》一卷，胡正言篆刻㉝。

杂技

（48）《牌统孚玉》四卷，题栖筼子撰。崇祯十三年胡氏十竹斋刊本。北京图书馆、首都图书馆、中国科学院图书馆、上海图书馆、重庆市图书馆，均藏有该书。

（49）《牌统孚玉》四卷，原题钟离栖筼子著，海阳胡正言校。崇祯间刊本。美国国会图书馆藏书㉞。

（50）《牌统孚玉》四卷，附《四牌歌诀》一卷，《四牌评论》一卷，钟离迁士撰，胡正言校。崇祯十三年刊本。见《胡正言与十竹斋》一文著录。

子部·杂家类

（51）《谷诒彙》十四卷，首二卷，原题北齐琅琊颜之推著，海阳胡正言校，明滇南陶希毕皋辑，男珙订，孙男以鈫、以铸督梓。崇祯间刊本。美国国会图书馆藏㉟。

（52）《十竹斋雪鸿散迹》，胡正言著㊱。原书未见，不详其内容，附著于此待访。

子部·类书类

（53）《四六霞肆》16 卷，明何伟然辑。明末胡正言十竹斋刊本。清华大学图书馆、中国人民大学图书馆、河北大学图书馆、吉林大学图书馆、浙江图书馆、重庆市图书馆，均藏有该书。

（54）《重订四六鸳鸯谱》6 卷，明苏琰撰。崇祯七年胡正言十竹斋刻中箱本。见沈津先生著《书域挹翠录》著录。此书今藏香港大学冯平山图书馆，未见《中国古籍善本书目》著录，"或系天壤间仅存的《重订四六鸳鸯谱》。"㊲

集部·别集类

（55）《十竹斋此君轩集》，胡正言著。此书似未能刊行，仅见《金陵诗证》选录其中《山居诗》一首。详见张国标先生《胡正言的艺术之路》㊳。

集部·词类

（56）《精选古今诗余醉》15 卷，明潘游龙辑。崇祯九年胡正言十竹斋刊本。中国科学院图书馆藏^㊳。

（57）《精选古今诗余醉》15 卷，明潘游龙辑。崇祯九年胡正言十竹斋刊本，竹纸明印本。李氏无是楼旧藏，今归四川省文物管理委员会。

（58）《精选古今诗余醉》15 卷，明潘游龙辑。崇祯九年胡正言十竹斋刊本。附清陈溟增补刊《精选国朝诗余》一卷。原刊清印本。李氏无是楼旧藏，今归四川省文物管理委员会。

（59）《精选古今诗余醉》15 卷，明潘游龙辑。崇祯间刊本。北京图书馆藏^㊵。

王重民先生在《中国善本书提要》中曾说亦见过"清印本多陈溟《精选国朝诗余》一卷"^㊶。

集部·诗文评类

（60）《诗谭》十卷　明叶廷秀撰。崇祯间胡氏十竹斋刊本。中国科学院图书馆藏^㊷。

（61）《诗谭》十卷，明叶廷秀辑评。崇祯八年刊本。见《胡正言与十竹斋》一文。

注　释

① ⑥ ㊴ ㊷　中国科学院图书馆《中国科学院图书馆藏中文古籍善本书目》，科学出版社，1994 年 3 月第 1 版。

② ③ ⑫ ㉑ ㉞ ㉟ ㊵ ㊶　王重民《中国善本书提要》，上海古籍出版社，1983 年 8 月第 1 版。

④ ⑤ ⑩ ⑪ ⑭ ⑮ ⑯ ⑰ ⑲ ㉕ ㉖　沈津《胡正言与十竹斋》，《朵云》三集，上海书画出版社，1982 年 9 月印刷。

⑦　李一氓旧藏。在其生前已捐赠给四川省文物管理委员会。

⑧　此本见中国古籍善本书目编辑委员会编《中国古籍善本书目》（子部）著录，以此本有清单为濂跋文故作为单列载之。为节省篇幅，此后，凡《中国古籍善本书目》所收胡刻书目而非单列著录者，概不收入本篇，均直记某单位所藏。

⑨ ㉗　智龛《十竹斋主胡正言》，《艺林丛录》第九编，商务印书馆香港分馆，1973 年第 1 版。

⑬　郭味蕖《中国版画史略》，朝花美术出版社，1962 年 12 月第 1 版。

⑱　孙殿起《贩书偶记续编》，上海古籍出版社，1980 年 9 月第 1 版。

⑳　胡艺《胡正言石版印书——记〈十竹斋临古篆文法帖〉》，《朵云》二集，1982 年 1 月印刷。

㉒　孙殿起《贩书偶记》，上海古籍出版社，1982 年 11 月新 1 版。

㉓　周连宽《海上书林杂记》（一）（二），《广东图书馆学刊》1 期，1985 年 1 月。

㉔　周芜《汪廷讷与胡正言——记明代两位出版家》，《朵云》二集，1982 年 1 月印刷。

㉘ 王相业《印存序》，见顺治四年原钤印本《印存初集》。

㉙ 《四库全书总目》114 卷。

㉚㉛ 夏子颐《十竹斋印谱》，《朵云》四集，1983 年 2 月印刷。

㉜㉝ 矫毅《胡正言的生平和他的篆刻艺术》，《十竹斋研究文集》，南京十竹斋研究部编，1987 年
10 月印刷。

㊱ 黄惇《篆刻家胡正言和他的印谱》，《十竹斋研究文集》，南京十竹斋研究部编，1987 年 10 月
印刷。

㊲ 沈津《明十竹斋刻本〈重订四六鸳鸯谱〉》，《书城挹翠录》，上海社会科学院出版社，1996 年第
1 版。

㊳ 张国标《胡正言的艺术之路》，《十竹斋研究文集》、南京十竹斋研究部编，1987 年 10 月印刷。

"段宣私諭"跋

叶其峰（广东省文物鉴定站）

　　《书法导报》近期陆续刊登篆刻家孙家谭先生撰写的其本人收藏的古印研究文章，最新一篇《我问段宣何谓諭》，介绍一方印文为"段宣私諭"、"段长孙"、"段宣"的三面刻字的汉穿带印。汉印有自名"印"、"章"、"信"、"印信"、"信印"等多种，从未见有自名"諭"的，"何谓諭"确是需要认真研究的问题。

　　"諭"，《说文》训问，问虽有试验、应验意，然放于此印，显然不甚确切。孙先生查阅了《说文》的检字，该书训检为"书署"，"文意是封书题签，有封检的含义。"因而推想"諭"是否通"检"。孙先生虽不敢肯定"諭"就是"检"的借字，然其思路无疑是正确的。古諭与检通，《汉书·食货志下》"考检厥实"之检读作諭（验）可证。"检"有多种含义，其中之一就是封缄。刘熙《释名·释书契》说："检，禁也。禁闭诸物，使不得开露也。"禁闭诸物，可以把物置于容器之内，也可把物包裹起来，然为使其不得"开露"，最后还需加封，这种封缄之物古人称作"检"。唐李峤《奉和拜洛应制》诗："千年瑞检开"。（《唐诗品汇》卷71）。独孤授《蔺相如全璧赋》"因发检以求璧"。（《渊鉴类函》卷363）。"瑞检"是指封缄物，"发检"就是揭开封缄物。又《后汉书·公孙瓒传》记公孙瓒劾袁绍疏说袁绍图谋不轨，"矫刻金玉，以为印玺，每有所下，辄皂囊施检，文曰诏书。"文中"施检"似非仅题署"诏书"二字那么单纯，因为"施"有实行之义，包含某些动作。此外，私刻皇帝玺是不可示人的，袁绍在藏匿玺印的皂囊外加封也属情理之中。所以文中的"施检"应该包含署书、加封两层意思。既然古人称封缄物为检，封缄称施检，那么，"段宣私諭"为段宣施检专用印，即段宣私人的封缄印，也就没有什么疑问了。

　　今见的封泥，是古人在置物容器或包裹绳结处加封的实物。封泥钤盖的均是官印或私印，未见署检的印章。正因此，"段宣私諭"倍觉珍贵。署諭（检）的汉印至今仍是孤例，或可说明封缄印当时还处于萌芽状态，尚缺乏生存发展的空间。隋唐以后，我国印制出现了根本的改变，钤印再也不用软泥而用纸和印色，钤印变得简单而明了，于是私印中就派生出一些新的印种，诸如书柬印、鉴藏印等，封缄物函，其意义在于加密防伪，贴一封纸，再加一封印，其效果与钤盖官印或姓名印完全一致，然却方便得多，于是封缄印也就随之流行开来。传世的封缄印，多属宋元辽金时期，印文刻"封"、"谨封"、"封记"、"封闭"、"封的"、"谨封记"、"封奉"等字，过去，古印界对封缄印的源头是不清楚的，"段宣私谂"印的发现，这一问题也就解决了。汉印署"谂"，后世印署"封"，"谂"（检）、"封"义同，南北朝隋唐史书中，"封检"已是封缄的专用词语。

汉代艺术综论四题

叶其峰（广东省文物鉴定站）

一、汉代壁画及其艺术特色

壁画艺术在汉代相当盛行，规模宏伟的宫殿、陵墓，乃至州县的衙门厅堂多有壁画，它是建筑的装饰，也是王侯官宦显耀威严、富有及借以宣传自己政治主张的重要手段。它是汉代绘画的主要品类，是古代艺术宝库中永不褪色的奇葩。史籍中有不少关于汉代壁画的记载，如王延寿《鲁灵光殿赋》描述的"图画天地，品类群生，杂物奇怪，山神海灵"之汉景帝子鲁王刘余兴建的灵光殿壁画；汉宣帝甘露三年为招待匈奴单于，"乃图画功臣十一人于麒麟阁，法其形貌，署其官爵姓名"之麒麟阁壁画；东汉明帝三年，明帝为表彰中兴功臣，在洛阳南宫云台"图建武中名臣"之云台壁画。这些关于宫殿壁画的记载，反映了汉代帝王对壁画艺术的重视。汉代地面建筑壁画至今仍未发现，现在能看到的汉代壁画都属于墓室壁画，其地点集中于当时的政治中心，及经济富庶、文化发达的地区，此外，军事要塞也有发现，墓主人都是当时的贵族或军事政治之显要。

西汉南越王墓前室周壁、室顶及南北两道石门上的朱、墨两色彩绘，是迄今所见西汉最早的汉代壁画。图纹似凤似螭，生动流转，相互勾连，是战国晚期铜镜中常见的图案，有定名为云纹者，似不确，称蟠螭纹或蟠凤纹较妥。1976 年在河南省洛阳市出土的卜千秋墓壁画，据推定，其年代在西汉昭帝与宣帝之间，即公元前 86 至前 49 年，属早期大型汉代壁画。这一壁画是用一批特意设计烧制的空心砖在地面编号绘制完成，然后再砌进墓室中去的。壁画分三个部分：墓门内上额绘人首鸟身的神仙图像，后壁绘镇墓神方相氏及青龙、白虎。壁画主体在墓的顶部，表现男墓主乘龙，女墓主乘三头凤鸟，在仙翁、仙女和各种灵怪动物的导引卫护下前往极乐天堂的情景。

西汉末年及东汉时期的壁画在三、四十年代已有发现，出土最早的是洛阳八里台彩绘男人群像砖，其后是辽宁金县营城子壁画、辽阳的棒台子屯壁画、北园壁画、南林子壁画、迎水寺壁画，和山东省梁山壁画等。这些壁画遗址早已破坏，实物或早佚，或流出国外，如今我们只能从流传下来的记载、摹本或印本了解这些壁画的内容。

20世纪50年代以后西汉末至东汉壁画多有发现。洛阳地区已出土过数座西汉末壁画墓，1957年在洛阳老城西北发现的西汉墓壁画，即洛阳王城公园壁画，其年代约在元帝至成帝之间，即公元前48至公元前7年。壁画绘制在墓室的素面空心砖墙上，墓顶绘有12幅以日月星云为内容的天汉图像，门额、隔墙、后壁绘神话和历史故事，其中《虎噬旱鬼女魃图》、《二桃杀三士图》及《鸿门宴图》最为精致。时间相近还有西安交通大学和武威五坝山的墓室壁画，前者绘于墓室顶部的天文图，不仅绘有日月星辰，青龙、白虎、朱雀、玄武等四神，还绘各种动物作为28宿的标志。图纹生动，所标的28宿位置亦相当准确，为艺术史、天文史研究者所重视。新莽时期壁画，著名的有河南洛阳金谷园壁画、山西平陆枣园村壁画、陕西千阳壁画、咸阳龚家弯一号墓壁画等。东汉壁画已发现有数十处之多，著名的有河南洛阳邙山化工厂壁画、山东梁山壁画、辽宁金县营城子壁画，河北望都壁画、河北安平逯家庄壁画、河南密县打虎亭壁画、内蒙古和林格尔壁画、江苏徐州黄山陇壁画等。这些壁画都是科学发掘，时代清楚，保存亦较好，与三、四十年代发现的壁画相比，显然具有更高的学术价值。特别是望都壁画、打虎亭壁画、和林格尔壁画，规模宏伟，内容丰富，技法成熟，更属重要的发现。

河北望都壁画是1952年出土的。壁画绘于墓室前室四壁及通中室门道壁中。前室壁画分上下两部，上部绘死者生前为其服务的各类人物，下部绘禽兽，并都有题字，两者之间有约一公分宽的黄色界线隔开。过道门券上层画鸟兽图。此墓壁画图像清晰，色彩艳丽，保存较好，时代为东汉晚期。

1960年至1961年发掘的河南省密县打虎亭壁画也是东汉晚期作品。壁画满布墓室的前室、中室，南、北、中耳室之四周及甬道墙壁和券顶。壁画有彩色的和黑白两种，描绘了车马出行、庖厨、百戏等当时官宦及大户人家的生活内容。其中画于中室北壁上部的舞乐百戏图，画面宽阔，内容丰富，绘制技法成熟，最有价值。

另一著名的东汉晚期壁画是1972年出土的内蒙古和林格尔壁画。壁画墓分墓门、前室、中室、后室及三个耳室，各室墓壁、墓顶及各甬道两侧都绘满了壁画。墓顶壁画多已剥落，其他部分保存完好。现存壁画50多组，内容丰富，是迄今所见榜题最多的汉代壁画。前室描绘墓主生前宦迹的出行图、南耳室的牧马图等都是艺术水平很高的作品。

以上所述之壁画虽然都出于墓室之中，然而并不影响其在绘画史上的地位。因为汉代人"事死如事生"，他们以为人死并不是生命的终结，而是到另一世界去过其与生前一样的生活，因此他们营造死者的陵墓时，就不但造型上依照人间的住所，地面居室壁画也都原样绘于墓室之中，所以墓室壁画与地面建筑壁画并无差别，墓室壁画也是十分珍贵的汉代绘画标本。

汉代壁画有其突出的艺术特色，主要是：

在艺术风格上，以写实为基本格调，同时又善于把现实与幻想紧密结合起来。在汉代壁画中，战国时期开创的写实作风得到充分的发挥，商周艺术以抽象图案为主的作风被彻底改进，仅在边饰中才能看到这类图案的个别遗留。在人们面前展现的都是活生生的人，千姿百态的动物，即使是传说中的神仙灵异，也都有现实的蓝本。这种写实作风，乃是汉壁画的基本格调。汉壁画的内容充满了浪漫色彩的奇特幻想：西汉时期的作品，多是人神杂处，混而不分，怪诞奇异，充满廊壁。东汉以后，原始神话相对褪色，历史和现实的内容占据了画面的重要位置，但是浪漫幻想始终没有离开汉代壁画艺术，现实主义的表现手法与浪漫主义的奇特构思之紧密结合，是汉代壁画乃至整个汉代艺术的主流。

在技法上，主要是通过娴熟的线描技巧来表现物象。汉壁画的线描，徐疾、顿挫、粗细、转折变化很多，具有很强的表现能力，达到了驾轻就熟的程度。线条以流动奔放、强劲有力为基本特征，它所描绘的百戏图飞动而热烈，它所表现的动物，或伫立，或奔驰，或凶猛，或驯良，充满了活力。其中对马的描绘尤为成功，和林格尔壁画的马有数百匹，威武雄壮，各具风姿。这些富有生命力的形象之塑造，体现了古代艺术家高超的绘画技巧，同时也表现了古人对现实事物之细致观察和高度的概括能力。在描绘人物方面，也有较高水平。洛阳王城公园西汉墓壁画的《二桃杀三士图》，三个武士姿态不同，表情各异，刻画了他们的内心世界和性格，是一幅相当成功的作品。老人像的衣褶勾画十分熟练，其脸部、手指亦都生动逼真。东汉时期的辽阳金县营城子壁画的门卒，造型简率，但须发怒张，很有神气。洛阳八里台男人群像砖画，人物比例适当，造型准确，线条简洁细致，成功地塑造了几个士大夫的落落大方，飘洒俊逸的仪态。望都壁画的线描水准更高，在西汉绘画中，人的脸部都为正面或侧面，而望都壁画的作者，却熟练地掌握了塑造半侧面的肖像技巧，并能通过不同身份人物的动作、服饰的处理，逼真地表现出他们的特征和性格，对人物眼睛的描绘也达到传神的程度。汉末线描人物画的进步，体现了古代匠师在追求"内外表里，悉相对称"（王充《论衡》）上的努力。

在色彩上，使用的颜色有朱砂、土红、铅粉、赭石、石黄、石青、青黛、藤黄、蛤粉、白、黑等十多种矿物和动植物颜色，魏晋绘画使用的颜色在汉代大都出现。每幅画使用颜色品种的多寡不尽相同，少只两三种，多至五六种，颜色艳丽，对比强烈。作画时，有的是先勾绘后布色，有的是先用淡墨起稿，布彩后再勾画墨绘，有的则是先上色后用墨绘勾勒图像。对颜色的运用，也从简单到复杂，不断进步。西汉壁画虽还主要用简单的平涂着色法，但卜千秋墓壁画、洛阳西汉墓壁画（即王城公园壁画）、已开始彩用浓淡渲染的画法来表现衣褶的凹凸。到东汉末的望都壁画，渲染法的运用更是普遍和熟练。由于赋色方法的进步，色彩运用恰当，冷暖、虚实、明暗之对比调和，主次分明，互相烘托，所以汉代的壁画，质感强烈，形象十分动人。

在构图方法上，西汉壁画还主要采用传统的平列对称法，其中洛阳西汉墓壁画最为典型，这类壁画富装饰趣味，有一种均衡的美。随着题材内容的变化，西汉已出现了俯视的构图方法，典型的例子是湖南长沙马王堆三号墓棺室西壁出土的长方形帛画。此幅帛画画的是人物车马仪仗，表现的是"誓社"、"耕祠"之类的活动场面。这幅帛画人与物的图像有近百个，作者没有把这些人和物机械地并排，而是围绕一个主题把他们有机地组织起来，形成一个完整的俯视的画面。这种俯瞰式的新的构图方法，无疑也深刻地影响着当时乃至后来的壁画创作。事实上东汉时期的和林格尔壁画，俯瞰法已被运用得相当成功，著名的宁城图就是采用这种方法绘制的人物众多、景致复杂的一幅古代城市图，场面宏伟的出行图。这幅壁画表现的墓主人六任官职之出行场景，人骑数百，车驾数十，被安排得有主有次，条理清楚，疏密有致，庄重从容，显出古代匠师构图上的功力。俯瞰法虽有远近空间不合比例的缺点，但与先秦时期流行的平列法相比，无疑是绘画方法上的突破。

汉代绘画是由帛画、漆画、壁画、画像石、画像砖等主要品类构成的，其中壁画既有画像石那样丰富的内容和恢宏的场面，也有帛画、漆画中那种艳丽的色彩，生动的作画技巧。可以说，汉代的壁画，反映了这一时期绘画艺术的基本倾向和时代特点，也体现了整体汉画艺术所取得高度成就。

二、汉画像石（砖）雕刻技法及地域风格之异同

汉画像石是汉代墓室、棺椁及祠堂、门阙等建筑物的重要装饰，画像砖的用法更广，宫殿遗址也多有发现。画像石的图像多先用笔勾勒后雕刻，有的则是以刀代笔，直刻用刀雕刻图像。画像砖图像的制作略有不同，它多是在砖坯未干时，用上述两种方法雕刻，有的则是先将图像雕刻在砖模或铜模上，而后用其抑压砖坯而成。画像石、画像砖是绘画与雕刻技法完美结合的综合艺术，是汉代最有特色的艺术品种。

画像石最初是作为石椁的装饰出现的，1984年山东临沂册山乡庆云山发现了一座石椁墓，其椁的侧版、椁底均有用阴线刻凿的几何纹图案。1988年山东枣庄小山发现的一座石椁墓，椁的底版、侧版、挡版均分别刻璧纹、绶带、常青树、神鸟等画像。两座石椁墓的时代均属西汉初期，主要采用阴线刻，间有凹面雕，手法简单粗糙，是画像石的滥觞期。

　　西汉中期，在河南南阳地区始流行画像石墓，具体例证是上世纪下半叶发现的两座赵寨画像石墓和唐河湖阳镇画像石墓。画像多刻于门扉、门楣、门柱上，内容也较早期石椁画像丰富，出现了羽人、方相氏、瑞兽、骑虎武士等新的图像。画像石墓的产生，在汉画像石发展史上具有里程碑性质的意义。

　　西汉末以后画像石这一艺术门类迅速流行开来，至东汉中晚期达到了顶峰。在地域分布上，它不仅发现于山东、河南，江苏、陕西、四川也都发现了大量的画像石。此外，北京、天津、湖北、安徽、山西、贵州、云南、甘肃、浙江等省市亦有数量不同的画像石出土；在刻凿的载体上，随着墓葬习俗的变化，画像石以石椁墓、画像石墓为起点，迅速成为画像石祠、画像石阙、画像崖墓等地下、地面建筑的主要构件和装饰；在表现技法上，它吸收了当时飞跃发展的绘画和雕刻技巧，从简拙的阴线刻，创造出凹面阴线刻、平面阴线刻、减地平面阴线刻、减地平面浅浮雕、减地弧面浅浮雕、减地平面阳雕、高浮雕、凹面雕等多种雕刻技法，刻法熟练，石面处理亦趋光洁细致。在内容上，它天上地下，历史现实，人神一体，包罗万象，展示出一个光怪陆离生机勃勃的世界。

　　减地平面阴线刻、及减地弧面浅浮雕、平面阴线刻是汉画像石中最常使用的雕刻技法，至东汉中后期，这些技法越趋进步，运用更是熟练，因而创造的艺术形象也远非前期可与相比。武氏祠的荆轲刺秦王等故事画，情节生动，寓意深刻，人物个性十分鲜明；沂南的百戏图，场面巨大，内容丰富，艺人的表演紧张、惊险而炽烈；南阳的斗兽图、兽斗图，粗犷雄浑，刀法夸张，神态逼真，充满了动与力的美；陕北王得元墓的牛耕图、牛车图的牛形，步态蹒跚，温顺安祥，整个画面有一种幽静的田园风味。这类画像石中的形象，乃是汉代艺术宝库的精华。质朴豪放，深沉雄大，不苟细节而追求物象动态的艺术效果，写实而富浪漫之神彩，是晚期汉画像石总的艺术特征。然而，各个地区的雕刻技法并不完全相同，与之相关的艺术风格也有或多或少的差别。

　　山东晚期画像石技法全面，目前画像石中所看到的各种雕刻技法，山东画像石都有。山东画像石的雕刻，以刀法熟练、细腻、流畅、准确见长，两城镇戴氏祠堂的弧面浅浮雕、沂南画像石和朱鲔石室画像的平面阴线刻代表了同类画像石的最高水平。武氏祠和嘉祥宋山画像石的减地平面阴线刻，不但具有很高的技巧，其边饰也引人注目：多重边栏，连弧纹、锯齿、菱、斜线纹等饰于其中，它与同时期青铜镜边饰十分相似，华丽异常，与画面的主图互相衬托，相得益彰。在构图方面，山东画像石有不少像武氏祠的水陆攻战图、沂南画像石的百戏图、交租图那样的内容繁复、构思奇巧的鸿篇巨制，在其他地区的画像石中是甚为罕见的。在画面中，常于空隙处填补与主题无关的物象，这种不留余白之作风也很有特色。

　　徐州画像石主要有阴线刻和减地弧面浅浮雕二种，艺术风格与山东画像石相近，然其浮雕作品有些突出达两厘米之多，这在山东画像石中却不多见。

河南画像石属于另外一个系统，是独树一帜的画像石艺术流派。在刻法上，其多在减地浅浮雕的减地内刻横斜纹或横线、直线衬底，线条较粗，与武氏祠画像石底纹作风不同。在其他地区画像石中更是罕见。在风格上，其刀法豪放，讲究动态美，而不拘细微。构图简洁疏朗，而少有山东画像石常见的"不留余白"的繁缛作风。

四川画像石的浅浮雕图纹生动，主题明确，多有衬底刻线，但却作纵横状，与河南画像石底纹不同，其刀法亦较河南画像石细腻。曾家包画像石浅浮雕不施底纹，人的身段合乎比例、脸部略显笑容，作伫立状，与山东、河南所见的大动作的粗犷作风也迥然有别。

陕北画像石的雕刻技法有减地平面阴线刻、减地平面雕、平面线刻三类，这些刻法在山东画像石中亦较常见。其艺术特色主要表现在构图上：其一是将长形石条分成若干竖格，每格一个题材，一般不相联系。其二是边饰在全石中占有显著地位，纹样多为二方连续的植物枝叶，枝柯间配有姿态不同的神人异兽或小鸟，均衡对称，构思奇妙。

画像砖的历史比画像石要早，汉代的画像砖主要发现于陕西、河南、四川等省。

陕西、河南的画像砖多为空心砖和长条形实心砖，不少属陵墓构件，有的空心砖乃当时的棺椁。表现在砖面上有阴线刻、阳线刻、浅浮雕等图像，由于时代和地域的原因，各地画像砖亦有不同之艺术特点。今发现的陕西画像砖多属西汉中晚期，以线刻和浮雕四神图案为主、双龙、双虎，或相向衔璧，或相背而驰，画面对称。河南画像砖两汉均有，集中于洛阳、郑州、南阳等地区。洛阳出土的阴刻画像砖，图像用印模压制，有天马，人物和其他动植物，这些图像在画面中缺乏内在有机联系，构图疏朗明快，装饰性强。郑州，禹县的画像砖刻法多样，然最多的是阳线刻，画像用多个印模分别压印，每模一个主题，自成一体，整个画面实为多幅小画构成，图纹精美细腻，然排列紧密，因而稍嫌繁缛。南阳画像砖多为浮雕，整个画面用一模压制，主题鲜明，构图紧凑，其图像内容与艺术风格与南阳画像石相当接近。

四川画像砖自成系统，多是约40厘米见方的方砖，作长方形的，成都出的长约46~47厘米，宽约26~27厘米，成都附近各县出的略小一些，无中原地区的大型空心砖和条砖。时代一般较晚，多属汉末三国时期，雕刻技法有线刻和浅浮雕两类。构图单纯，布局合理，画面中的人和物所占空间位置不容移动，不容取舍，更无多余，内容与形式高度结合，明确地表达着主题。与其他地区的画像砖相较，四川画像砖属于上乘。与同时期的画像石相比，它在构图和线描技法上也是先进的。

三、包罗万象的汉画题材

汉代绘画的题材内容十分丰富，有对现实事物的一无遗漏的描绘，有对历史故事的热情回顾，还有对虚幻的神话传说之美好憧憬。古人、今人、神仙、动物同现于一个画面，天上、人间浑然一体，展示出一个五彩缤纷、生机勃勃的世界，是汉代社会的缩影。

对现实事物的描绘，都是围绕死者生前的政绩或生活习惯展开的，大至两军对垒的浴血战斗，小至日常使用的盘盂器皿，都得到充分的反映。车马出行的题材最为常见，其中辽南北园壁画、和林格尔壁画及沂南画像石中的出行图，场面宏伟，人物众多，车马奔腾，声势显赫，十分壮观，是这类题材的代表作。出行的描绘，在于显示死者生前的宦迹和显赫权威，然而题材之社会性，描写之历史具体性，却有重要的意义。画面中前导与后从的序列，执盾、捧笏的迎候队伍，以及常见的拥彗之清扫人，有助于我们了解当时迎候与导从制度，而各种人物的服饰、车制，更是研究当时民俗的宝贵资料。四川扬子山二号墓出土的骈车画像砖描绘的是一小型出行场景，画面左下角那辆满载箱筐的运输车很引人注目，这种当时四川地区特有的人力小车，与《三国志》关于诸葛亮使用"木牛流马"运送军粮的记载正相印证。战争题材也不少，孝堂山郭氏祠画像石、武氏祠画像石、沂南画像石、滕县画像石都有此类画像。画面中，步兵、骑兵、水军短兵相接，前锋、侧翼、后续纵横交错，是古代争和兵器使用的最形象的描绘。为了显示墓主人的政绩，有的壁画还如实地图绘了其生前的工作环境和在其中工作的各式人物，望都壁画就是这类绘画的典型，它不但艺术造诣高，对研究汉代官府衙门的工作制度也很有意义。和林格尔壁画也有类似画面，墓主人曾经工作过的五个城图，特别是宁城图，表现了城市格局的各个部分，相当完备，许多建筑形象使有关记载得到对照和印证。

对日常生活的描绘，主要有宴享、百戏、游猎、下棋、投壶、蹴鞠、斗鸡、走狗等内容，其中又以百戏题材为最丰，图像也最为生动。密县打虎亭壁画、和林格尔壁画、沂南画像石的百戏图是这类作品的代表作。百戏题材的意义，首先是它保存了大量关于古代杂技、舞蹈、乐器的形象资料，它们中有的目前仍在表演或使用，有的仅见于文献记载，其形象早已失传了，百戏图像的史料价值自不待言。其次，它如实地反映了汉代统治阶级的生活习尚。当时，不但宫廷盛大宴请有百戏，就是一般官员地主的家庭也是昼夜郑歌赵舞，寻欢作乐。《后汉书·张禹传》："禹将崇入后堂饮食，妇女相对，优人管弦，铿锵极乐，昏夜乃罢。"《盐铁论·刺权篇》记当时富贵之家"中山素女抚流征于堂上，鸣鼓巴俞交作于堂下。"《后汉书·仲长统传》说豪人之室"倡讴伎乐，列乎深堂。"汉画的百戏图与这些记载完全一致。百戏图像的产生，在于当时封建统治阶级渴望死后也仍然能继续人生之乐，这也正反映了处于封建社会前期的人们积极向上的情绪，对生的追求和对现实世界的爱恋。

为了夸耀墓主人的财富占有，画像石、画像砖大量描绘了当时"阁道错连，足以游观，凿池曲道，足以骋鹜"的豪华住宅。平陆及和林格尔壁画还绘有规模很大的地主庄园。在这些住宅和庄园中，我们可以看到封建统治者宴宾观鱼的悠闲生活，还可看到奴仆们耕田、纺织、包厨等紧张劳动。《后汉书·仲长统传》说："豪人之室，连栋数百，膏田满野，奴婢千群。"汉代壁画和画像石描绘的正是这种情况，它反映了当时豪强经济之规模，揭露了两个阶级的尖锐对立。关于劳动生产活动的画像对研究当时农业、手工业的发展水平与普及情况也有很高的价值。滕州宏道院出的锻刀画像石形象地反映了汉代铁器生产的进步。徐州铜山的牛耕纺织画像石、陕西王得元墓、米脂及和林格尔壁画的牛耕图，反映了使当时"垦辟倍多，境内丰给"（《后汉书·循吏传》）的以木犁使用为特征的牛耕技术的普及。汉代粮食加工技术也是很进步的，桓谭《新论》说："宓牺之制杵臼，万民以济。及后人加巧，因延力借身重以践碓，而利十倍杵舂。又复设机关，用驴骡牛马及役水而舂，其利乃百倍。"四川画像石的舂米图，形象地描绘了"借身重以践碓"的史实。汉画像石中的纺织图像也不少，其中武氏祠的曾母机织图、织女图，徐州铜山的牛耕纺织图，南京博物院藏的纺织图最为著名。这些图像有助于我们了解当时纺织机械的构造，操作技术及纺织时人员的组织，对我国纺织史的研究，与近年出土的汉代纺织品有同样重要的意义。

历史题材的画像石以武氏祠为最集中，此外，洛阳西汉墓壁画、嘉祥宋山画像石、沂南画像石、徐州画像石也有不少这样的内容。它大致可分为帝王圣贤行事、孝行、节义、侠义四类。对历史故事的大量描绘，目的在于宣传统治阶级的政治主张和道德规范，即所谓"明教化、助风俗"。譬如周公辅成王的故事，是宣传为人臣者必须像周公那样忠心耿耿扶持和效忠皇帝。孝行和节义的故事，则是宣扬封建的孝悌理念。然而历史故事中也有不少有益的成分，表达了人民的爱憎。譬如武氏祠的帝王图，神农、夏禹都是手持插耒，像一个普通的农民，这就表达了人民对曾经在历史上起过积极作用的君王之拥戴，并希望能继续出现这样的好皇帝的朴素情感。与此对立的则是骑在两个妇女身上的夏桀，这样描绘就鲜明地表达了人民对把百姓当牛马、穷奢极欲的无耻暴君之憎恶。再如王陵母的故事，描写汉将王陵的母亲被项羽掳去做人质，项羽的部下威胁她劝王陵投降，王陵母拒绝了项羽部下的要求，并且为了稳固王陵追随刘邦反对残暴的项羽之信念，自杀而死。这一悲壮的故事，乃是对一个疾恶如仇、视死如归的妇女之高尚品格的热情赞颂。

在汉代绘画中，神话内容占据了很大比重，这些神话，有远古的遗留，有《山海经》的记载，有异域的输入，还有不少属于当时方士、神仙家及谶纬学者所编造。旧的、新的纠合在一起，以创造万物的伏羲，女娲和法力无边的西王母为中心，配以雷神、风伯、雨师、羽人、北斗及各种灵异祥瑞，构成一个居于人间之上的不死的神仙世界。在汉朝人的观念中，神仙世界是最幸福的，于是和神仙同游就成为一些人毕生的追求，死后能到天堂去续享生之快乐就成为人们最美好的向往。汉诗中"仙人王子乔，难可与等期"，"服食求神仙，反为药所误"等句是汉人渴望成仙的史实之反映。马王堆出土的《家居墓主生活图》，卜千秋壁画的升天图是汉人祈求死后升天与神仙同享幸福的体现。东汉以后，直接描写升天的画面罕见，但有很多羽人的形象。王充《论衡·无形篇》："图仙人之形，体生毛，臂变成翼，行于云，则年增矣，千岁不死。"把羽人形象刻入画像石中同样是幻想升天，永享富贵。在汉人的观念中，神仙的威力是很大的，而这种威力呈不断加大的趋势，其原因在于统治阶级的宣传。两汉史籍多有祥瑞的记载，董仲舒的《春秋繁露》、东汉时期编纂的《白虎通》，还用阴阳五行学说从理论上论证祥瑞现象之必然，从而形成阴阳五行谶纬之学。统治阶级对祥瑞迷信的宣传，乃是把它作为一种精神统治的手段，汉代绘画及画像石、画像砖祥瑞图像之多，也反映了对其宣传之甚，以及谶纬之学在民间渗透之深。对虚无缥缈的天上世界的崇信，是汉人的认识水平和精神生活，在科学不发达的古代，人们对降临的灾祸都是那样不可理解，那样无能为力，祈求神仙灵异之保护是不足为奇的。

　　以外域风物为题材的画像石也累有所见，这是汉朝与外国交通频繁、境外文化输入的反映。山东和河南画像石中常见的大象，乃东南亚、印度等地所出。陕北画像石的尾饰华丽的朱雀，乃孔雀的化身，而孔雀则原是西域之物。丰富多彩的百戏也吸收了外来的成就。这些图像与《汉书·西域传赞》说汉通西域后，"殊方异物，四面而至"的记载正好相符合。值得注意的是，在汉画像中，我们还看到了佛教文化对我国的早期影响。四川乐山麻浩崖墓享堂梁上有一人像，头梳肉髻，绕佛光，右手做施无畏印。彭山崖墓出土的一件"摇钱树"座上亦塑有一头梳肉髻，右手做"施无畏印"的人形。这两个人形都是真正的佛像。佛教内容最集中的是江苏连云港孔望山摩崖造像，据报道，这批造像可识的有105个，刻在东西长17米，高8米的山崖上，图像中出现的高肉髻、顶光，施无畏印，结跏趺坐，莲花等，都具有极其鲜明的佛教艺术造型特征。又，在我国古代艺术品中的外来题材始于汉，虽然此类殊方异物还不多，但对汉代艺术的发展有着良好影响，起到丰富和促进的作用，在中外文化交流史上有着重要意义。

四、汉雕塑艺术纵横谈

　　汉代雕塑大致可分为大型陵墓石雕，随葬陶、木、石、铜俑，瓦当等建筑装饰雕塑和实用工艺装饰雕塑四大类。

汉代雕塑艺术的成就首先体现在大型陵墓石雕上。陕西兴平县霍去病墓前的群雕是汉武帝表彰霍去病反击匈奴人对北方边境的骚扰和劫掠，保卫国家安全，开通西域通道所建立的丰功伟绩而雕造的。遗存至今尚有 16 种之多，有马踏匈奴、跃马、伏虎、象、鱼、蟾蜍、龟、羊、异兽食羊、卧牛、野人抱熊、小猪、老鼠等，是迄今所见最早、最完整的纪念性群雕。这些石雕都是用巨大的天然石块雕凿而成，采用圆雕与线刻混用的技法，雕工简洁粗放，然构思却十分巧妙缜密，既在很大程度上保留了石块的天然美，又有一种豪迈奔放，强健有力的气势，是形与质的完美结合。这些石雕还有深刻的寓意：各种野兽象征英雄大败匈奴的战斗环境之复杂险阻、"跃马"体现浴血沙场的勇士们所向无前的英雄气概、"马踏匈奴"则是通过战马的轩昂气势，及马蹄下匈奴贵族的垂死挣扎，热情歌颂将军的伟业和人民对胜利的欢呼。在古代雕塑艺术中，如此意味深长的作品是十分罕见的。

山西安邑发现的西汉石虎，亦是用一块天然巨石雕刻的。虎作俯伏预备飞扑之状，凶猛而有生气，可与霍去病墓前"伏虎"相媲美。东汉时期石雕艺术有进一步发展，雕法较前细腻，写实技巧更为成熟，物像造型更为完满。咸阳沈家村和山东武氏祠的石狮，洛阳和四川高颐阙的石辟邪、四川都江堰出土的李冰石像等石雕，代表了这个时期石雕艺术的水平。咸阳沈家村石狮是 1960 年发现的，属东汉晚期。它四肢雕透，与西汉动物石刻中四肢不雕透的作法相较，是雕刻技法上的进步。它昂首阔步，体圆长尾，造型完美，显得壮丽挺拔，精力弥漫，透露出一种超出群兽的灵慧与威仪，是一件相当成功的作品。

陶、木、石、铜俑是汉代雕塑艺术的重要门类。汉俑艺术是秦俑艺术的承袭和发展，在对人的塑造方面，它虽比秦俑小，但在技巧上却有新的突破，特别是对人物内心活动密切相关的姿态、动作和面部表情的塑造上，在揭示普通百姓的智慧和内心善良纯朴上，比秦俑水平要高。陕西杨家湾出土的五百多个骑马俑，显示了西汉早期骑兵的威武英姿，而数以千计的不同动作和神态的立俑，以及汉景帝随葬坑出土的男女裸俑，更是画廊般地展示了不同职守的人的精神面貌。陕西红庆村出土的彩绘妇女俑，表情安详而呈露出一丝笑容，准确地刻画出女性的温雅与娴静。陕西狼家沟出土的女舞俑亦是难得的杰作：优美的身段、婀娜的舞姿，略呈笑意的神情，刻画得那样细致入微，表情和动作，衣服和人身，处理得那样和谐，不可分割，水乳交融，使人不能不想起汉赋中"抗修袖以翳面，展清音而长歌"、"罗衣从风，长袖交横、绰约闲靡，机迅体轻"等名句对当时舞蹈女伎的热情赞美。广州地区出土的东汉后期歌舞俑，身段、表情、衣褶的处理均略嫌粗简，但那典型的当时中原流行的长袖舞的舞姿，具有浓郁南越风情的华丽冠饰，却充分显示这一汉越两族大融合、大交流时期南国特殊的文化特征，别有情趣。与舞俑题材相近的有说唱俑和杂技俑。几年前入藏广东省博物馆的说唱俑，身材粗矮，动作夸张，表情滑稽，与成都天回山及四川郫县出土的说唱俑有异曲同工之妙，亦应是东汉时期四川之物。此俑原已盗运出境外，经我国有关部门发现后高价赎回，可谓是国宝回归。杂技俑以河南洛阳及山东无影山出土的作品为代表，作者表现的是最能激动人心的瞬间的动作，所以，作品尽管稚拙，但却生动感人。表现普通百姓生活的陶俑更不乏成功之作，四川宜宾出土的操作俑、山东高唐县出土的厨俑、故宫博物院藏的听琴俑、提水俑等无不塑造得纯真朴实，栩栩如生。从其发自内心的快乐表情，显示了他们对生活的热爱。同样题材的汉俑，广州地区出土的却属另一类型。作者似乎毫不措意人物形象的塑造，而着力于当时生活场景的描绘：陶屋门口，多有躬身作揖迎送宾客的主人，屋外，却多劳作或驱赶群羊入圈的农夫；陶船中央，端坐着悠然自得的乘客，船的两侧是奋力划桨的船家；舂米劳动俑，塑造的是一对夫妇，男的站在石臼上，手提木杵舂米，女的立于一旁，手捧竹箕作准备往臼倒谷之状。此外，还多见有驾着牛车赶路的赶车俑，跪在地上吃力地举着或顶着灯具的奴隶俑。题材之丰富，为其他地区所少见。就其史料价值而言，可与中原的汉画像石相提并论，在雕塑艺术上，也有质朴自然的美感。

木、石、铜俑的塑造水平也是很高的。木俑多出土于南方和西北的墓葬。广州地区西汉墓出土骑马俑、武士俑，其形态、服装与同时期的陕西陶俑十分相似，反映了中原文化对岭南的深远影响。广州西汉墓出土的侍女木桶，与长沙马王堆一号汉墓出土的彩绘木俑，在做工、体态神情上也十分一致，更说明楚越文化的接近和交融。石俑作品可以河北望都出土的骑马俑为代表，骑果下马游戏的快乐石人有很强的艺术感染力。铜俑作品，著名的有广州西汉墓出土的鎏金铜俑及河北满城中山靖王墓出土的长信宫灯。甘肃灵台出土的一组铜俑，四个人形，有的嬉笑叫喊，有的表情忧郁，有的愤怒，有的似在发表议论，喜怒哀乐分明，形象非常生动。

汉代雕塑艺术高度的写实技巧和刻画内在精神的传统，在对动物的塑造方面也有深刻体现。贵州陶马驹的天真、顽皮，四川杨子山大马的硕大和逼真，河南辉县狗的形态和神情之多样，早已为人们所熟知。广东省博物馆藏的一批陶塑亦十分出色：张翅护雏的母子鸡，且行且鸣的羊，肥头大腹哺幼的猪，回首用其扁啄疏理华丽羽毛的鸭，都塑造得惟妙惟肖。最令人惊叹的是那对佛山澜石出土的子母牛。母牛屈卧地上，回首用舌轻舔偎依身边的爱犊，眼神慈祥，动作亲切，不仅刻画了牛的耐劳、驯良的品格，还表现了动物界普遍存在的母爱亲情，真是罕见的杰作。甘肃出土的一批动物雕塑也很成功：武威汉墓出土的木猴，刀法简练，似乎仅是在一块粗糙的木头上砍削几刀似的，然而猴子的狡猾神情却跃然物外。同墓出土的独角兽，形体虽小，但却有巨大的艺术魅力。它的身躯类似野牛，四肢遒劲如同铁质，独角又粗、又长、又尖，它低着头，箭步向前冲击，似有一股无坚不摧的力量。最令人赞叹的还是武威张将军墓出土的铜奔马，它那剽悍神骏，在天空中腾跃驰骋的优美造型，超出了同时期所有马俑的形象。匠师让马的一条腿踏在一只回首惊视的飞鸟背上，以衬托天马神速的巧妙构思更是前所未有。这匹奔马是对墓主人驰骋疆场，所向无敌的业绩的歌颂，也体现着人们对在开通西域保卫边疆中起着极大作用的战马的深厚感情。这匹奔马，是具有辉煌成就的汉代造型艺术的典范。

汉代建筑装饰雕塑也有大量遗存，除了著名的与绘画近似的画像石、画像砖外，就是瓦当以及石阙、陵墓中的高浮雕、透雕。瓦当乃是我国富有民族特色的古建筑中不可缺少的部分，它作为筒瓦的顶端突出于檐外，不仅有保护瓦面的功能，同时也和壁画一样对建筑物起到美化的作用。汉瓦当多刻文字，然精美之动物浮雕亦有所见。西安汉城出土的四神瓦，构思独特，图像生动，历来受到美术工作者的高度评价。陵墓中的透雕作品，以洛阳西汉壁画墓出土的透雕彩绘砖为代表。高浮雕遗存较多，且多属东汉晚期。从雕刻技法的演变考察，它大概是圆雕和浅浮雕技法相结合的产物。汉画像石中成熟的浅浮雕作品都在东汉中期以后，所以成熟的高浮雕作品与浅浮雕同时或稍晚是很自然的。东汉高浮雕作品以安丘画像石墓门楣上的卧鹿及三根石柱上的人物、伏虎和蹲熊为代表。此外，江苏出土的母抱子石柱、四川沈君阙之朱雀也很著名。沈君阙的朱雀，挺胸振翅，昂首举爪的造型，使人感到它似有生命。比例之准确，羽饰之华丽，使人不能不赞叹艺术家对事物观察之细致和雕刻技术之高明。

实用工艺装饰雕塑有鸟兽，也有人物。满城中山靖王墓出土的鎏金镶嵌鸟形铜器、汉青铜器皿中常见的作为器足的蹲熊，都是此类精美之实用装饰雕塑。此类作品在少数民族青铜器中就更多。北方匈奴族的小型铜塑，有的可能原是大型器物中的附属品，至于铜饰片，则除了大型器物的附属品外，更多的乃是人身上的佩饰。这些铜塑和饰片，有的刻镂奔马，有的表现角力，此外还有大量的鹿、羊、虎、马、蛙等动物形象。刻镂精巧，形态生动，反映了古代匈奴人慓悍的性格和丰富多彩的生活情趣。云南省滇池地区出土的动物饰件，真切地刻画了狩猎和猛兽搏斗的刹那间紧张场景，扣人心弦。构图紧凑，作风粗犷，各类动物之习性和姿态又都表现得细致入微，显示出古代滇族艺术家卓越的才华。石寨山出土的数以十计的青铜贮贝器，其上都有人或动物的雕塑，少则十数人，多则上百人，表现了祈求丰收的祭祀场面，纺织、纳贡等实际生活，及刀光剑影残酷的战争场景。场面广阔，内容丰富，人物神态生动。这些贮贝器，不仅是罕见之艺术品，对研究古代滇人的习俗礼仪亦有重要价值。

由于年代久远，大量的汉代地面雕塑已荡然无存，我们当然也无法看到还未出土的地下雕塑品。但仅就现今所见的汉代雕塑作品而言，人们的确已经看到了汉代雕塑艺术的非凡成就，感受到了汉代先人那种豪迈自信，积极向上，充满创造活力的时代精神。汉代的雕塑，是我国艺术史上光辉的一页，而岭南地区出土的汉俑，在我国雕塑艺术史上也应有其重要的位置。

宋元明清宫廷秘藏述略

梁　江（中国美术馆）

一、北宋秘阁殷实富足

宋代皇室的书画收藏，是在西蜀、南唐皇室收藏的基础上发展起来的。宋太祖赵匡胤在统一全国时，便注重对书画的搜集，曾派苏易简（大参）搜访南唐旧藏名贤书画，得名迹千余卷。这些书画作品有部分赏赐给大臣[①]，其余大都成为宋代内府的收藏。南唐御府所藏书画，多押钤"建业文房之印"、"内殿图书"、"内司文印"、"内合同印"、"集贤院御书印"与"集贤院御画印"，还有押字题句之类，背后多书监装裱褙人姓名。

对北宋初期征集藏品和设置秘阁庋藏的情况，《图画见闻志》说得较详尽：

太平兴国（976~983 年）间，诏天下郡县搜访前哲墨迹图画，先是荆湖转运使得汉张芝草书，唐韩干马二本以献之。韶州（今广东韶关）得张九龄画像并文集九卷表进。后之继者，难可胜纪。又敕待诏高文进、黄居采搜访民间图画，端拱元年（988年），以崇文院之中堂置秘阁，命吏部侍郎李至兼秘书监，点校供御图书。选三馆正本书万卷实之秘监，以进御退余，藏于阁内，又从中降图画并前贤墨迹数千轴以藏之。淳化中阁成，上飞白书额，亲幸召近臣纵观图籍赐宴，又以供奉僧元霭所写御容二轴藏于阁。又有天章、龙图、宝文三阁，后苑有图书库，皆藏贮图书之府。秘阁每岁因暑伏曝慧，近侍暨馆阁诸公，张筵纵观。图典之盛，无替天禄、石渠、妙楷、宝迹矣。

秘阁设置于端拱元年（988 年），时间很明确。搜求名迹，铨定品次，书画典籍分贮于秘阁、天章阁、龙图阁、宝文阁和后苑图书库内。光图书就有万卷之多，其中特别提到仅从皇宫中选出置放于秘阁的书画也达数千轴。宋太宗赵光义除自己平时观赏，还经常召集近臣张筵纵观。此后的几代皇帝也无不喜好鉴藏，多方进行搜集，由是，北宋内府所藏逐渐充盈。

皇室的搜求活动每得到臣僚的响应。如王溥之子王贻正就精选家藏书画十五卷上呈宋太宗：

> 王（溥）文献家书画繁富，其子贻正，继为好之，尝往来京雒间访求名迹，充韧中衍。太宗朝尝表进所藏书画十五卷。寻降御札云：卿所进墨迹并古画，复遍览看，俱是妙笔，除留墨迹五卷、古画三卷领得外，其余却还卿家，付王贻正。②

郭若虚还说到，所谓"其余者"，有王羲之、阎立本、薛稷等人的作品。说是"妙笔"毫不为过。

宋初所建秘阁，是皇家最有代表性的庋藏机构。藏品之中，有遴选而出的上万卷古籍图书及法书名画数千卷，可惜这些珍藏没有留下完整的目录。北宋淳化三年（992年）由王著编次，在枣木板上所刊刻的《淳化秘阁法帖》十卷，距秘阁之设仅为四年，算得上是秘阁所藏法书图录。可惜是书所刊刻只是唐和唐以前的法书作品，约有 450件，而对于五代以来书家的作品并没有收录，尚不能说是入藏法书的全部。再者，此帖之刻虽功不可没，后人称为"法帖之祖"并非过誉，但真伪杂糅及错乱失序处也素有訾议，这一点，可让人揣测到宋以前法书赝本的流布情况。

自宋开国以来，至宋徽宗赵佶已历经 150 余年。皇室收藏的书画和古器物经长期搜集和积累，已越来越显丰富。宋徽宗赵佶在位期间，又频遣使臣四出搜访，内府收藏更大为扩充。北宋朝的收藏至徽宗时最为富足，这是没有疑问的。这样，就有了内府召使文臣编撰《宣和睿览集》、《宣和画谱》、《宣和书谱》、《宣和博古图》的大举措。《宣和睿览集》今已不存。据宋人邓椿所说，徽宗时，"秘府之藏，充韧填溢，百倍先朝。又取古今名人所画，上自曹弗兴，下至黄居采，集为一百帙，列十四门，总一千五百件，名之曰《宣和睿览集》。"③据此可知，是书之编，汇集了内府所藏自三国至宋初的名画，总数达 1500 件之众。其中的部分作品仍流传于世④。而《宣和画谱》当是在此基础上核订扩编而成。

《宣和画谱》、《宣和书谱》、《宣和博古图》这三书，均成于宣和（1119～1125 年）年间，而《宣和博古图》开始修纂的时间略早。《宣和博古图》30 卷，大观初年即开始修纂，著录了宣和殿内所藏商代至唐的青铜器 839 件。这是宋代藏青铜器的精粹所在，其中的晋姜鼎、齐侯铸等，都是著名的重器。《宣和画谱》20 卷，成书于宣和二年，计收录了自魏晋以来画家 231 人所作名画 6396 件，分为道释、人物、宫室、番族、龙鱼、山水、畜兽、花鸟、墨竹、蔬果十门，并"随其世次而品第之"。《宣和书谱》二十卷，体例与画谱相类，所著录的历代书家有 197 人，作品 1344 件。从这三书，可知宋代皇室收藏最盛时期的概略。而宋徽宗时《宣和书谱》、《宣和画谱》与《宣和博

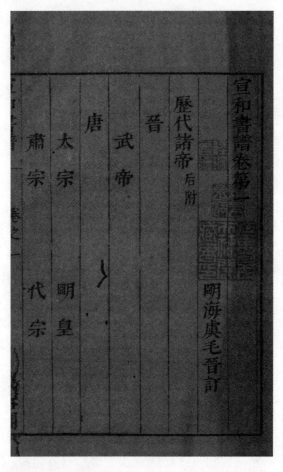

明汲古阁刻本《宣和书谱》书影

古图》这三种著作之编纂，则是中国古代收藏史上第一次最为系统，规模最大的著录工程。

宣和年间，不仅书画名迹集中内府，赵佶还下了很多的功夫进行保护和整理。宫内旧藏多有经他重新进行装裱的，重新装裱所用的材料均精美华贵，使用皇室绫锦镶裱或整绫挖嵌，轴杆多用檀香木，轴头用白玉、翡翠、玛瑙，华丽古雅，这种极为讲究的形式，世称"宣和装"。北宋梁师闵的《芦汀密雪图》，绢本设色，曾经元代大长公主祥哥刺吉收藏，今藏故宫博物院。此图装池至今尚保持着"宣和装"原格式[5]。

在整理和著录御前书画藏品方面，赵佶先后任用过宋乔年、米芾二人[6]。米芾精通鉴定古书画，被"召为书画学博士"（《宋史·米芾传》），这个职务担任了很久。其他曾被任命参与鉴定、整理、著录和装池的尚有蔡京、梁师成、蔡卞等人。宣和内府所藏的书画作品，重新装裱编成卷帙，多押钤"大观"、"政和"、"宣和"印鉴，赵佶亲自

北宋·梁师闵《芦汀密雪图》，北京故宫博物院藏

为题写标签，分级入藏。有些名作如唐张萱《虢国夫人游春图》、《捣练图》等，还进行了临摹复制。

二、南宋内府大不如前

1127 年，金兵南下攻破汴梁，掠走徽宗、钦宗二帝，史称"靖康之变"。康王赵构逃到临安（今杭州）建起南宋偏安政权，北宋亡，汴梁皇室秘阁中 160 余年多方搜求积攒起来的丰富藏品，除毁于兵燹之中，一部分为金人所掳走，一部分散佚于民间。从宣和之时书画古物空前的大集中到靖康大流散，这是中国收藏史上一次剧烈的变故。

高宗赵构也同徽宗一样擅书能画，喜好收藏。建都甫定，便重新招揽画人，恢复宫廷画院，不遗余力收集流散古物书画。甚至不惜派近臣往市场争购：

思陵妙悟八法，留神古雅，访求法书名画不遗余力。清闲之燕，展玩摹拓不少怠。盖睿好之笃，不惮劳费。故四方争以奉上无虚日。后又于榷场购北方遗失之物，故绍兴内府所藏不减宣政。惜乎鉴定诸人如曹勋、宋贶、龙大渊、张俭、郑藻、平协、刘炎、黄冕、魏茂实、任辈，人品不高，目力苦短，凡经前辈品题者，尽皆拆去。故今御府所藏多无题识，其源委授受，岁月考订，邈不可求，为可恨耳。⑦

自建炎元年至绍兴 32 年，高宗赵构在位 36 年，这时的宫廷的收藏虽难与宣和时期相颉颃，但已有可观。所搜访到古书画名迹都要辨验，当时就有画院待诏马兴祖承担此责⑧。米芾长子米友仁南渡后官至兵部侍郎、敷文阁直学士，人称"小米"，晚年受高宗赏识，常居近侍，也奉命鉴定搜集来的书画作品。但米友仁鉴别书画的眼力虽高，"往往有一时附会迎合上意者"，难免有欠缺公允之处。米芾作品如《元日帖》、《吾友帖》、《中秋登海岱楼二侍帖》等，都是米友仁鉴定的。今存米芾书迹《苕溪诗》，后有米友仁跋云："右呈诸友等诗，先臣芾真迹，臣米友仁鉴定恭跋"，即为其中一例。而其他"人品不高，目力苦短"的鉴定诸人如曹勋、宋贶、龙大渊、黄冕等，却随随便便就将前代人的题记拆去，令流传源委和鉴订不可稽考，这是南宋时内府鉴藏不时为后人诟病之处。

高宗时期重新装裱的书画作品，所钤印记"内府书印"、"希世藏"、"睿思东阁"、"机瑕清赏"、"绍兴"等多种。

从《中兴馆阁储藏录》中可以了解到，这个时期皇室收藏的名画已达千轴以上。这部储藏录是当时书监杨王休所编。据画目中记载，其中有顾恺之、范长寿、张萱等大家的人物画 139 轴，有李昭道、张噪、董源、范宽等人所作山水画 181 轴，有边鸾、贯休、唐希雅、滕昌祐等花竹翎毛 311 轴，其他还有道佛像、虫鱼画等。

在皇室宫苑里收藏的名画，由秘书省管理。据宋末周密阅秘阁时所记的"宋秘书省所藏"，保存尚有规矩：

乙亥岁（1275 年）秋……登秘阁，阁内两旁皆列龛，藏先朝《会要》及御书画。别有朱漆巨匣五十余，皆古今法书名画也。是日仅阅秋收冬藏内画，皆以鸾鹊绫、象轴为饰，有御题者则加以金花绫。每卷表里皆有尚书省印。关防虽严，往往以伪易真，殊不可晓。

周密接着罗列出展子虔、董源、关仝、李成、文同等人作品 12 件，接着又说：

余悉常品，亦有甚谬者。通阅一百六十余卷，绝品不满十焉。⑨

周密其时在内府所见，为宋室南渡近 70 年所存。按常理而论，有数十年积聚之功，宫廷中收藏之书画器物可臻丰富。但南宋末奸佞当朝，秘府藏品流失，此时仅存 50 余匣。明朝张丑《清河书画舫》说到南宋末年专朝政大权的贾似道所藏书画说：

贾似道留心书画，家藏名迹多至千卷。其宣和、绍兴秘府故物往往请乞得之。

即便贾氏巧取豪夺之物籍没充官，情况也难以令人乐观。除了周密所说，杨王休《宋中兴馆阁储藏》尚提供了部分资料。杨王休，光宗时官至吏部侍郎，宁宗庆元年间任书监。据《佩文斋书画谱》卷97 所收《宋中兴馆阁储藏》的书后附记，此为庆元五年（1194 年）核查内府中兴馆阁之收藏品的一个记录。此书仅记述中兴馆阁储藏画迹之目录，除了御题画外，还有佛道像、古贤、鬼神、人物、山水窠石、花竹翎毛、畜兽、虫鱼八大类，统计共得 187 轴。加上以前所录旧藏 911 轴，凡 1098 轴又二册⑩。

这一时期的著述，并未见系统记述南宋宫廷藏品的情况。由以上所援引几处资料合计之，可大致觇测内府书画藏品的概况，从而得知南宋宫廷藏品数量仅为北宋盛期之六分之一强。所谓"绍兴内府所藏不减宣政"，实乃臣僚例行的谀媚之辞罢了。

在书迹方面，南宋尚留有《淳熙秘阁续帖》，共计 10 卷，乃孝宗淳熙十二年（1185 年）以南渡后内府搜访所得之墨迹摹勒上石。但，此帖宋亡后已毁灭无传，所以无从判断当时面目。

三、元代庋藏略有可观

1279 年，陆秀夫负帝跳海而死，南宋灭亡。

元代是一个民族融合的时代。出于巩固统治的需要，从世祖忽必烈开始，元朝实行礼遇儒臣，重视汉文化的一系列措施。至仁宗和文宗时期，更进一步推行"亲儒重道"的政策。在体制上，元代虽不设专门的书画创作机构，但秘书监承担了艺文管理的部分职能。元代，在大都"只应司"之下设置了"画局"、"褙局"、"油漆局"和"销金局"等机构。不过，元代的"画局"与宋代画院不同，其任务是"掌诸殿宇藻绘之工"⑪，也就是承担宫廷殿宇彩绘油漆装饰的各项事宜，而并非专事书画创作的部门。

元代内府收藏的法书名画，主要是接收金及南宋内府的收藏。不过，这里有一点应注意，元统一中国不得已是分了两步的。蒙古军 1233 年攻入汴京，次年攻破蔡州，金亡。至元十三年（1276 年），元大将伯颜领兵自长江东下攻入临安，虏走谢太后、宋恭帝。史载，伯颜入临安封国库、收图籍符印并索宫女侍臣及诸乐官，南宋内府珍藏至此方归元朝。这样，元代接收金及南宋的内府收藏，前后相隔三十多年。

那么，元从南宋内府所得藏品几何呢？元代王恽《书画目录》一卷，又名《元破临安所得故宋书画目》，顾名思义，所记即为这些珍品。

王恽，字仲谋，博学善文，在元历官至翰林学士。元破临安翌年恰调官京都为翰林待制。于至元十三年（1276 年）冬，闲暇无事，得兼领秘书监事的好友张易之允，观看了这批原属南宋内府的秘藏。王恽自序云：

> 至元丙子（1276 年）春正月，江左平。冬十二月，图书、礼器悉送京师，敕平章太原张公（张易，字仲一）兼领监事，仍以故左丞相忠武史公子杠为之贰。寻诏许京朝士假观。予适调官都下，日饱食无事，遂与左山商台符叩阁，披阅者竟日，凡得三百余幅⑫。

这一《书画目录》是他与时任监察御史的商符（名琥，画家商琦之弟）披阅秘阁法书名画，日识手记而得，当时所记法书 147 件，名画 81 件，总数 228 件。其中有阎立本所画历代帝王 14 人，有顾恺之、吴道子、王维、李思训、张萱、黄筌、李公麟、赵估等历代书画名家的作品。王恽之所记有详有略，据今人考证，流传至今的法书如孙过庭《书谱》卷、怀素《自叙》卷、黄庭坚《廉颇蔺相如列传》卷，名画如顾恺之《洛神赋图》、阎立本《历代帝王图》等，即在王恽所见之列。可惜这只是专记书画的名目，并未涉及序言中提到的"礼器"等物品。

晋·顾恺之《洛神赋图卷》局部（传），北京故宫博物院藏

　　经过元朝数代帝王的扩充，到元后期的文宗天历和宁宗至顺年间，内府藏品可说为有元一代之最盛。元文宗是元代最重视文艺的统治者之一，陶宗仪《辍耕录》还记他能亲自动手作画。他在位时收纳了一批文人、画家，委以各种官职，有优厚的待遇，让他们得以创作各种作品，文宗建立奎章阁，任用行家品鉴优劣，内府所搜集的藏品也以这时最丰富。不过，由于元代没有留下有关内府藏品的系统著录，至今已很难统计出其时藏品的详尽资料。

　　元内府收藏的书画宝物，由秘书监经管。按元朝官制，秘书监为官署，卿为之长，属官有太监、少监、监丞等。如忽必烈至元七年"命陕西等路宣抚使赵良弼为秘书监，充国信使，使日本。""十二年春，遣兵部尚书廉希贤、工部侍郎严忠范、秘书监丞柴紫芝，奉国书使于宋。"

　　所谓"秘书监"，在元朝实际掌管各项艺文事宜，不仅是管理着供御览的"历代图籍并阴阳禁书"。如《元秘书监志》记载：元贞二年（1296 年）"著作郎呈粘连到《大一统志凡例》"；"大德七年（1303 年）五月初二日，集贤大学士卜兰禧、昭文馆大学士秘书监岳铉等奏，秘书监修撰《大一统志》。元领奉世祖皇帝圣旨编集，始自至元二十三年，至今才方成书，以是缮写，总计六百册，一千三百卷。"此外，秘书监志尚记载着绘制地理图等工作。《秘书监志》又称《秘书志》，凡十一卷，由元王士点、商企翁编次而成，所辑录多为与秘书监有关的事迹。其中所记载的材料，尚有内府裱褙匠焦庆安裱褙"画轴一千单九轴"，王芝裱褙"六百四十六轴"等项目。这些数字，仅为其时对内府庋藏书画修补重装的部分记录，而非系统完整的内库书画宝物统计。

秘书监设辨验书画直长，负责对书画的鉴辨。到元末，约有二十余人担任过此要职，而最著名的当为柯九思。在图帖睦尔只在建康（今南京）为怀王的时候，柯九思已投奔到他的门下。不久，图帖睦尔在激烈的内部争斗中获胜继位为帝，是为元文宗。柯九思遂沐殊恩被任命为典瑞院都事（从七品）。接着，图帖睦尔又建立了专门庋藏书画宝物的奎章阁，柯九思再擢升为"品定书画"的鉴书博士（正五品）。凡内府所藏名画法书及古器物，均由其鉴定之。今所知经其鉴定而收入内库的有王献之《鸭头丸》、虞世南临《兰亭序》、杨凝式《韭花帖》、苏轼《寒食帖》等名迹。不过，这种宠遇也引起了其他臣僚的挤兑，至顺二年（1331 年），他遭御史弹劾，41 岁时被迫退职回到江南，后郁郁病死。

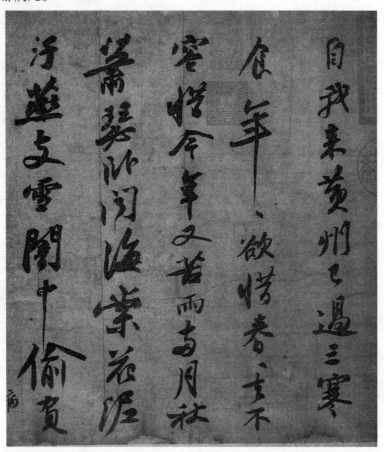

宋·苏轼《黄州寒食诗卷》（局部），台北故宫博物院藏

文帝图帖睦尔为元朝第十三代皇帝，公元 1328 至 1332 年在位。他自幼濡染汉文化，有很深的修养。即位后第二年建立"奎章阁学士院"，这是他与臣僚聚会和书画鉴赏的处所。书画名家虞集、揭奚斯、康里夔夔、欧阳玄、柯九思等皆为奎章阁各项书画鉴藏活动之主要人物，康里夔夔曾任奎章阁大学士。

陶宗仪《辍耕录》在"奎章政要"条下载：

> 文宗之御奎章日，学士虞集、博士柯九思常侍从，以讨论法书名画为事。时授经郎揭溪斯也在列，比之集、九思则稍疏。

内府大量书画都经过柯九思、虞集等人的题跋。奎章阁时期庋藏过的书画名迹，至今天仍存的，书法如著名的宋拓《定武兰亭真本》（台湾藏）、王献之《鸭头丸帖》（上海博物馆藏）、苏轼《黄州寒食诗帖》（台湾藏），名画如董源《夏景山口待渡图》（辽宁省博物馆藏）、关仝《关山行旅图》轴（台湾藏）、赵幹《江行初雪图》卷（台湾藏）、赵佶《芙蓉锦鸡图》轴（故宫博物院藏）等，往往可见钤押"天历之宝"、"奎章阁宝"等印章，有些还有柯九思、虞集等人题记。

奎章阁雅集赏鉴的大部分珍品为内府秘书监收藏，在"奎章阁学士院"下，还专门设立了"群玉内司"，时为礼部尚书的名书法家康里夔夔就兼领过群玉内司。设置这样专职的鉴藏管理机构，是以往记载所未见的。群玉内司所管理的供御览或鉴辨的图书秘玩古物，属内府秘书监收藏的一部分，需送回原收藏处。不过经御览或鉴辨后，书画藏品每有钤押印鉴或加跋的。

宋·赵佶《芙蓉锦鸡图》轴，绢本设色，81.5×53.6 厘米，北京故宫博物院藏

文宗之后，元内府的鉴藏活动已远为逊色。至元六年（1340 年），元惠宗撤去奎章阁而建宣文阁，再无大学士之设，周伯琦等人曾在宣文阁担任鉴书博士。经宣文阁所鉴

藏的元内府书画，每钤"宣文阁宝"、"宣文阁图书印"，但流传至今的并不多见。

在元初期庋藏过的书画中，直接留下痕迹的不在少数。如刘松年《天女散花图》册页（台湾藏）、萧照《秋山红树图》册页（辽宁省博物馆藏）、赵孟頫书《前后赤壁赋》册（台湾藏）等，钤有"都省书画之印"，阎立本《步辇图》（故宫博物院藏）钤有"八思巴文印"，韩滉《五牛图》卷有赵孟頫前后三跋。

四、明朝库藏可觇大概

元亡，原属元皇室的书画珍玩多归明皇室。有元一代，书画文玩藏品最丰富的当为文宗奎章阁时期。文宗之后，元内府的鉴藏活动已无复往日之盛，至 1368 年朱元璋灭元时，距元文宗时则已近于 40 年，即便注重接纳和保护宫中所遗存文物，也难称丰富：

> 八月己巳，以应天为南京，开封为北京。庚午，徐达入元都，封库府图籍，守宫门，禁士卒侵暴，遣将巡古北口诸隘[13]。

看来徐达领兵是有章法的。元内府的这批图籍后来被运至明初的首府南京。《明史》说到后来明成祖朱棣与翰林学士解缙一段很有意思的对话：

> 明太祖定元都，大将军收图籍致之南京，复诏求四方遗书，设秘书监丞，寻改翰林典籍以掌之。永乐四年，帝御便殿阅书史，问文渊藏书。解缙对以尚多阙略，帝曰："士庶家稍有余资，尚欲积书，况朝廷乎"，遂命礼部尚书郑赐遣使访购，惟其所欲与之，勿较值。北京既建，诏修撰陈循取文渊阁书一部至百部，各择其一，得百柜，运致北京。宣宗尝临视文渊阁，亲披阅经史，与少傅杨士奇等讨论。……是时秘阁贮书约二万余部，近百万卷，刻本十三，抄本十七[14]。

这里有几点值得注意：其一，士庶"稍有余资"者无不庋藏书籍；其二，朝廷为充实秘藏能不惜钱财而购买；其三，秘阁藏书总数为近百万卷。在秘阁之外，内府的行人司藏书亦富。从这几点都可推想明代注重收藏的风气。又，明朝动用了 2169 人，由解缙主持纂修多达 22877 卷的《永乐大典》，如此浩大工程亦为历代所未见。明代官版印书之风炽盛，南北两监藏版至多。至于私家藏书，也极有可观，如何良俊、王世贞、毛晋等都为极著名者。还有人称"两浙第一"的范氏天一阁，以善本为著的钱氏绛云楼等，其影响甚至迄今未泯。明代燕京、江浙的民间书坊众多，以上种种都可证官私典藏的风尚。

按近人郑昶《中国画学全史》的统计，明朝画家达 1300 余人之众。清初徐沁所撰《明画录》八卷，搜辑颇广，收录明时期画家凡 850 余人。概而言之，明代画家人数大增，艺事亦盛，可惜有明一代学风荒疏，连内府收藏也并无系统的著录文献可查考，后世因此难以确知其全貌。

明代内府库藏书画文物的管理制度也似乎不甚严格，这与当时随意插置画家领俸的情况相类。其时制度，按《明史》卷 74 "职官志"记载，是在宦官中设置 12 监，每监有太监、少监、监丞各一员。其中的"御用监"兼辖仁智殿。若按何良俊《四友斋论画》"我朝特设仁智殿以处画士"的说法，其性质自可相当于皇家画院。但"职官志"还说到，仁智殿设监工一员，专事"掌武英殿中书承旨所写书籍、画册等，奏进御前"，由此而看，仁智殿也管理宫廷秘藏图籍书画文物，负责御览的各项事宜。太监体制是明朝政的一大特色，这自然是题外话。但明朝内府珍藏统归太监管理，这是没有疑问的了。

虽然未见内府庋藏的完整著录流传下来，但我们不妨从几个侧面管窥之。

其一，明代汪珂玉《珊瑚网》卷 23 收入明沈周《本朝内监所藏画目》。其中说到，宪宗成化末年的宠宦钱能、王赐喜赏玩书画，其时在南都，"每五日舁书画二柜，循环互玩。御史司马公垔，见多晋唐宋物，元氏不暇论矣。"接着记述了大小李、王维、惠崇、范宽、巨然等人作品 14 件名目。钱能，即钱素轩，曾镇抚云南。后迁南京守备，亦喜收书画之物，今传世之黄筌《写生珍禽图》、马和之《小雅鹿鸣之什图》都有钱氏"素轩清玩珍宝"、"钱氏素轩书画之记"等印记。按此记述，其每五日抬出两柜书画赏玩，且能中饱私囊，虽未知具体数目，但数量大加上管理松懈则已无可置疑。

其二，明朝重臣杨士奇历官四朝，家富藏书，好庋藏书画，所经手名迹常钤"梅花阁书画"印。《四库全书》收入其所纂《文渊阁书目》。顾名思义，是书所记乃文渊阁之藏书，但其中也录入了部分图目。如卷 8 记宋伯仁《烟波图》一册，卷 13 有《圣贤图像》、《君臣画像》以及《龙虎山图》6 幅等。看来，文渊阁也收有部分带鉴戒含意的作品。

其三，嘉靖年间的严嵩，官至太子少师，与子严世蕃专擅国政达 20 年之久。后来严世蕃受劾处死，严嵩也遭革职，家产籍没。文征明次子文嘉撰《钤山堂书画记》，记抄没严嵩家藏书画名目，内有书迹 358 件，古今名画 3201 件，检阅一遍即历三月之久。文嘉有跋云：

嘉靖乙丑五月，提学宾涯何公檄余往阅官籍严氏书画，凡分宜之旧宅、袁州之新宅、省城诸新宅所藏，尽发以观，历三阅月始勉毕事⑮。

　　嘉靖乙丑为公元 1565 年，这三四千件书画得以重入内府，是所知最为大宗的藏品了。原属严嵩的这批藏品中，历代名迹屡屡可见，仅李公麟一人就有十八件之多。文嘉在记载中也每加简评，如在展子虔《游春图》下注曰："精妙绝伦"。又在李思训《海天落照图》下注"内一卷为真。有跋者，乃沈文和笔，颇逼真。余二卷，乃仇英所临者，不及多矣。"由此又可见，明代的临本或赝本已很常见，而且制作水准很高，稍有不慎即可能鱼目混珠。又，近人赵汝珍《古玩指南》援引《珊瑚网》跋，尚记严氏收藏中有宋元书籍 2613 本，经史子集 5852 部，金饰 34500 余两，银器 2027200 两，玉器 1000 余件，名琴 54 张，古铜鼎彝器 1127 件等各种物件，均籍没入大内。

隋·展子虔《游春图》，北京故宫博物院藏

　　其四，宣宗朱瞻基于宣德七年（1432）七月曾阅内府书画藏品，得见赵孟頫《豳风图》，于是赋诗于图右，且张挂于便殿之壁，以示不忘农人之意。明朱谋垔《画史会要》记永乐年间有苏州人滕用亨，善书，精于鉴赏，征为待诏，奉旨鉴定古书画。又，明末画家陈洪绶于崇祯十五年（1642 年）曾捐资为国子监生，召为内廷供奉。奉命临写历代帝王图画，因此得以纵观宫内收藏，艺乃大进。此类事例均说明，明内廷的收藏尚有一定规模。

五、清宫庋藏堪称丰赡

　　清朝立国之初的几位皇帝都喜好书画及古玩，大力搜求之下，皇家的收藏不仅远较私人收藏品丰富，而且明显超过明朝。不少前代流散于私人藏家手中的书画名迹逐渐荟萃清宫。康熙皇帝特别钟爱董其昌作品，乾隆则花几十年时间搜觅宋代马和之《国风图》，到手后庋藏于学诗堂。收到唐韩滉《五牛图》，又专门筑"春藕堂"收藏之。内府各类藏品到乾嘉时已至为可观，因此才有《石渠宝笈》及《秘殿珠林》的大规模编撰工程。

清朝一件值得称颂的事，是朝廷动用了庞大人力物力对内府庋藏之书画艺术珍品及古代书画典籍进行系统的整理和编纂。其时，武英殿是皇家编辑及印制书籍的专门机构。康熙时期，陈梦雷编《古今图书集成》，十年仍未完成，到雍正时又命蒋廷锡主其事方告竣工。这部百科全书式的类书达一万零四十卷，堪称古代典籍之大观。乾隆年间，专门开设"四库全书馆"，其中有纪晓岚、戴震、姚鼐、翁方纲等众多硕学之士，担任编修者多达三百六十人。《四库全书》也历时十五年才编纂完成，所收之书有三四万本。这种集大成式的工作，虽有朝廷的政治目的，但客观上起到了尊古人尚正统的示范作用，对保存和发扬历史文化传统也功不可没。《佩文斋书画谱》、《秘殿珠林》、《石渠宝笈》等等，至今仍不失其价值。

内府不仅收藏大量历代名帖，还翻刻重要作品。康熙时，把明肃府本"淳化阁"帖重刻于西安，乾隆时又据宋拓本重辑刻于内府。乾隆十二年（1747年）梁诗正等奉命铨次清宫所藏历代法书，集众工摹勒上石，得三十二册巨制。其中有《快雪时晴帖》、《中秋帖》、《伯远帖》，因名之为"三希堂石渠宝笈法帖"。在各种门类中，法书名画为清宫最大宗藏品。

其次，陶瓷依然占据重要位置。英国人 S·W·Bushell 所著《中国美术》说到从颐和园流失至欧洲各博物馆的大量文物，其中就有众多堪称稀世之珍的陶瓷，甚至有"欧式之盾牌及战功徽章，又有意宫喷泉旁之古雅肖像。此盖由耶稣教徒监督制造，以娱清帝者也"[16]。

《清内府书画编纂稿》书影，北京图书馆出版社 2005 年版

《清史稿》说，"时江西景德镇开御窑，（刘）源呈瓷样数万种，参古今之色，运以新意，备储巧妙，于彩绘人物，山水、花鸟、尤各极其胜，及成，其精美过于明代诸窑。"从清人朱琰《陶说》等著述中，也能见到当时陶瓷生产之繁盛景况的一鳞半爪。清代大量生产陈设用瓷的原因，在于当时用于欣赏、收藏的非实用性需要很突出，朝野都有此需求。

其三，铜器不仅备受宫廷及私人藏家青睐。其时更因为金石考据之学炽盛，对青铜器赏玩庋藏的要求更高。仅《西清古鉴》记载清宫所藏青铜器就达 1529 件。在清代著名藏家王昶、陈介祺、吴大征、孙冶让、罗振玉等人的著述中，也收录了大量文字图例，记述了青铜器流传的情况。乾隆之后，玻璃镜广泛流行于民间，原已沿用千百年的铜镜从实用品沦为玩赏之物，古董商人很注意收购民间的铜镜。因古代青铜器数量少，不敷所需，清乾隆年间仿制青铜器数量甚多。出于赏玩摆设需要，形制常作缩小处理。

还有，玉器和工艺雕刻大受欢迎。乾隆皇帝之好玉，比宋徽宗有过之而无不及。其时宫廷由造办处管理玉器制作，工、料都至为精良，以至后世评玉器，有周、汉、宋、清"四朝之物品为精妙"之说。

至乾隆、嘉庆年间，清宫秘藏各类珍品之数量已很庞大，分了好几处贮藏。清内府庋藏各类物品几何，最有说服力的当属皇家编撰的著录。

1.《南薰殿尊藏图像目》，著录清内务府库房所藏历代帝王图像 79 轴，15 册，3 卷，乾隆十二年（1747 年）重加装潢后移藏于南薰殿。

2.《茶库贮藏图像目》，著录内务府茶库所藏历代功臣像，共 21 轴，3 册，乾隆十四年（1749 年）亦重加装潢，仍贮藏于茶库。

3. 胡敬《南薰殿图像考》，所记为南薰殿及茶库所藏之帝王像及功臣像，凡 121 种，大小画像 583 帧。除记录绢纸尺寸冠服制度，又加按语述所画之人。此原为胡敬奉命铨编《石渠宝笈》三编时所记。

4.《秘殿珠林》24 卷，由张照，梁诗正、劢宗万，张若霭奉敕编录内府分藏于乾清宫、慈宁宫、万寿殿、天穹宫、中正殿等处，内容多属释典道经之类的书画、石刻、木刻及织绣等藏品，乾隆九年（1744 年）成书。其后，又出二编，三编。

5.《石渠宝笈》44 卷，成书于乾隆十年（1745 年）。是编继《秘殿珠林》而作，著录内府庋藏历代书画。其后，又命王杰、董浩、阮元等人续纂正编未收及臣工新录之作，续编计 40 册。嘉庆二十年（1816 年），英和、黄钺、胡敬等人奉敕编纂的三编（共 28 函，120 册）完工，收书画 3000 余件。至此，内府所藏书画可谓大备于此。各编分书册、画册、书画合册，书卷、画卷、书画合卷，书轴、画轴、书画合轴 9 类。每类分上、次两等。惟三编未梓印，仅有抄本。延至 1969 年，台北故宫博物院才出版三编著录影印本并附索引。至斯，三编方告出齐。

6. 乾隆四十三年（1778 年），官修《西清砚谱》25 卷，上自汉瓦，下逮明制，收录名砚 241 种。

7. 乾隆十五年（1750 年），内府编纂《钦定钱录》16 卷，以编年为次，其中也收入外域诸品。《四库全书总目提要》说，"是编年录皆以内府储藏，得于目睹者为据。"

8. 清末金梁（1878－？）编纂的《盛京故宫书画录》，为作者官奉天省政务厅长，典守沈阳故宫文物时所著录。所收虽仅为宫内凤翔阁之所藏，已有 449 件之众。

从以上几种有关清宫内府藏品的著录资料统计，所收各类物品达数万件之多。数量既为中国历朝鉴藏之最，整理、维护及著录体制之细密完备，也属得未曾有。毫无疑问，这是中国古代美术鉴藏的巅峰时期。

乾、嘉之后，宫廷所集精品已不如以前。1860 年，英法联军入京，圆明园各宫所藏书画被洗劫一空，顾恺之《女史箴图》即由此时运至伦敦。1900 年八国联军进入北京，宫廷书画损毁更甚。1911 年，清帝逊位，宫中精品 1200 余件为溥仪运出宫禁，散佚严重。从《故宫已佚书画目录四种》中，略可觇测清末宫内收藏品散失的点滴情况。这里所述，尚未包括敦煌藏经洞发现后被劫夺和盗卖四处流散的大量宗教艺术品。

晋·顾恺之《女史箴图》（局部），绢本设色，24.8×348.5 厘米，大英博物馆藏

内府收藏的书画作品多进行鉴定和品评，区分等第，并逐一著录。奉敕编纂著录书籍的多为目光过人的鉴赏行家，梁诗正、董邦达、阮元、胡敬等人都名重一时。由于皇帝酷爱书画，赏鉴之余也喜欢往上题诗钤印。现存书画名迹中，便多见此类印记题跋。

清宫所藏书画所加钤收藏印鉴，以乾隆时期最多。入选《石渠宝笈》、《秘殿珠林》正编的，一般有"三希堂精鉴玺"、"宜子孙"、"乾隆御览之宝"、"乾隆鉴赏"、"石渠宝笈"或"秘殿珠林"五玺。选入重编的精品，加钤"秘殿新编"、"珠林重定"或"石渠定鉴"、"宝笈重编"二玺，称为"七玺"。加钤收藏处印的，如"乾清宫鉴藏宝"、"养心殿鉴藏宝"、"重华宫鉴藏宝"、"御书房鉴藏宝"、"宁寿宫续入石渠宝笈"，称为"八玺"。还有加钤"寿"、"古稀天子"、"五福五代堂古稀天子宝"、"八征耄念之宝"等。嘉庆之后，所钤印记已明显减少。

在近人赵汝珍所撰《古玩指南》一书中，尚援引有爱月轩笔记中的数十页材料，记述慈禧太后殉葬之各种惊世奇珍：

（慈禧）身著金丝串珠彩绣礼服，外罩绣花串珠褂，又用珠串九练围后身而绕之，并以蚌佛十八尊置于后之臂上，……后头戴珠冠，其旁又置金佛翠佛玉佛等一百零八尊。后足左右各置西瓜一枚、甜瓜二枚、桃李杏枣等宝物，共大小二百件……珠冠制价十五万两，用珠重四两者，一粒珠大如鹅卵，闻系乾隆二十年某宫女得于圆明园者。又有人谓系某国进贡之物，当以第二说为可靠。此珠取之宫中，并非新制，当时帐上估价二千万两。……西瓜红瓤白子黑丝，估价五百万两。甜瓜四枚系二白皮黄子粉瓤者，二青皮白子黄瓤者，估价六百万两。

兹略引之几小段，也可窥见清代宫廷藏品之富及奢华至何等程度了。

《四库全书总目提要》云："我国家承平景运，一百余年，内府所收，既多人间所未睹。我皇上几余游艺，妙契天工，又睿鉴所临，物无匿状……所谓颐养天和，怡情悦性者，不过游心翰墨，寄赏丹青，与前代帝王，务侈纷华靡丽之观者，迥不侔也。"从这一段话中，约略可见清宫之收藏与帝王兴趣的关系。撇除其中歌功颂德的言词，"提要"确实要言不烦道出了清朝宫廷蔚为大观的各类藏品的一些基本特色。

注　释

① 宋·郭若虚《图画见闻志》卷六"近事"："太祖平江表，所得图画赐学士院，初有五十余轴。"

② 宋·郭若虚《图画见闻志》卷六"近事"，香港南通图书公司1973年版，第142页。王溥，字齐物，仕周为中书侍郎，宋初进司空。著有《唐会要》、《五代会要》等，卒谥文献。

③ 宋·邓椿《画继》卷一，"徽宗皇帝"，见《画史丛书》第一册，上海人民美术出版社1963年版。

④ 杨仁恺主编《中国书画》："据专家们考订，今存唐代郝澄《人马图》（美国波士顿博物馆藏）、韩干《牧马图》（台北故宫博物院藏）及韩滉《文苑图》（故宫博物院藏，应为五代周文矩《琉

璃堂人物图》中一部分）等，应是《宣和睿览集》中部分之物。其特点是，赵佶的签题都在画幅本身上，并有"丁亥御札"或"丁亥御笔"并押"元"字样。"丁亥"为大观元年（1107年），可能《宣和睿览集》装成于是年。"上海古籍出版社1990年版。

⑤　杨仁恺主编《中国书画》："梁师闵的《芦汀密雪图》……卷前有绫天头和黄绢隔水，其骑缝处押朱文'御书'葫芦形印。黄绢隔水贴近画幅本身的上部位，有赵佶亲书'梁师闵芦汀密雪'题签，签上押朱文双龙图案方印。其下黄绢隔水与本幅骑缝上押朱文'宣'、'和'联珠印。本幅与后黄隔水上押'政和'、'宣和'骑缝印。后黄隔与拖尾纸上押'政'、'和'朱文联珠印。拖尾纸正中押九叠文'内府图书之印'大方印。以上共计徽宗印玺共七处，世称'宣和七玺'。凡有此七玺全者，即为宣和原装裱格式。"上海古籍出版社1990年版。

⑥　宋·蔡绦《铁围山丛谈》：徽宗"及即大位，于是酷意访求天下法书图画。自崇宁始，命宋乔年侍御前书画所。乔年后罢去，继以米芾辈，迨至末年，上方所藏，率至千计，实熙朝之盛事也。"见《四库全书》。

⑦　《宋绍兴御府书画式》，见《佩文斋书画谱》第五册，第2843页，北京中国书店1984年版。传为元代周密所撰《思陵书画记》，文字与是书大同小异。

⑧　元·夏文彦《图绘宝鉴》卷四："马兴祖，河中人，贲之后，绍兴间待诏。工花鸟杂画，高宗每获名踪卷轴，多令辨验"。见《画史丛书》第二册，上海人民美术出版社1963年版。

⑨　元·周密《云烟过眼录·宋秘书省所藏》，见《佩文斋书画谱》卷九十七，北京中国书店1984年版，第2860页。是篇仅收入等人画作十三件之画目。所谓"以伪易真"，系指其时专权的贾似道。

⑩　杨王休《宋中兴馆阁储藏》，见《佩文斋书画谱》卷九十七，北京中国书店1984年版，第2837页。

⑪　见《元史》卷九十，"百官"六。

⑫　元·王恽《书画目录》，见《美术丛书》，江苏古籍出版社1986年版。

⑬　《明史》卷二，本纪"太祖二"。

⑭　《明史·艺文志》

⑮　明·文嘉《钤山堂书画记》，见《美术丛书》第二册，江苏古籍出版社1986年版。

⑯　英国S·W·Bushell著《中国美术》，戴岳译，商务印书馆1934年版。

遗民画家张穆

单小英（广东省文物鉴定站）

"遗民"一词，1979 年版《辞海》释为"旧指劫后残留的人民。亦指易代后不仕新朝的人。"2002 年增补本《现代汉语词典》释为"指改朝换代后仍然效忠前一朝代的人。也泛指大乱后遗留下来的人民。"以上释义，有广义狭义。后世所谓"遗民"，一般指易代后仍然效忠前一朝代，不仕新朝的人。

在我国历史上，北宋、南宋、金、明四朝均亡于少数民族。在异代之际，民族矛盾尖锐，文人士夫有站在民族立场反抗异族占领，效命疆场为国捐躯的忠勇英烈；有异代后怀故国之思，坚持操守气节，不仕新朝的隐士遗逸。明清之际，遗民人数尤多。今人谢正光撰《明遗民传记索引》，收录人数达 1800 人。遗民是特定历史条件下的产物，是异代之际的一种社会现象。

明遗民中，有的身与参加抗清斗争，退阵下来，成为遗民；有的在旧朝为官，入新朝后遁迹林莽，誓不为新朝臣子；有的在旧朝本来无官，入新朝后仍遗世独立，不为利禄所诱。遗民中，有的洁身栖遁，绝不与新势力往来；有的后来也交接官员，应酬当道。康熙十七年，开考博学鸿词，许多遗民隐士纷纷出山。清戴名世（1653～1713 年，号南山，安徽桐城人）曰："明之亡也，诸生自引退，誓不出者多矣。久之，变其初志十七八。"近人陈垣（1880～1971 年，字援庵，广东新会人）曾感叹"遗民易为，遗民而高寿则难为。"本文介绍的广东画家张穆铁桥就是一位始终未变其志的高寿遗民。

一、生平行藏

张穆，字尔启，又字穆之，号铁桥、铁桥道人，学者称张山人、张二丈、二桥山人等，广东东莞茶山人。生于明万历三十五年（1607 年），卒于清康熙二十二年（1683 年），时年七十七[①]。

铁桥父世域，字国藩，明万历十三年（1585 年）举人，做过广东广宁县教谕，后迁广西博白知县。铁桥出生于广西柳州，少年时回到茶山，曾读书罗浮山中。少年铁桥喜交游任侠，好兵尚武，击剑、骑射、蓄名马、佩宝刀。他这样描述自己青少年生活和志向："余产柳州柳，突兀千山孤。弱冠抱迂尚，跌宕不好儒。虽非千金子，宝马常在途。衡门多杂宾，意气皆丈夫。由来三十载，此意未尝殊。怀哉祖士稚，慷慨真吾徒。"②同乡梁宪（字绪仲，号无闷）也说："丈人昔年少，高车悬四牡，结驷游五陵，千金一匕首。"③

明天启、崇祯间，北方边境战事频仍。铁桥从小胸怀大志，思立功当世，"十二慕信陵，十三师抱朴，十五精骑射，功名志沙漠。"④

崇祯六年（1633年），铁桥离开家乡逾岭北上，思立功边塞，有欲荐于山海关督师杨嗣昌者，或阻之。此次北上，游历湘、鄂、赣、苏、杭等地，历时2年。

南归后，入总兵陈谦幕，征讨连州八排傜人。此时铁桥意气风发，有《从陈大将军征蛮》诗："羽檄下云中，丛岩鼯鼠穷。书生弃椽笔，慷慨事雕弓。幕府屈群策，志士骁如熊。采旗卷朝露，猎猎飘英风。扬舲坐箫鼓，恍与江神同。将军不嗜杀，善胜非在攻。会见平蛮日，争罗拜令公。"⑤

崇祯十七年甲申（1644年），铁桥38岁，李自成攻陷北京，崇祯帝在煤山自缢，清军进入北京。铁桥闻北都陷，哭于茶山雁塔寺。

1645年，继弘光帝朱由崧后，唐王朱聿键即帝位于福建，年号隆武。铁桥告别故乡，赴福建行在，始不为用，经侯官曹学佺（隆武朝礼部尚书。丙戌七月清军陷福州自缢死。）再荐，获用于御营兵部。数月后，奉诏与东莞张家玉赴广东惠、潮募兵。在广东梅州，成功说服赖其肖及所率部众，募兵万余人。

隆武二年（1646年），朱聿键在福建遇害。丁魁楚、瞿式耜奉桂王朱由榔在肇庆监国，年号永历。

永历二年（1648年），铁桥再至肇庆行在。永历四年（1650年）回到茶山，此后隐居乡里，不再复出。先是归隐莞城东溪草堂，后移居东安（今广东云浮）石鳞山房。以布衣终老。

铁桥归隐后，于康熙十五年（1676年）70岁时第三次逾岭北游。高俨有《送张穆之度岭北游》曰："白头为客昔人悲，况复行当此乱离。江国昔年曾失路，才名今日恐非时。只身旅食仍依友，万里家书欲寄谁。莫向天涯重留滞，青山还有白云期。"⑥临别殷殷寄语，道出了铁桥当时境况。当年，尚之信以广东应吴三桂，吴兵逼肇庆。

铁桥此行足迹至闽、皖、苏、浙，探访遗民故交，游历江南山水，历时四年余。康熙二十二年（1683年）卒于粤。

铁桥善诗，有《铁桥山人诗稿》。邝露（1604~1650年，字湛若，广东南海人）评铁桥诗曰："其旨数百，其体屡迁，翼虚无，翔寥廓，徜徉佛老，有屹其棲，变化见矣。"⑦钱仲联（1908—2003，号梦苕，江苏常熟人）《清诗纪事》明遗民卷二选其《元夜过魏和公旅邸明发有琼海之别》（魏和公乃魏礼，江西宁都人，明遗民）曰："眷言同意气，离合便相关。良夜不重得，游人难久闲。明灯寒共影，浊酒暖开颜。此地能长聚，菇蒲别世间。"⑧

铁桥善书。铁桥书法意态奇杰，个性鲜明，是清初广东的重要遗民书家。陈永正论曰："书法从米芾、苏轼入手，广采博收，最后自成面目。""工行草，好为斜欹之势，借以表现胸中不平之气。"⑨

铁桥善画，其画名盛于诗、书。

邝露《张穆之诗序》曰："穆之垂天之羽，困于燕雀。生平不见可喜，韫言笑。短小类郭解，沉深类荆卿，相剑类风胡，画马类韩干。饮不能一蕉叶，而日游于酒人；储不能逾瓺石，而好散粟募士。应门无五尺之童，而骏马实外厩。恂恂似不能言，呵笔而千言下。志投笔，而擅美六书；薄雕虫，而专精绘事。小而径寸，大而方丈，钩圆飞白，咄嗟立办，腕中有师宜官也。解衣盘礴，鬼出电入，灭没权奇，驰骤于纸上，目中有九方歅也。今天下北栖胡，南阻寇，荆、襄、河、洛，流血标杆。神武勤拊髀之思，英雄抱忧天之涕。恫耶？否耶？"⑩可谓知言。

二、绘画分析

张庚（1685～1760 年，字浦山，浙江嘉兴人）《国朝画征录》曰："张穆，字穆之，号铁桥，东莞布衣也。善诗，著《铁桥山人稿》。画马为岭南好手。归安韩纯玉题其画马诗云：'铁桥年已七十五，醉里蹁跹拔剑舞。余勇犹令笔墨飞，迅扫骅骝力如虎。维絷萧萧古白杨，四蹄卓立明秋霜。昂然顾盼气深稳，风鬃雾鬣非寻常。用之疆场一敌万，如何闲置荒坰畔？壮心烈士悲暮年，永日披图发长叹！'盖惜其老而不遇也。尝读书于罗浮山石洞，得其山岚隐见，故画山水亦有生气。善击剑。身长五尺。年八十步履如飞。"⑪汪兆镛（1861～1939 年，号憬吾，广东番禺人）《岭南画征略》曰："张穆，字穆之，号铁桥，东莞布衣。善诗。尤工画马；读书罗浮山，亲睹山岚隐见，故画山水有生气；亦善画鹰及兰竹。"⑫

铁桥除画马之外，还能画山水、兰竹、鹰鸟及人物。由东莞市政协、广东省博物馆、东莞市博物馆编辑的《东莞历代书画选》及《续集》中，收录铁桥绘画 81 件（页），其中马 41、翎毛 18（其中鹰 5）、兰竹水仙等 16、其他家禽走兽 5、白描人物 1；这当中有人马图 3 件，牧牛图 1 件。⑬以上虽不是铁桥传世作品的全部，但反映了其传世作品状况。

1. 鞍马

鞍马画自唐代发展成熟以来，名家辈出。唐代文治武功，统治者贵族对马有着特殊喜好，涌现出众多鞍马画名家，著名的有曹霸、陈闳、韩干、韦偃等；李公麟在唐人基础上，融入了宋代的文人体验，鞍马的表现有了新发展；元朝统治者是马背上诞生的民族，元代许多文人加入了画鞍马的行列，如赵孟頫、任仁发、赵雍等，质沿古意而文变今情。有明一代，写意寄兴的文人山水、花鸟画兴盛，鞍马画衰微，少有以鞍马名家者；清代统治者的尚武风气，使鞍马画成为帝王喜爱的题材，外国传教士郎世宁等，以西方绘画表现方法画马，虽形象但乏神韵。

明朝末年，清朝势力逐渐强大，北部边境不宁，张献忠、李自成领导了声势浩大的农民起义，内地战事不断，岭南此时出现了鞍马名家张穆。

在冷兵器时代，马是战争的利器，马与一个王朝的军备强弱，甚至国势盛衰有着密切关系。铁桥自幼好兵尚武，欲于疆场建立功业，故其爱马、蓄马、画马。铁桥笔下的马，反映了画家的好恶爱憎，也与明王朝的国势盛衰息息相关。

铁桥画马，对马进行过细致入微的观察。屈大均曰："穆之尤善马，尝蓄名马，曰铜龙、曰鸡冠赤，与之久习，得其饮食喜怒之精神与夫筋力所在，故每下笔如生。"[14]其家东莞，时有马会，远近良驷齐集，也在客观上提供了条件。屈大均《广东新语》卷二十一《兽语》有《马会》曰："东莞盛时，喜为马会，以驰骋相雄。每会日，于平原广野，设步障，陈鼓乐，数百里外皆以名马来赴。其下者，不得杂驰，即上驷，亦须主人举觞以请乃驰。有黎姓者，以控纵之道名。当其出马，皆屏气敛容以观其驰骤。有踯躅、横排、小行、大行、中行、拆脚诸法，一步不乱。时有一马，两目如紫琉璃，高项广膊，骏甚，人不能骑，两壮夫牵之，昂首频嘶，踟蹰不定。黎已年老，力不逾中人，然执鞭蹑镫，马为战栗，往返十余次，奔腾超逸，足不参错，观者皆为神王。有赠以诗云："一片红尘随电去，只闻风雨在空冥。"[15]

《广东新语》卷十三《诸家画品》转述了铁桥对马的观察、体味和画马的见解、心得："韩干画马，骨节皆不真。惟赵孟頫得马之情，且设色精妙。""骏马肥须见骨，瘦须见肉，于其骨节长短尺寸不失，乃为精工。""马相在骨，其腹前有两兰筋尝微动者则良。前蹄后有灶，谓之寸金。马奔驰时，后蹄能击到寸金，谓之跨灶。跨高一寸者为骏，低者次之。寸金处常破损如豆大，有血流出，不生毛，是为跨灶之验。凡马皆行一边，左前足与左后足先起，而右前足右后足乃随之，相交而驰，善骑者于鞍上已知其起落之处。若骏马则起落不测，瞬息百里，虽欲细察之恒不能矣。故凡骏马之驰，仅以蹄尖寸许至地，若不沾尘，然画者往往不能酷肖。"[16]

韩干是唐代鞍马画名家，初师曹霸，后自独擅。唐代大诗人杜甫有《曹霸画马歌》曰："弟子韩干早入室，亦能画马穷殊相。干惟画肉不画骨，忍使骅骝气雕丧。"从杜甫诗可知，曹霸注重表现马的骨干，韩干注重表现马的肌肉。画骨画肉，皆来自写生。曹霸及其前人对马的表现以骨干胜，盛唐国运昌兴，天下太平，玄宗好大马，内厩至四十万，外国名马重译累至，韩干以内厩所蓄大马为师，以时代审美表现之，肥腴强壮，使鞍马画风为之一变。杜甫遭逢"安史之乱"，百姓流离，生灵涂炭，在他眼里，曹霸笔下气骨坚强的马比韩干笔下筋骨皆圆的马更具现实意义。

赵孟頫的鞍马画继承了宋代李公麟鞍马骨肉停匀，线条柔韧，闲和儒雅的文人气质，设色精妙，善于将众马置于特定情节和场景中，展现人、马、自然的和谐，表现优雅闲适的气度。

铁桥不喜"骨节皆不真"的韩干马，推崇赵孟頫塑造的具有温和优雅文人气质的马，再将自己对马的观察、感受和情感融合进去，塑造出棱角分明，健壮雄强，气度静穆深稳的马的形象。

铁桥画马以写生为基础，注重真实和形体结构的准确，以柔韧劲健的线条勾勒轮廓，以浓淡深浅的墨色染出毛色斑纹，马的头部棱角分明，目光坚毅，体格健壮，四肢有力，筋强骨劲，有着深稳、静穆、坚强的风格。铁桥笔下的马多为蒙古马种，蒙古马具有很强的忍耐力和适应性，对食物的要求低，可以长距离不停顿地奔跑，能够在艰苦恶劣的条件下生存，在战场上勇猛无比，是一种良好的军马。画家爱马、画马，在马身上寄托了他的抱负、豪情和无奈、悲怆，铁桥笔下马的形象变化与他的人生经历、年龄心态有关，也与南明王朝的国势相关。

约顺治十八年（1661年）和康熙元年（1662年）前，虽已经历甲申之变、隆武被害、广州城破，曹学佺、张家玉、邝露等相继殉难，但永历帝仍在云南，旧臣民心中的希望还在，铁桥心中也还有希望。铁桥此前的马画，以顺治四年丁亥（1647年）书款的《八骏图》、作于顺治十三年丙申（1656年）的《奚官牧马图》及作于顺治十五年戊戌（1658年）的《马图》为代表。

《八骏图》卷藏广东省博物馆，绢本，墨笔，纵18.4、横196厘米，顺治四年丁亥（1647）铁桥为之书款[17]曰："穆王西返八龙空，留影犹能绝世雄。身染瑶池五云锦，至今毛鬣散秋风。丁亥中秋彦兄以前所画八骏卷书款并题似政。张穆。"钤"张穆"印。顺治二年（1645年）唐王聿键即位于福建，改元隆武，同年铁桥赴福建行在获用。顺治三年丙戌（1646年）铁桥奉昭与张家玉募兵惠、潮且出师告捷；十月朱由榔即位于肇庆，改明年为永历元年。永历帝即位后诏诰天下，奖励文武兵民，同仇恢复。铁桥该画最晚作于永历元年。画面表现八匹蒙古神骏憩栖于柳荫坡石间，他们两两成对，有的呢喃私语，有的游戏玩耍，有的深情依偎，有的奔跑竞逐，皆有得意之态。此幅《八骏图》卷是铁桥早年马画的代表作。画家以柔韧、细劲、富有弹性的线条勾勒出马各部分的轮廓，马的头面部棱角分明，四蹄有力，肌肉紧实，用笔简洁干净；马肋几不可见，脊线细劲，马的毛色清晰匀净，以浅色居多，毛色斑纹以淡墨皴染。对于马神态、形态和动态的刻画，使人感到马的年轻、健壮和充满活力。树干也以淡墨皴染，画

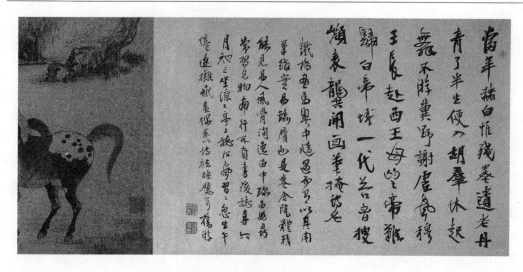

《八骏图》之一

《八骏图》之二

面明朗轻快。画家此时正当年富力强的壮年，满怀抗清复明杀敌立功的壮志豪情。

《奚官牧马图》轴藏故宫博物院，绢本，设色，纵110、横57.7厘米。奚官，乃古代官名，专司养马。《奚官牧马图》款"丙申（1656年）夏六月作于东溪。罗浮张穆。"钤"张穆私印"、"铁桥道人"印。画一人一马，表现奚官遛马。奚官为明人装束，戴黑巾帽，着青色圆领曳地袍，浅黄色中单，着黑履。奚官眉目清秀，目视前方，神态平和。衣褶勾线方折清隽，表现出袍服厚重的质感；马为矮种马，毛色紫黑，胸腹部略浅，表现手法为墨线勾出轮廓后水墨染出。整个画面空阔，人马在画幅下三分之一处，气息静穆辽远。《奚官牧马图》作于顺治十三年（1656年），即永历十年，永历帝在云南。画家此时迁居莞城之东东溪草堂，此前闻在茶山的故宅为贼所毁。画面表现出

《八骏图》之三

《八骏图》之四

的人、马均步履缓慢、若有所思，奚官深邃的目光中似有无限遐想。

　　《奚官牧马图》在铁桥的画作中是一件风格独特而重要的作品。其他作品画蒙古马，对于马的表现均以轮廓勾勒为主，辅以晕染，马的棱角分明，筋肉條條；该画画矮种马，对于马的表现则以晕染为主，水墨晕染几乎隐没了轮廓勾线，马的各部分棱角也不明显，但马的静穆、深稳、坚毅的气质却是一致的，这说明铁桥善于根据不同的表现对象而采取不同的表现方法。铁桥创作该画时50岁，从作品中对于遛马人的表现，我们可以窥见铁桥当时人物画的风格，与他后来的人物画，如1673年67岁时作的《郊猎图》卷及《临钱舜举钟馗出猎图》卷中人物的表现有很大不同，借此可见画家前后风

《奚官牧马图》

格的变化。这件作品的风格在铁桥传世作品中是独一无二的。

《广东新语》卷二十一《兽语》有"果下马"曰："罗定之罗镜，西宁之怀乡产小马，高仅三尺，可骑行树下，名果下马，一曰果骝，多海石榴色，骏者有双脊骨，能负重，凌高蹑险，轻疾若飞。予有山歌云：'花练初著时，郎乘果下马。何处遣相寻，知

《八骏图》（上海博物馆藏）之一

《八骏图》（上海博物馆藏）之二

《八骏图》（上海博物馆藏）之三

在荔枝下。'又云：'果下紫骝嘶，郎来自水西。折侬花不得，花不为郎低。'又有果下牛，出高凉郡，《尔雅》所谓犚牛也。郭璞云：'犚牛绝卑小，可行果树下，故又呼果下牛。'粤谣云：'果下马，果下相逢为郎下。果下牛，果下相逢为侬留。'果下马者，以其小而坚壮，亦名石马。粤人凡物之小者皆曰石，然果下马非有种，马中偶然产之，不可常得，故其价绝贵。"[17]西宁为今郁南县治。高凉郡三国孙吴置，在今阳江阳东一带。果下马汉代从濊（今朝鲜中部）引进，已有2000余年历史，分布于四川、云南、贵州及广西等地。《后汉书　东夷列传》有："濊北与高句丽、沃沮，南与辰韩接，东穷大海，西至乐浪。——又多文豹，有果下马，海出班鱼，使来皆献之。"[18]果下马当时在宫中被当作玩赏的动物，河北满城西汉中山靖王刘胜（卒于公元前113年）妻窦绾墓车马房出土有一辆小车和两匹小马骸骨，学者认为墓中小马即为果下马。现今果下马保种点只有广西德宝县，也称德宝矮马。德宝矮马是世界上两大矮马源流之一，铁桥画中矮种马，应即为果下马。

《马图》轴，藏香港中文大学文物馆，纸本，墨笔，纵111、横35厘米，作于顺治十五年（1658年），即永历十二年。款识曰："戊戌冬日写于（东）溪草堂。铁桥道人。"钤"张穆"、"穆之"印。画一匹黑白斑纹毛色的蒙古马无奈地面朝西向卧于枯树下，树枝上栖息着三只面朝西向的雀，空中二只雀亦自东向西飞去。此画可与画家赠朱彝尊诗："吾本罗浮鹤，孤飞东海东。宁随南矗马，不逐北来鸿。坐爱千年树，高逾五尺童。乘轩亦何苦，随意水云中"[19]相印证。对于马的形态和体量及枯树的表现方法与前述《八骏图》似，轮廓线劲健、柔韧，轮廓分明，毛色清晰，肌肉感很强，皴染墨色也较淡，所不同的是马的精神面貌没有了《八骏图》中的轻松、欢快，眼神中流露的是落寞和无奈。是年，铁桥常往与东溪草堂一水之隔的篁村芥庵访释道独、释今释。永历帝自十年（1656年）起一直辗转于云南。

《古木名驹图》

顺治十八年（1661年）康熙元年（1662年）以后是第二个时期。永历帝于康熙元年（1662年）在云南为吴三桂所弑，郑成功也于当年移师台湾并病逝，恢复明社希望渺茫。画家也从壮年到了老年。吴三桂在康熙十二年（1673年）打出了抗清旗号，虽然使铁桥一度似乎看到希望，但他对战乱给百姓带来的灾难更为忧心。

这时期铁桥的存世作品较多。这期间的马画，以广州艺术博物院藏《八骏图》卷、上海博物馆藏《八骏图》卷及广州艺术博物院藏《七十龙媒图》卷为代表。

《八骏图》卷，广州艺术博物院藏，纸本，设色，纵30、横344厘米，作于顺治十八年（1661年），即永历十五年，铁桥55岁。书款曰："穆王西返八龙空，留影犹能百代雄。身染瑶池五云锦，至今毛鬣散秋风。辛丑仲冬写似汉英先生老词宗政。罗浮张穆。"钤"张穆"、"穆之"印。画八匹蒙古马散放于溪边，马匹有的饮水、有的觅食、有的以树蹭痒、有的卧地、有的为同伴啮虱，各具其态；马匹中有的仍然年轻健壮，有的已现老态：马肋隐约可见，毛色开始混杂。

《八骏图》卷（图三），上海博物馆藏，纸本，墨笔，纵27. 5、横294. 1厘米，作于康熙十二年（1673年），画家67岁。款识曰："穆王西返八龙空，留影犹能百代雄。身染瑶池五云色，至今毛鬣散秋风。癸丑清明写于如庵。铁桥道人穆。"钤"张穆私印"、"铁桥道人"印。画八匹骏马散放于草地、卧地、觅食、蹭痒、自啮或奔跑、交颈，情态各异。与前《八骏图》卷近似，马显老态，毛色混杂，马肋可见，此外，肌肉松弛，脊线粗黑，体格瘦削。山石树木的笔墨也粗黑浓重。

《七十龙媒图》卷，广州艺术博物院藏，纸本，墨笔，纵25. 2、横1068. 5厘米，作于康熙十九年（1680年），铁桥74岁。款识曰："辛酉腊月为公叔四兄作龙媒卷得七十——穆。"钤"张穆私印"、"铁桥道人"印。这是铁桥传世马画的皇皇巨制，也是所见传世马画年份最晚的作品。画七十龙媒散放于平皋，有奔者、食者、浴者、自齕者、滚尘者、摩树者、饮水者、将住者、已卧者、登岸者、临溪者、独骤者、并驰者，各穷殊相。此时明祚已无望恢复，画家也已到老年，所画的马也以老马居多。马的肌肉松弛，马肋显见，脊线粗黑，不仅马身上的毛色杂乱，连马的头面部也出现二毛。背景的山石树木皴染浓黑，画面的调子阴沉。

铁桥这时期的马画，尚有广州艺术博物院藏《柳树三马图》轴，作于康熙二年（1663年）、广东省博物馆藏《马图》轴，作于康熙六年（1667年）、广州艺术博物院藏《八骏图》卷，作于康熙八年（1669年）、故宫博物院藏《马图》轴，作于康熙十八年（1679年），等等，都是有代表性的作品。

铁桥此时期的马图，与前一时期比，画面的调子沉闷、阴冷，马的眼神呆滞、沉郁，马或寂寞地徘徊于老树下，或孤独地站立于枯枝前，或惆怅地遥望远方，或无奈地磨树蹭痒，或痛苦地俯首自齕，马的毛色杂乱不清，肌肉松弛，马肋清晰可见，脊线粗黑，或是老马，或是瘦马，作为背景山石树木的笔墨也粗黑浓重许多，越是晚期的作品此特点越鲜明。表现出画家"骐驎空冀野"、"闲置荒垌畔"、"老来伏枥有余悲"、"壮心烈士悲暮年"老而不遇的哀叹和悲伧。

看铁桥画马，还有一个特点，即驰骋沙场的具鞍战马和散放林皋不被用的马的精神状态大不同。前者以二卷《射鹿图》为代表，马的精神昂奋，目光专注，四蹄如飞，正是"战斗神俱出"、"生龙在眼前"；后者以上述《柳树三马图》轴、《马图》轴等为代表，马的眼神茫然，痛苦寂寞，惆怅失落，"空怜老战场"，同样是画家志在疆场和壮志未酬的写照。

张穆是岭南画坛唯一的画马名家。张穆画马，在古代绘画史上也占有独特的地位。他的马画当时饮誉大江南北，无人出其右者。铁桥对自己画马也颇自负，有《滚尘图》识曰："笑予生平何落落，笔墨能令风雨搏。兴酣画马如有神，曾谓龙媒经绝漠。春风芳草连天青，駃騠被上黄金镊。咄嗟一顾万里空，此道寥寥更谁作。龙眠将心妙入神，我笑无心谁堕着。昔伯时李公麟画滚尘图，自作偃仰展转，游神其天。遇善识谓其几堕马胎。友人王崇芳常笑为余戒。余曰：我一马之中，天地物候具焉。使法眼观之，将谓造化转人耶？人转造化耶？"认为宋代李公麟的马能游神其天，而自己的马则天地物候具焉，达到天、人、马合一的境界。

2. 山水、兰竹、鹰

铁桥山水画，今不得见。

屈大均《翁山诗外》卷十六有《题铁桥翁黄山画册》，凡天都峰、鳌鱼背、老人峰、一线天、始信峰、五老峰、石笋缸、白砂缸、九龙潭、云门、云海、石人峰、蒲团松、朱砂泉，计七绝十五首。

香港中文大学文物馆馆藏有铁桥作于康熙元年（1662 年）的《沐马图》，款署："壬寅秋七月为馥芸社兄，张穆。"钤"张穆"、"穆之"印。画作墨笔，纸本，纵109.6，横39.6 厘米。画双马洇渡于水。远处山岩高耸，山间云雾缭绕；中景为河岸坡石，上有双雁西飞；近处是双马在波涛翻卷的水中西向洇渡。该画空间的安排和景物的布置已具山水画样貌。铁桥许多鞍马画有山石树木背景，俱可见其山水的经营位置和笔法风格。《岭海见闻》云："余购得穆之所画罗浮图一幅，泼墨古淡，迥异时辈。穆之居罗浮数年，其得山之真面目耶？"[20]铁桥画山石多以折带皴或小斧劈加渲染而成，石质方硬，早时苍润，晚年苍劲，其着力渲染处亦类泼墨。

张铁桥传世最早的作品是《兰石》扇面，作于壬申四月（1632 年），张穆时年26 岁[21]。

兰竹水仙一向是文人明心志，抒情怀的题材。铁桥的兰竹水仙，以作书的笔法为之，清影摇曳，虚心高节，傲雪凌寒，不媚不妖，同晚明文人所写兰竹息息相通。他曾自题《水仙拳石图》曰："百卉惊寒各息机，庭前群玉正芬菲。烟消洛浦美人出，月上黄陵帝子归。粉面半遮疑密语（临水镜），冰心无侣羡同依（倚岩扉）。芳名不负称仙字，山泽谁人重素辉。"（藏东莞博物馆，见《东莞历代书画选》。铁桥曾书《咏水仙》诗页，"疑密语"作"临水镜"，"羡同依"作"倚岩扉"）

释大涵《雁黄布衲黄山游草》卷一《观铁桥先生墨竹》七绝四首，序曰："先生年逾七十，放游天下名山，所过邮亭僧舍，或受人一茶一饭，即索纸墨戏作兰竹报之。——余适过雷溪，后塘监院誉公出示古今名画数十幅，余无可意者，乍顾破屏风上，老竹几梢，尘坌中恍有异彩勃出，余急视之，乃铁桥张先生之遗笔也。慨吟四绝，以志感云。"诗其二云："七十游方老画才，孤踪去后邈难猜。烽尘堆里三竿竹，浓墨梢头带雨来。"其三云："一枝随身作稻粮，穷途自有豢饥方。渴来扫幅张颠竹，扬柳楼头换酒尝。"②

铁桥画鹰颇有时誉，屈大均有《题铁桥丈画鹰》，陈恭尹有《张穆之画鹰马歌》，魏际瑞（字善伯，号伯子，江西宁都人，礼兄。）有《题张穆画鹰》等。现存铁桥的鹰画以简单的秋枝枯树为背景，工笔写鹰，以水墨成之，或在爪、眼、毛羽略施藤黄，有俯冲而下直取猎物的鹰，有虎视眈眈于猎物振翮欲飞的鹰，动静相宜，西向者多。对于眼、喙及动态的成功刻画，表现了鹰的凶猛、犀利。

3. 人物

铁桥善画人物。香港艺术馆藏其《临钱舜举钟馗出猎图》卷（见彩版六）；存世人马画亦可反映其人物画面貌；《翁山诗外》卷二有《求二桥山人画三闾大夫像》；康熙十七年（1678年）刘献廷（1648~1695年，字继庄，大兴人，与王夫之、顾培、彭士望为师友）为题画册四首，曰：济贫图、炼丹图、坐忘图、伏虎图，皆为人物画。《济贫图》曰"元化浩无主，权衡在金银。自非端木贤，鲁国无圣人。惟有怀清台，巍巍漳江边。金玉如粪土，斯言但空陈。所以铁桥贤，发愿先施贫。累累负千贯，沿途拯穷民。饥寒得温饱，大厦依能仁。但恐囊橐尽，无处容公身。"《伏虎图》曰："先生善画虎，造物无遁情。先生愿伏虎，使向水中生。画虎不画龙，画龙难点睛。伏虎不伏龙，龙在匣中鸣。龙藏寄虎背，常随龙猛行。"从题诗内容看，画册似为自我写照㉓。

《临钱舜举钟馗出猎图》卷，香港艺术馆藏，纸本，墨笔，纵29.5、横481.5厘米。自识曰："钟馗出猎图。临钱舜举笔也。舜举得吴道子地狱变相于画壁，推而为鬼子母二郎神搜妖卷，又游戏而成出猎。诡异变化无穷，精神笔力矫劲，观之令醉者醒，忙者且住，真足解颐也。雨窗漫成，用毫殊有歉耳。癸丑（1673年）中元湖上识。铁桥张穆。"钤"张穆私印"、"铁桥道人"印。图卷表现钟馗率众小鬼及猎狗、猎鹰出猎归来。首段表现鬼卒们余兴未尽，边行进边打斗游戏；中段鬼卒们肩抬手牵鹰、虎等猎物，表明出猎归来；末段为钟馗及随侍小鬼，二小鬼分别负交脚凳和遮阳莲叶。全卷以墨笔画成，近白描。钟馗骑驴，回首，戴幞头，穿窄袖袍，束带，脚登靴，左手执缰，右手提剑，怒目圆睁，虬髯。衣纹线条硬朗，转折处见方；鬼卒形态夸张变异，神态各异，以遒劲近兰叶的短线表现其紧实的皮肉筋骨。全卷气氛轻松诙谐。钟馗、二郎神是中国民间传说中具有降妖除魔本领的人物；鬼子母原是婆罗门教的恶神，专吃人间小孩，被佛法教化后，成为专司护持儿童的护法神。钱舜举将地狱变相、鬼子母二郎神搜妖演绎为钟馗出猎，地狱中跟随钟馗降魔捉鬼的力士神将被表现为鬼卒，力士神将的猎物即是变为野兽的魔怪。此图使世人知生死轮回，因果报应，告诫人们弃恶扬善。铁桥临写此图意在"令醉者醒，忙者且住"。

《射鹿图》卷，广东省博物馆藏，纸本，设色，纵25、横139厘米。款署："癸丑花朝仿松雪先生笔。张穆。"钤"张穆"、"穆之"印。画卷表现契丹人惊心动魄的围猎

《临钱舜举钟馗出猎图》之一

《临钱舜举钟馗出猎图》之二

《临钱舜举钟馗出猎图》之三

场面。围猎者体格健壮，戴簪缨貂帽，帽下可见髡发，穿盘领窄袖袍，有的在袍外罩马甲，长裤套在高筒靴内，围捍腰，佩剑囊、短刀等猎具，坐骑剽悍强壮。蒙古马四蹄腾空，飞奔急驰，猎物惊恐万状，四处逃窜，契丹人围追堵截，紧张兴奋，有的搭弓，有

《临钱舜举钟馗出猎图》之四

《临钱舜举钟馗出猎图》之五

《临钱舜举钟馗出猎图》之六

的横戟，有的挥鞭；有的紧追不舍，有的迂回包抄，有的埋伏俟机；有的箭已刺中裘狐，有的拉弓瞄准奔鹿，有的望着飞逃的雉鸡悻悻。人物脸阔眉浓，蓄须，姿态各异，形象生动，衣褶线条短促遒劲，转折有力。马毛色各具，雄强健壮，山石、草坡多以侧峰表现。画面动感十足。

《临钱舜举钟馗出猎图》之七

铁桥生前曾画过多件《射鹿图》（《射猎图》），表现了他对这类题材的钟情。射猎，是以渔猎为生的契丹等北方游牧民族的一种主要生产方式。契丹人射猎，按照季节的不同，大体上是，春季捕鹅、鸭，打雁，四五月打麋鹿，八九月打虎豹，射鹿历来是契丹狩猎生产中的一个重要部门。辽朝政权稳定后，射猎逐渐成了契丹人习武和娱乐体育活动。不管是围猎或游猎，马都是必不可少的。铁桥画《射猎图》表达了习武练兵驰骋疆场的渴望。东莞邓尔疋为《射鹿图》题云："吾莞张铁桥先生为有明遗老，有下马作露布之志，所画辄寓黍离麦秀之感。此帧作胡服马猎图非无意也。"[24]

铁桥画人物根据对象的不同性格以不同线条造型和表现气质。《临钱舜举钟馗出猎图》图中的钟馗、《奚官牧马图》中的奚官以相对舒朗、清俊的线条表现，《射鹿图》中的胡人及《临钱舜举钟馗出猎图》中的鬼卒则以紧凑、短促的线条表现，体现了画家对笔下人物的爱憎情感。

张庚《浦山论画》曰："杨子云曰：书，心画也。心画形而人之邪正分焉。画与书一源，亦心画也，握管者可不念乎？尝观古人之画而有所疑，及论其世乃敢自信为非过，因益信杨子之说为不诬。"[25]观铁桥画亦知其人。

据不完全统计，在明末清初的广东画家中，张穆存世作品数量是最多的，这说明他在当时画名之大，也说明一直以来人们对其作品之喜爱。铁桥以遗民情结成就了他的绘画，他的绘画也体现了鲜明的民族意识和爱国思想，这一点，在广东的遗民画家中是很突出的。

注　释

① 据汪宗衍、黄莎莉《张穆年谱》，香港中文大学文物馆，1991 年版。

② 张穆《铁桥集》，何氏至乐楼 1974 年 11 月影印。

③ 《答张穆之先辈》，见容庚、汪宗衍辑《铁桥投赠集》，何氏至乐楼 1974 年 11 月影印。

④　屈大均《送铁桥道人》，见容庚、汪宗衍辑《铁桥投赠集》，何氏至乐楼 1974 年 11 月影印。

⑤　同①

⑥　同①

⑦　《张穆之诗序》，《峤雅》卷七，广东高等教育出版社，1990 年 3 月版。

⑧　江苏古籍出版社，1987 年 2 月版。

⑨　《岭南书法史》，广东人民出版社，1994 年 8 月版。

⑩　同⑦。

⑪　卢辅圣主编《中国书画全书》第十册，上海书画出版社，1996 年 10 月版。

⑫　汪兆镛编撰，汪宗衍增补，广东人民出版社，1988 年 5 月版。

⑬　文物出版社，2004 年 3 月。本文中所述书画作品，未注明者，皆见于《东莞历代书画选》及《东莞历代书画选续集》。

⑭　引自《张穆年谱》，同①。

⑮　《屈大均全集》，人民文学出版社，1996 年 12 月。

⑯　引自《张穆年谱》，同①。

⑰　该图最晚作于当年。

⑱　同⑮。

⑲　同①。

⑳　同①。

㉑　同①。

㉒　同①。

㉓　同①。

㉔　同⑬。

㉕　同⑪。

历代装潢家辑略

李遇春（广东省文物鉴定站）

　　书画装裱一门，在唐代张彦远《历代名画记》、明周嘉胄《装潢志》、清周二学《赏延素心录》、及王以昆先生《书画装潢沿革考》中都作了专门的论述，为我们了解中国装潢发展史带来了很大的方便。特别是王以昆先生，在其撰写的《书画装潢沿革考》中，还记录下历代装潢名手的名字，本文正是在其搜罗的基础上广而展述之，以加深人们对这些名家的了解。

一、古代装潢业涉及的业务范围

　　关于装潢，前人对于这项工作却有不同的称谓，如："装治"、"潢治"、"装池"、"装褫"、"裱褙"、"装背"、"装界"等等，不一而足。这除了因为不同时代有不同的称谓，不同地区的人又有不同的叫法外，还关乎其涉及的工作范围。今天，当一说起装裱，必然联想到有关书画方面的业务。而过去，人们对装潢的称谓并不仅限于书画的业务范围，比如对书籍的装帧、碑帖的裁切装裱，甚至连染纸等工序也归类其中。宋姚宽撰《西溪丛语》卷下释作："潢，《集韵》：'音胡旷切。'释名：'染纸也。'《齐民要术》有装潢纸法，云：'浸蘗汁入潢，凡潢纸灭白便是，（不宜太深，）染则年久色暗，盖染黄也。'后有雌黄治书法，云：'潢讫治者佳。先治，入潢则动。'……则古用黄纸写书久矣。写讫入潢，辟蠹也。今惟释藏经如此，先写后潢。"这里，解释了因用蘗药染纸避蠹害呈黄色，而把这一工序称"潢"。此外，还说明宋以前依贾思勰所言"潢讫治者佳"，是"写讫入潢"的。宋人则不理会"先治（写），入潢则动"的告诫，硬是"先写后潢"，虽然这不过是仅用于写"释藏经"而已。（见彩版五）

　　又如《欧阳修集》卷一一一"乞写秘阁书令馆职校雠札子（嘉祐二年九月，兼判秘阁秘书省。）"条记："臣近准敕，兼判秘阁。检会先准皇祐元年七月十一日中书札子节文：'奉圣旨，秘阁有阙者，书名件用《崇文总目》逐旋补写，依例酬校了，以黄绢装褫正副二本收附，准备御览，内中取索。'"《钦定续文献通考》卷五十八记："司经局洗马一人，校书、正字各二人。洗马掌经史子集制典图书刊辑之事，立正本、副本、贮本，以备进览。凡天下图册上东宫者，皆受而藏之。校书正字，掌缮写、装潢，诠其讹谬，而调其音切，以佐洗马。"说明书籍的装潢也纳入其中。

再如，据《安平县杂记》载："裱褙匠：裱褙屋宇及联幅、法帖、报条，并代制寿屏、寿帐、挽轴、挽联、牌伞等。"又，清徐葆光《中山传信录》卷一记出使琉球时渡海兵役的人员为："……糊纸匠二名，裱褙匠一名，糕饼匠一名，待诏一名（凡兵役随身行李货物，每人限带百斤）。"可见，装裱的工作范围已然超出我们今天想象到的书画、碑帖、书籍以外了。

二、历史上的装潢名家大多为书画行当的行家里手

检阅文献，发现早期的装潢家多为名书法家。如范晔，字蔚宗，顺阳人。工于草、隶，小篆尤精。其余徐僧权、唐怀充、褚遂良、张彦远、武平一、胡山甫等，皆如是。为什么会是如此呢？我想这应与当时对古文献的整理、保存条件有关。远在唐代以前，由于尚不流行印刷术，很多书籍及文献只能通过手抄形式来流传，手抄本是当时书籍的主流。在疏整这些手稿的时候，必然会遇到诸如：对文献时间顺序的编排；标题的拟定；前后页拼接；对衍文、夺文、讹文的修改、删增等非装潢技术所涉及的问题。若是古文献，问题则显得更为突出。这就需要具备懂得抄写者的书法特征，鉴别出是否出自同一人之手等专业素质修养，所以早期的装潢工作多由书法家兼之。即便"装背不佳"，"厚薄不均，辄好绉起"也在所不计。这还是为皇家服务、得到皇家认可并接受的结果。如果在民间，无序的保管状况会更为广泛。然而，在唐朝人的眼里，堪称经过改良的徐爱装潢法，也还存在"随纸长短，参差不同，具以数十纸为卷，披视不便，不易劳茹，善恶正草，不相分别"（《法书要录》卷二）的弊端。在对装潢技术没有掌握更为科学的处理方法的情况下，人们还是选择偏重对文献的认读方面，因为那是一个把书籍、文献的内容看重于书画艺术形式的年代，由此可见当时人对装潢利弊的权衡取舍态度。

到了唐代，装潢已发展成为专门的行当，不仅对装潢的工艺水平有更高的要求，而且，对各类作品的装裱形式有指定的格式，这就需要由专门的技工来负责完成。也许是印刷术开始流行，原本看得很重的墨迹的文献作用，渐被其所具有的艺术欣赏性取代，文献的使用价值与书画的欣赏价值变得同等重要。因此，过去那种从分拣、鉴别、排序到装潢诸工序均由一人来完成的作法已不再适应，改作分别由"监造"和"装潢"两个单列的程序来完成。如："（唐武德）十三年月日王行直装。褚遂良监。……十四年月日张龙装。臣士廉、臣征、杨师道、褚遂良、姜行本。亦有蔡揣装。十五年、十六

年，张龙树装。褚遂良、杨师道、魏征、房玄龄，无他人名。十七年、十八年、十九年，褚遂良监，无他人名。是开元中割却。"（元盛熙明《法书考》卷八）开启了装潢业的新纪元。到了宋代，装潢制度更为完善，不仅制定了对后世有重大影响的"宣和式"、"绍兴式"等装裱样式，而且还依据属于重要作品或非重要作品的分类，执行不同的装潢规格，以示区别。宋人的装潢制度，已然成为后世皇室装裱藏品的金科玉律。

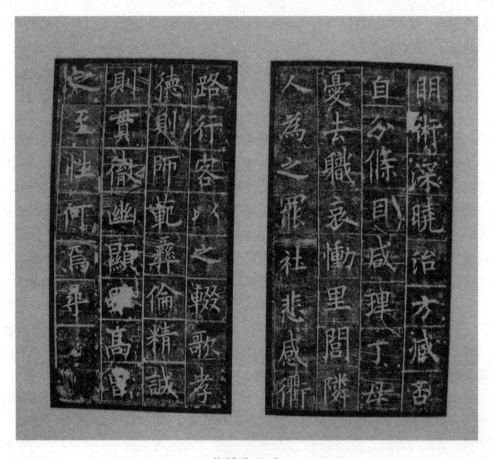

蝴蝶装册页

此外，唐代以前，是由书画家负责鉴别作品兼具装裱工作的。自唐开始，虽然因分工的需要，装潢家不再承担鉴别作品的责任，然而，装潢家在长期与书画实物打交道的实践过程中，积累了丰富的材料鉴别经验，以及熟习书画家的笔性和作品的时代风格，通常于装裱技艺之外，也能对书画作品的真伪道出个一、二来，有的甚至还成为那一时代或那一地区的书画鉴定高手，为收藏家和好事者所推崇。如："吴中多藏赏之家，惟顾元方笃于装潢。向荷把臂入林，相与剖析精微，彼此酣畅。……"（明周嘉胄《装潢志》）、又如"……（王）际之，善裱褙，为京师名手。又能鉴辨书画真伪，盖善裱者由其能知纸纨、丹墨、新旧，而物之真赝已过半百矣。若夫究心书画，能知各人笔性，各代风气，参合推察，百不差一。此为际之之能也。……"（清吴其贞《书画记》卷四《张樗察楷书杜诗一首》）等。还有，从装裱技术层面来看，好的装潢家不仅仅是懂得做好漂洗、托底、补绢（纸）、刷浆、上墙、裁切、装杆等具体工序就可以了，若要起古画于新生，他还应是一位颇谙画理、擅长翰墨的行家里手。著名者除了张彦远、米芾等而外，如文徵明，汪砢玉《珊瑚网》卷二十记："《九成宫》……余未坠地时，家甫得之于项氏，其间缺字，为文徵仲所补、装潢。又得文氏善工，尤足爱也"，如元末明初的盛著，字叔彰，嘉兴人。元代名画家盛懋之侄。能全补图画。"运笔、着色与古不殊。洪武中供事内府，高帝异之，著《盛叔彰全画记》"（见明朱谋垔《画史会要》卷四），再如明代广东绘画名家梁思伯，明何良俊著《四友斋丛说》卷之二十八记："余尝见梁思伯篋中有王摩诘演教图。此是王府中物，托其装潢，故携以自随。是设色者，人物、山水无不臻妙"（按，梁思伯即梁孜，别署罗浮山人，广东顺德人。），还有，清代著名鉴藏家吴荣光，就曾推许广东画家蒋莲擅长全画，凡此等等。有的甚至还擅长写诗文，并有专门的诗集传世。

能熟悉笔、墨、纸、绢等材质的特性，并能比较其优劣；能了解各时代的书画风格，掌握重要名家的用笔特性，因此而能善鉴；自身又兼具擅长书画实践。由是，装潢家不仅专于装潢技术，还能熟知或实践书画领域中涉及的各个行当，赢得人们的尊敬自是意料中的事了。

三、官募装潢匠役，官设装潢机构

自唐代开始，装潢匠与其他手作匠一样，作为匠役而被官方征募，并按实际需要安置于各相关部门中工作。据文献记录，这些部门分别是崇文馆、弘文馆、门下省和秘书省。如：

"崇文馆：（原注：贞观中置，太子学馆也。）学士，直学士，学生二十人，校书二人，（从九品下。）令史二人，典书二人，拓书手二人，书手十人，熟纸匠三人，装潢匠五人，笔匠三人。学士掌东宫经籍图书，以教授诸生。凡课试举送，如弘文馆。校书掌校理四库书籍。"（《旧唐书》卷四四，志第二四，职官三）

"弘文馆（原注：后汉有东观，魏有崇文馆，宋有玄、史二馆，南齐有总明馆，梁有士林馆，北齐有文林馆，后周有崇文馆，皆著撰文史，鸠聚学徒之所也。武德初置修文馆，后改为弘文馆。后避太子讳，改曰昭文馆。开元七年，复为弘文馆，隶门下省。）学士，无员数。（原注：自武德已来，皆妙简贤良为学士。故事，五品已上，称

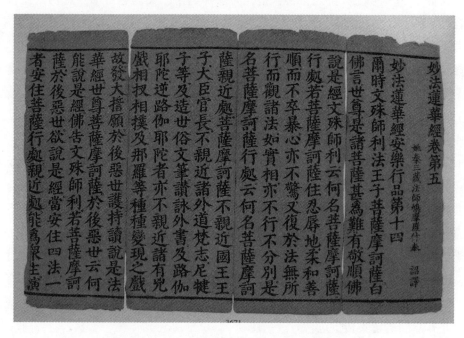

经折装经册

学士，六品已上，为直学士，又有文学直馆学士，不定员数。馆中有四部书及图籍，自垂拱已后，皆宰相兼领，号为馆主，常令给事中一人判馆事。）学生三十人，校书郎二人，（从九品上。）令史二人，楷书手三十人，典书二人，拓书手三人，笔匠三人，熟纸装潢匠九人，亭长二人，掌固四人。弘文馆学士掌详正图籍，教授生徒。凡朝廷有制度沿革，礼仪轻重，得参议焉。校书郎掌校理典籍，刊正错谬。其学生教授考试，如国子学之制焉。"（《旧唐书》卷四三，志第二三，职官二。）又，"弘文馆学士无常员。校书郎二人，学生三十人，令史二人，楷书手二十五人，典书二人，拓书手三人，笔匠三人，熟纸装潢匠九人，亭长二人，掌固四人。"（《唐六典》卷八，门下省。）

"门下省有录事四人，从七品上；主事四人，从八品下。（原注：有令史二十二人，书令史四十三人，甲库令史十三人，能书一人，传制二人，亭长六人，掌固十四人，修补制敕匠五人，装潢一人。起居郎领令史三人，赞者六人。武德三年，改给事郎曰给事中。）"（《新唐书》卷四七，志第三七，百官二。）

"秘书省：监一人，少监二人，丞一人，秘书郎四人，校书郎八人，正字四人，主事一人，令史四人，书令史九人，典书八人，楷书手八十人，亭长六人，掌固八人，熟纸匠十人，装潢匠十人，笔匠六人。著作局：著作郎二人，著作佐郎四人，书令史一人，书史二人，校书郎二人，正字二人，楷书手五人，掌固四人。太史局：令二人，丞二人，令史二人，书令史四人，楷书手二人，亭长四人，掌固四人，司历二人，保章正一人，历生三十六人，装书历生五人，监候五人，天文观生九十人，灵台郎二人，天文生六十人，挈壶正二人，司辰十九人，漏刻典事十六人，漏刻博士九人，漏刻生三百六十人，典钟二百八十人，典鼓一百六十人，楷书手八十人，（原注：隋炀帝秘书省置楷书郎，员二十人，从第九品，掌抄写御书。皇朝所置，职同流外也。）亭长六人，掌固八人，熟纸匠、装潢匠各十人，笔匠六人。"（《唐六典》卷十，秘书省。）

可见，唐朝尚未设立专门的机构对装潢事务进行统一管理。但是，由官方作为匠役征用的模式，却为其后历朝历代所效仿。如：

宋代：

宋赵鼎《忠正德文集》卷二"奏议中"记："贴黄称臣契勘内计议官，缘张浚到川陕日，为有官资稍高、及不欲令干预文字之人添置上项名目，今欲依例添置，伏乞睿照。一今依孟庚例，差置点检文字三人，主管文字一十三人，书写文字一十四人，书表司四人，发放文字大程官八人，亲事官四人，装界作一名，发递工匠二人……"按，宋人称作"装界"者，即唐时所说的装潢。

宋邹浩《道乡集》卷十八"制"条有："岳元转翰林书艺局直长充装界待诏制（文略）"

宋周密《齐东野语》卷六中专门介绍"绍兴御府书画式"，并提到装界是按"内府装褫分科引式格式：粘裁、折界、装背、染古、集文、定验、图记"的程序施行的。

宋陈骙《南宋馆阁录》卷十·"职掌"记作："装界作三人（本省省记条：制旧有书库子八人，装界作十人。并召募送军头引见司刺面讫收。今从本省召募。）"

元代：

《古今图书集成·官常典》第三百八十四卷"留守部汇考"记："元，裱褙局提领一员，掌诸殿宇装潢之工，中统二年置。"（按，裱褙局，《新元史》记作只应司辖下。）

《元史》卷九十记："只应司，秩从五品，掌妆銮、油染、表褙之事。大使一员，从五品；副使二员，正七品；直长三员，正八品。"

"大德五年六月十四日，武卫亲军百户完颜坏义蒙武卫亲军都指挥使司备奉上司文字，钦奉圣旨：'秘书监裱褙佛像书画等差，委坏义将引军一十名著守，供作勾当。'钦此。……"（秘书志卷第三）

"大德五年八月初六日，秘书监据知书画支分裱褙人王芝呈，近蒙都省钦奉圣旨：裱褙书画，差官前到杭州取发芝并匠人陆德祥等共五名，驰驿前来秘书监裱褙书画勾当。……"（秘书志卷第三）

明代：

《明武宗毅皇帝实录》卷之三十二记："癸亥，升文华殿书办等官张骏等，有差骏由光禄寺卿升礼部尚书，周惠畴由尚宝司丞升光禄寺卿，杨立由大理评事升太仆寺卿，高岱仝泰由评事升鸿胪寺左少卿，华英由鸿胪寺丞升光禄寺少卿，纪世梁、朱天麟由中书舍人升太常寺寺丞，高荣由中书舍人升尚宝司丞，王杲等十一人由序班升中书舍人，黄玺等三人由书办官升序班。先是通鉴纂要成，刘瑾欲裁抑纂修官以誊写不谨，得遣命右少监陶锦提调骏等改誊。至是骏等誊毕进呈，乃皆超进官秩，装潢匠役窦珺等七人亦陞文思院副使，若张晖之升光禄少卿，儒上姚珑之授序班，又不在誊写之列。瑾之专恣如此。"

《明会典》卷一百五十四，记洪武二十六年轮班人匠："一年一班：表褙匠三百一十二名。……"

明黄佐《翰林记》卷四记："供需。《会典》云：凡内阁官，光禄寺日逐给料物，拨厨役制造酒饭。司礼监，拨匠作装制书籍纸札。工部，轮拨班匠供役本院官酒饭，俱于光禄寺支给。"

宋宣和裱式

清代：

《钦定历代职官表》卷三十七载："武英殿修书处管理事务王大臣一人，监造二人，库掌四人，署库掌六人，笔帖式四人，掌膳刻、装潢、各馆书籍及宫殿陈设书籍之事。员额康熙十九年定。监造库掌品级，乾隆四十三年定。设有总裁二人，提调二人。"

《皇朝文献通考》卷八十三载："司经局，掌经籍、典制图书刊刻、收藏之事。洗马，满洲汉人各一人，所属正字汉人一人，职掌缮写、讲章、并装潢之事。"

《钦定大清会典事例·工部》卷九百五十二·"匠役食粮"记作："顺治元年定：各监局、内监匠役、均隶工部。十一年，交内监局管理。十八年，裁内监局。除各项内监匠役、内务府存留外，其余工匠仍隶工部。雍正元年题准，实在存留各项食粮匠役定额，营缮司木匠、锯匠、石匠、瓦匠、土作匠、五墨匠、油匠、钉铰匠、雕銮匠、菱花匠、铜丝网匠、桶匠各二名、搭材匠四十二名、琉璃匠十有五名、裱匠、铸匠各一名。每名月支米七斗五升。乾隆三十年奏准，营缮司裁木匠、裱匠、铸匠、钉铰匠、各一名。"

《钦定大清会典事例·内务府》卷一千一百九十九"书籍碑刻"记作："匠役：原定，……托裱匠四名，……合背匠五名，……"又"御书处四作：原定，……裱作，库掌一员，拜唐阿三名，领催二名，专司托裱墨刻染造各色笺纸等事。"再有"御书处匠役：原定，……裱作，裱匠二十一名。染纸匠三名。……（乾隆）十六年定，外雇裱匠，每托裱墨刻十三张为一工。每工给银一钱八分。"

就以上记录看来，装界（潢）匠作为工役被引入官府后大致可分为三类，其一是负责装潢书籍，其二是负责为内府装裱书画艺术品，其三是负责宫室室内糊裱装饰。如果仅限于书画、书籍的装潢，也就不会自唐朝时期的三几名装潢匠，徒增至明朝时期的"三百一十二人"的庞大队伍了。此外，由于兼行外雇制度，清代虽然所记在役的装潢匠不多，但并不等于实际操作人员的数目会低于明朝。元朝时期还设立了专门的管理机构——裱褙局。装潢匠在承担工役期间若是表现好，甚至还可以被赐予官职，如宋时的岳元，被升任为装界待诏；明代的窦瑁等七人升任文思院副使，张晖之升光禄少卿等等。

服务于皇室、官署的装潢匠，虽属良工，却大多籍籍无名，声誉远不及民

推蓬册页

间汤氏、强氏、庄氏之属。若论收入，更是远逊于民间。民间者于元代，如元刘一清《钱塘遗事》卷十记："省试，正月二十五日午间锁院，至晚宣押省试官入院。试前一日省试院引保，或不用亲临，只贡之书铺。书铺纳卷，铺例五千。自装界，卷子与之或只二千，无定价，过此无害也。"于清代，则如郑燮《郑板桥集·诗词卷》所记："末世好古董，甘为人所欺。千金买书画，百金为装池。……"而据上文所引，"（清代匠役）每名月支米七斗五升"，若是"外雇裱匠，每托裱墨刻十三张为一工，每工给银一钱八分。"以此对照，民间可以收取高达画价百分之十的工钱，装潢役匠却只能与其他役匠一样，月支米七斗五升，外雇匠役亦不过每工给银一钱八分的低廉的固定工钱而已。所以，效力内府未必尽是优差，至少装潢业是个不一样的例子。

四、历代装潢家辑略

装潢，历来深受人们的重视自不待言，不过，装潢家却未达到引起人们足够重视的程度。虽然，有少数装裱匠在官方文献中多或少地有所反映，但那不过是体现责任的需要，其本意不会是去颂扬他们。至于有部分装裱匠因为他们的事迹突出，使得他们的名

字偶被收入文人的诗文集中，或被记载于民间的说唱文字里，那也不过是众多装潢匠中极少部分幸运者。而且，即便是被记录下来，当中尚有相当一部分是光记录装潢者的姓氏而忽略其名字的，或有不注装潢家姓名而仅记其堂号的。若以明代为例，则有："华氏阁帖合璧诸跋。卷首有子昂赵氏印，及云房清玩印，尾有巨鹿郡图书印，尚是宋氏装裱。"（见倪涛《六艺之一录》卷一百四十五）"任参政进士巾服像……此像流落于装潢师郁氏几二十年，……"（见明顾清《东江家藏集》卷二十三）"汤生装潢为国朝第一手。"（见明王世贞《弇州四部稿》卷五十一）"二十八日，水涨舟泊，竟不成行。亟枵腹趋甘泉，觅拓碑者，其人已出。又从大街趋东门，从门外朱紫衙觅范姓，八角坊觅陈姓裱工，……"（见《徐霞客游记·粤西游日记》）"十二日，复二里，过初旸宗室，换得一石，令顾仆肩之，欲寄于都府街东裱工胡姓家。"（见《徐霞客游记·粤西游日记》）"俞子中书黄庭经，万历乙未夏五二日解嘲堂装。"（见明张丑《真迹日录》卷三）"云林赠陈惟寅

一色裱装

诗卷，辛巳伏日白云房装褫。"（见明汪砢玉《珊瑚网》卷十一）"沈征君南湖草堂图，十名人迹，御李斋装。"（见明汪砢玉《珊瑚网》卷三十七）"胜国十二名家凡二十册，庚申春仲，烟溪堂重装。"（见明汪砢玉《珊瑚网》卷四十四）等等，给考订带来极大的困难，实属无奈。

王以昆先生曾有心于此，在其所撰写的《书画装潢沿革考》中，对历代装潢家作过统计，并罗列其姓名或字号，开启这一研究领域之端。惜未具列所引，让后继者颇感不便。今以王以昆先生所列为导引，依据文献所录补记于下。其中，有的人物《书画装潢沿革考》有录，而苦未找到出处，如唐代的胡山甫、辅文开、解善集等；有的书中虽然记录其名字，然而检阅文献，得知其只是参与鉴定或监督别人装裱完工后在作品上署名签押，没有证据显示其从事具体装潢工作，如唐代的武平一等，其余皆寻出出处而辑记之。另外，则是王以昆先生在书中未为记录姓名，经检阅文献而存者，亦添加辑记，以作备考。

（一）隋唐以前的装潢家

隋唐以前的装潢家，王以昆先生录有：晋代：范晔。南北朝：徐爰、虞和、巢尚之、徐希秀、孙奉伯、朱异、徐僧权、唐怀允、姚怀珍、沈炽文等共11人。

关于范晔、徐爰、虞和、巢尚之、徐希秀、孙奉伯、朱异、徐僧权、唐怀充、姚怀珍、沈炽文，唐张彦远《历代名画记》卷三记："论装背褾轴。自晋代已前装背不佳，宋时范晔始能装背。宋武帝时徐爰，明帝（465～472年）时虞和、巢尚之、徐希秀、

孙奉伯编次图书，装背为妙。梁武帝命朱异、徐僧权、唐怀充、姚怀珍、沈炽文等，又加装护。国朝（唐）太宗皇帝使典仪王行真等装褫，起居郎褚遂良、校书郎王知敬等监领，凡图书本是首尾完全，著名之物，不在辄议割截改移之限。"又，张彦远《法书要录》卷四录唐张怀瓘《二王等书录》记作："梁武帝尤好图书，搜访天下，大有所获，以旧装坚强，字有损坏。天监（502～519 年）中，敕朱异、徐僧权、唐怀允、姚怀珍、沈炽文析而装之，更加题检，二王书大凡 78 帙，767 卷，并珊瑚轴织成带，金题玉躞。"（按，依文意，范晔为晋人，并活动至南朝宋初。徐爱为南朝宋孝武帝刘骏（454～464 年）时人。天监为梁武帝萧衍的年号，知朱异、徐僧权、唐怀允、姚怀珍、沈炽文等为南朝梁武帝时人。）

隋朝未见录有装潢家姓名，仅见元盛熙明《法书考》卷八记："大业年月日奉敕装。开皇年月日内史薛道衡署名。尾亦有开皇年月日参军事学士诸葛颖、咨议参军开府学士柳顾言、释智来。"而已。

按：徐僧权，中山人。唐怀充，晋昌人。姚怀珍，武康人。沈炽文，武康人。何妥，外国人。（见《法书要录》卷六《述书赋》下）朱异，字彦和，吴郡人，中领军右仆射。巢尚之，字仲远，鲁国人。（《法书要录》卷五《述书赋》）范晔，字蔚宗，顺阳人也。父泰。晔官至太子詹事。工于草、隶，小篆尤精。师范羊欣，不能隽拔。永嘉二十年伏诛。（《法书要录》卷九张怀瓘《书断》下）徐爱，字长玉，琅琊人，本名瑗，避傅亮讳除"玉"。宋太中大夫。（《述书赋》上）

一色诗堂装

（二）唐代装潢家

王以昆先生录有："王行真、蔡㧑、褚遂良、张善庆、张彦远、张龙树、卢元卿、武平一、樊行整、胡山甫、解善集、辅文开、李仙舟、王思忠"等共 14 人。

关于王行真，张彦远《法书要录》卷四记："贞观十三年（639 年）敕购求右军书，并贵价酬之，四方妙迹，靡不毕至。敕起居郎褚遂良、校书郎王知敬等，于玄武门西长波门外科简内出右军书相共参校。令典仪王行真装之。"

关于蔡㧑，张彦远《法书要录》卷四记："晋右将军会稽内史赠金紫光禄大夫琅琊王羲之，字逸少。书一卷四帖，贞观十四年（640 年）三月二十三日臣蔡㧑装。特进尚书右仆射上柱国申国公臣（高）士廉、特进郑国公臣（魏）征。"

　　关于褚遂良，宋郭若虚《图画见闻志》卷五记："清夜游西园图者，晋顾长康所画。……唐贞观中褚河南（遂良）装背，题处具在其图本。"

　　关于张善庆，张彦远《法书要录》卷四引述唐卢元卿《法书录》："齐高帝姓萧氏，讳道成，字绍伯。书一卷。开元五年（717年）十一月五日陪戎副尉臣张善庆装。文林郎直秘书省臣王知逸监、宣义郎行左司御率府录事参军臣刘怀信监、宣德郎行左骁卫仓曹参军臣陆元悌监、承议郎行右金吾卫长史臣魏哲监、右散骑常侍崇文馆学士上柱国舒国公臣褚无量。"明张丑《真绩日录》卷一记："季宗元蓄唐摹王右军周大嫂帖，乃开元五年（717年）十一月陪戎副尉张善庆装。"

　　关于樊行整、王行直、张龙树、蔡抛、王思忠、李仙舟，张彦远《历代名画记》卷三："贞观中，褚河南等监掌装背，并有当时鉴识人押署，跋尾官爵姓名。贞观十一年月日。（兵曹史樊行整装合若干纸，宣义郎行参军李德颖、数功曹参军金川县开国男平俨、典司马行相州都督府司马苏勖、监银青光禄大夫行黄门侍郎扶风县开国男韦挺监。）十二年月日（题署同十一年。）。十三年月日（将仕郎直弘文馆臣王行直装，起居郎臣褚遂良监。）。十四年月日（将仕郎直弘文馆臣张龙树装，某官（高）士廉、某官（魏）征、某官杨师道、起居郎臣褚遂良。亦有臣蔡抛装。）十五年十六年月日（文林郎臣张龙树装。）开元中，玄宗购求天下图书亦命当时鉴识人押署跋尾。刘怀信等抑或割去前代名氏，以己等名氏代之。开元五年月日（陪戎副尉王思忠装，亦有张龙树装，王行真装。）十年月日（王思忠装）。十五年月日（王府大农李仙舟装背，内使尹奉祥监，是集贤画院书画。）"

　　张彦远，河东人。弘靖孙，干符初大理卿。史载其能文工字学，隶书喜作八分。其家既出累世缙绅之后，且复好事，故藏积图书如钟、张、卫、索、王羲、献而下，每至成轴。其大父稔已有书名，初得钟繇笔意，壮岁遂仿献之，暮年人许有羲之风度，盖凡三变而后成，此其遗风余泽沾馥后人者，特非一日。彦远既世其家，乃富有典刑，而落笔不愧作者。文献中并未见有张氏装潢的记录，但在其所撰写的《书法要录》和《历代名画记》中，对装潢行当十分内行，非手自操作未必能达到如此程度，也许是出自这个原因，王以昆先生把他也归类装潢家之列。

　　然而，卢元卿、武平一、胡山甫、解善集、辅文开则苦未见装潢记录，其中武平一、卢元卿是书法家，武平一（名甄，以字行。颍川郡王载德子。）还是鉴定家。

　　此外，经检阅《法书要录》卷十"右军书记"条，有："普通三年三月，徐僧权，一十五纸，天宝十载三月二十八日，安定胡英装。朝议郎、检校尚书、金部员外郎徐浩"的记载；又，《述书赋》上有："周弘让，汝南人，弘正弟。今见草书七行，有胡昂押尾。袁宪，字德章，陈郡人，陈右仆射。今见具姓名草书两行，有胡昂印尾"的记载。假定胡山甫便是胡英或胡昂，那胡山甫的装潢家身份则应是成立的；假定胡山甫不是胡英或胡昂，则胡英属于王以昆先生所列装潢家名单以外之增补者。另据陶宗仪撰《书史会要补遗》记："胡山甫，天宝间人。字极遒劲。"知其生活年代与胡英相同。

唐代装潢家名单尚需增补的还有田琦、田栖梧。唐张彦远《法书要录》卷六："田琦，雁门人。德平之孙。工八分、小篆、署书。图画写洪崖子，张氲云楼并雪木行于世。官历陕令豫蕲许等州刺史。兼装背。有孙栖梧，尤妙其事。德平，武德功臣，拜兵部尚书。"

（三）宋代装潢家

王以昆先生录有："米芾、赵叔盎、王涣之、吕彦直、丁戈、姚明、陈子常、郑滋令、庄宗古、曹彦明、余绶、王闰、游和尚"等共13人。

关于庄宗古、郑滋令、姚明，《齐东野语》卷六记："……内赵世元钩摹者亦用衲锦褾。蠲纸贉。玛瑙轴。并降付庄宗古、郑滋，令依真本纸色及印记对样装造。将元拆下旧题跋进呈拣用。……唐、五代、皇朝等名画挂轴，并同六朝装褫，轴头旋取旨。苏轼、文与可杂画。姚明装造。"又，元汤垕撰《画鉴》："古画东移西掇，挦补成章，此弊自高宗朝庄宗古始也。"

关于米芾，嘉兴李光暎撰《金石文考略》卷三"米跋褚摹兰亭序"记："米元章跋及赞于尾，云：元祐戊辰获此书，崇宁壬午六月大江济川，停舟对紫金避暑，手装褉帖。之下仅'绍兴'二字御记，及后有'政和六年夏汝南装'，'观察使印'而已。余七印皆米氏识也。"又，《鸡肋编》卷上记："米芾元章，……善书，尤工临模，人有古帖，假去，率多为其模易真本。至于纸素破污，皆能为之，卒莫辨也。"

关于米芾、王涣之，米芾撰《书史》记："王氏其帖在李玮家，余同王涣之饮于李氏园池，阅书画竟日。末出此帖，枣木大轴，古青藻花锦作褾，破烂无竹。模晋帖上反安冠簪样，古玉轴。余寻裂掷枣轴池中，拆玉轴，王涣之加糊共装焉。一坐大笑，要余题跋，乃题曰：'李氏法书第一'。"

关于余绶，宋朱子撰《晦庵集·奏状》卷十九记："按唐仲友第六状。……及于六月初九日，令表背匠余绶打角一百部，亦作七担，用箬笼盛贮，差承局阮崇押归本宅。"

关于吕彦直，宋米芾撰《书史》称："余少时使一苏州背匠之子吕彦直，今在三馆为胥。王诜尝留门下，使双钩书帖。又尝见摹黄庭经一卷，上用所刻勾德元图书记，乃余验破者。"

关于曹彦明，尚未找到其装潢的确切记载，仅据宋周密撰《齐东野语》卷六有："米芾书杂文简牍。……并降付米友仁验定，令曹彦明同共编类等。第每十帖作一卷，内杂帖作册子"的记载。

关于陈子常，尚未找到其装潢的确切记载，仅据《齐东野语》卷六有"……苏轼、文与可杂画，（姚明装造。）用皂大花绫褾，碧花绫里，黄白绫双引首，乌犀或玛瑙轴。……僧梵隆杂画横轴，（陈子常承受。）樗蒲锦褾"的记载。

关于丁戈，张燕昌《金粟笺说》记："桐乡金鄂严（德与）桐花馆藏经纸，其色莹泽与金粟山法喜同，印有'义'文字篆书，又，'丁戈染折'小长印。"知丁戈尚且还会制笺纸。

关于赵叔盎，尚未找到其装潢的确切记载，仅知其为"字伯充，宋宗室。善画马。"（元夏文彦撰《图绘宝鉴》卷三）

关于游和尚，尚未找到其装潢的确切记载。然据《清河书画舫》卷三下（明张丑撰）所记："丁希韩画孝经。丁酉九月三日，子庆携陆探微降灵文殊来观，高宗御题，本赵兰坡物。乔仲山以十五锭得之。后为游和尚所得。今归张氏。大小人物共八十人，飞仙四，皆有妙处。内亦有番僧，手持髑髅，盖西域俗。然此画纤毫无遗恨，真奇物也。"知游和尚乃一鉴藏家。

关于王闰，失考。

宋代的装潢家除了王以昆先生所列者外，通过检阅文献，尚且可以增补的部分人员，计有：成甫、季子聿、龙章、曹勋、宋贶、张俭、龙大渊、郑藻、平协、黄冕、魏茂实、任源、王洙、岳元、王厚之、苏过、何彬、王柏、李谨、赵孟林等。

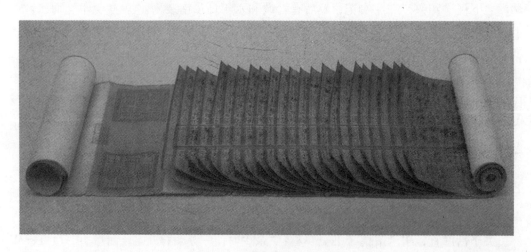

鱼鳞装手卷

关于成甫，宋陈思编、元陈世隆补《两宋名贤小集》卷六十三有"次韵杨彝甫见成甫装裱旧书之什"诗："儒者须万卷书，古人精博固难如。残编莫惜装池费，旧迹堪怜缮写初。轻拨蠹虫文未损，平齐细帙架无虚。白头更且穷经艺，谁道忘筌便得鱼。"又，据元夏文彦《图绘宝鉴》卷三记："宋，熊成甫工画佛像、山水。官县令。"不知成甫是此熊成甫否?

关于季子聿，宋陆游撰《渭南文集·跋归去来白莲社图》卷二十八记："予在蜀得此二卷，盖名笔，规模龙眠而有自得处。季子子聿手自装褫藏之。庆元丁巳（1197年）中秋前三日，放翁识。"

关于龙章，宋刘道醇撰《宋朝名画评》卷二记："龙章，字公绚。京兆人。性敦静好古，居尝冠带。善画虎兔，亦工佛道及冕服等。尤长于装染。"

关于曹勋、宋贶、张俭、龙大渊、郑藻、平协、黄冕、魏茂实、任源，《齐东野语》卷六："应搜访到法书墨迹，降付书房。先令赵世元定验品第进呈讫，次令庄宗古分拣。付曹勋、宋贶、张俭、龙大渊、郑藻、平协、黄冕、魏茂实、任源等覆定验讫，装褫。"

关于王洙，宋代王钦臣撰《王氏谈录》："（王洙）公言好永禅师书，尝得石本千字文，手自褾褙，暇则玩阅，至老不倦。"

关于岳元，宋邹浩撰《道乡集·制》卷十八有"岳元转翰林书艺局直长充装界待诏制"文。

关于王厚之，《御定佩文斋书画谱·王厚之复斋碑录》第七十卷记："石鼓文……绍兴己卯（按，绍兴无己卯年。）岁予得此牵于上庠，喜而不寐，手自装治成峡。因取薛尚功、郑樵二音参校异同，并考核字书，而是正之，书于帙之后。其不知者姑两存之，以俟博洽君子而质焉。"

关于苏过，《御定佩文斋书画谱·东坡集》第三十三卷记："东坡云：轼幼子过，亲书金光明经四卷，手自装治，送虔州崇庆禅院。又，'示儿子过诗'云：汝应奴隶蔡少霞，我亦季孟山玄卿。"《宋史·本传》称："苏过，字叔党。轼第三子。年十九以诗赋解两浙。轼迁儋耳，独过侍之。家颍昌，营水竹数亩，名'小斜川'。自号斜川居士。时称为'小坡'。"

关于何彬，据《好古堂家藏书画记卷上·姚际恒著作集》所记："大观帖第一、第十两卷。皆宋装。历为绍兴周禹锡、钱子方、姜汇思所藏。第一卷，有贾似道、魏国公印，前后皆有元世祖'翰林国史院'官书合缝长印，及明'晋府'收藏诸印，系大观初拓本，'真澄心堂纸'、'李廷圭墨'所拓者，精采奕奕射人。周禹锡题纸背云：'研北杂志，翰林国史院，有世祖时所赐、贾似道没官书数千卷，金石刻，多宋渡江以前初本。此帖后有魏国公印，即其物也。'恒案：旁又有'何彬背造'四小字，乃贾氏装潢匠名。"

关于王柏，据《御定佩文斋书画谱》第八十九卷引《鲁斋集》所述："王柏《淳化帖记》云：……淳祐癸丑之夏，予偶得瘗碑尘败之帖两卷，人所不售者。细视之，真李廷珪墨打者也，精神体致，绝出前四本。手自装褫，分为四册，永为阁本之式。以予草茅下士，鲜后而得中原盛时难得之帖，亦大过分矣。而敢望其全乎？惟其不全，故予得而宝之。锡山尤公有云凤皇一毛，麒麟一甲，终是希世之宝，况已得十分之二邪。"

关于李谨，据《佩文斋书画谱》卷八十一引录宋周必大《平园集》云："右阁立李画列帝图，凡十三人。嘉祐名□杨之美哀藏之。后入吴开内翰家。吴氏子孙今寓赣，贫质诸市，过期不能赎。予兄子中为守，用钱二十万鬻以相示。初展视而断烂不可触，亟以四万钱付工李谨葺治，乃可观。……盖淳熙十五年正月二日也。"《中国书画装裱大全》误作清人。

关于赵孟林，王澍《竹云题跋》卷一录："宋游丞相藏兰亭三种。此三种南宋游丞相所藏，丞相名侣字景仁，藏兰亭凡百种。余在京师时曾见二十余种，此其三也。一摹定武，一摹褚本，一集兰亭字。每卷前后各以杂色笺装之，上有'晋府'大小印记，盖有明时曾入晋府者。其'赵氏孟林印'则，当时装潢欤也。"又，金农《冬心先生随笔》记有："冷谦吴山图小立幅，为予所藏。予得之金陵王谢子弟。……惜名纸百破，当觅好手若宋之赵孟林重装之"。而《中国书画装裱大全》误将"宋之赵孟林"释作清代"宋之"、"赵孟林"两人。

（四）元代的装潢家

元代的装潢家，王以昆先生录有：周公瑾、陶南村、曹观、孙子元、郭威、王芝等仅6人。

关于王芝，据元王士点、商企翁编撰《秘书志》卷第三记："大德五年八月初六日，秘书监据知书画支分裱褙人王芝……"

关于曹观，按，《石渠宝笈》卷二十九有记："唐吴彩鸾书唐韵一卷（上等宙一），前隔水有'洪武叁拾壹年肆月初九日重装十三字'，又'裱褙匠曹观'五字押缝。"据此可知曹观为元末明初时人。

关于陶南村，尚未找到其装潢的确切记载，其名陶宗仪，字九成，号南村，元末明初浙江黄岩（一作天台）人，后居住在松江。因著有《南村辍耕录》而以字行。《南村辍耕录》于"书画褾轴"列有独立条目，而且叙述十分专业，应是懂得装潢之人。《中国书画装裱大全》误记《赏延素心录》有载。

至于周公瑾、孙子元、郭威，则缺考。

元代的装潢家除了王以昆先生所列者外，通过检阅文献，尚可以增补的部分，计有：焦庆安、陆德祥、冯斌、尤诚、赵德秀、张柏松、连平山上人、赵祥等共八人。

关于焦庆安，据元王士点撰《秘书监志》卷六"至元十四年二月，裱褙匠焦庆安计料到裱褙书籍物色"条记："至元二十一年二月二十九日照得：至元十四年正月二十二日，内里鄂尔多里有时分博啰官人、张左丞、赵侍郎钦奉圣旨秘书监里有损坏了底书画，都撇掠的好者。钦此，具呈照详去后准中书工部，关就令大都路差裱褙匠焦庆安前来本监，将所有书籍图画，个个损坏、大小不等、相滚计料，合用物料开坐具呈。"

关于王芝、陆德祥、冯斌、尤诚、赵德秀、张柏松，据《秘书志》卷第三记："大德五年八月初六日，秘书监据知书画支分裱褙人王芝呈，近蒙都省钦奉圣旨：裱褙书画，差官前到杭州取发芝并匠人陆德祥等共五名，驰驿前来秘书监裱褙书画勾当。所据芝等夏衣已蒙关支，所有冬衣，合行开坐具呈。乞阳依例放支。总计五名，知书画支分裱褙人一名：王芝；裱褙匠三名：陆德祥、冯斌、尤诚。接手从人一名：陈德。至元二十一年十月十三日，秘书监据本监管勾董济呈，本监裱褙人匠赵德秀等除已支夏季四月至闰六月盐粮外，有秋季六月至九月合支盐粮数目开坐具呈。得此，关户部依例放支。一总白米二石四斗白面一百二十斤，钞一十两。赵德秀，每月白米三斗，白面一十五斤，钞一两五钱。四个月总该米一石二斗，白面六十斤，钞六两。张柏松，每月白米三斗，白面一十五斤，钞一两五钱。四个月计该白米一石二斗，白面六十斤，钞六两。"

关于赵德秀，《秘书志》卷第四记："大德二年五月初五日，据著作郎呈，依上编类到云南等处图志，通计五十八册，未曾装褙。就唤到裱褙匠赵德秀等，计料到合用物料，开坐呈乞照详，移准中书兵部关呈，奉都堂钧旨：连送兵部，行移工部，比料实用数目无差，就行合属，依例应付。"

关于连平山上人，元许有壬《至正集》卷二十七"赠浏阳连平山上人"诗云："平山山下连浮图，长日空门力有余。却是墨名儒者行，肯来装缉我家书。"附注"其人工装潢。"

关于赵祥，元欧阳玄《圭斋文集》卷四"赠赵祥表褙"诗云："浚仪公子今几叶，装池装潢以为业。道傍苍玦犹一惜，池底玄灰信多劫。铺张幸及时黼藻，流落还同故书箧。魏武子孙曹霸马，唐家宗室滕王蝶。淳化石本墨模糊，宣和印章红折迭。鱼鳞已是善排比，鹭尾犹况工剪贴。但持绝艺动缙绅，勿向同侪论谱牒。艺文旧监惭潦倒，翰墨当时勤涉猎。心期知子价千金，只恨无才写蒲箑。"

（五）明代的装潢家

明代的装潢家，王以昆先生仅录有：盛叔彰、汤杰、汤翰、凌偃、强百川、强善庆、庄希叔、王辰、梁思伯、夊叟、孙鸣岐、虞猗兰、朱启明等13人。

关于盛叔彰，据明朱谋垔《画史会要》卷四记："盛著字叔彰，嘉兴人。懋之侄也。能全补图画，运笔着色与古不殊。洪武中供事内府，高帝异之，著《盛叔彰全画记》"又，明姚士观等编校《明太祖文集》卷十四之《盛叔彰全画记》："朕观世有万物，若易者至易而不难，难者至难而不易。吾尝谓定矣。一日入装背所，背者以数器足五色于前，疑其事而怀之。少间，遥见背生盛叔彰者，挥毫于古图之上，于心恶之，将以为今古人异艺，况此图历代祕藏之物，物皆上品，安得而轻着笔耶？于是特趋而俯视，见古画一卷，名曰：上品。于中山濒水废，间有存者，极其神妙，令人美玩。甚恨不全，何期盛叔彰运笔同前，色如初着，故曰：全画，是难得也。试问斯人彼以全画为妙，除此外，更何？曰：他无能，而亦颇画山水。曰：彼图既成，鬻之于市，人有买者乎？曰：近年以来缺。曰：非也，乃世乱方定，人各措衣食而不暇尔。当笃其志而务斯，他日买者如流之趋下，可衣食终身，毋中道而废。嘱焉。"

关于汤杰，《秘殿珠林》卷十六记："元赵孟𫖯书道德经一卷（上等洪四）。……又跋云：'赵承旨书道德经，余尝见三本，皆真迹。一在王箕泉太守家；一在黄懋父处，后归项子京；一在朱太傅家，乃宜兴洑溪徐文靖公物，即此本也。昔在燕都，与文博士寿承在太傅绿荫亭品隲法书，余谓王本萧疏，项本古遫，兼而有之当在此本。太傅及寿承谓余言良是。今不知何缘流落于此。王谢堂前乌衣鸟，飞入民家盖千古。已然矣。隆庆改元三月上已，太原王穉登谨书。'跋后有'苍岩子'、'蕉林居士'二印。又有'万历五年秋八月，吴郡汤杰重装于乐志堂中'十八字。笺高七寸五分，广一丈四尺八寸三分。"又，《石渠宝笈》卷十三记："宋米芾苕溪诗一卷（上等盈一）。……最后项元汴记云：'宋米元章苕溪诗帖，友仁子跋，李东阳识，墨林项元汴真赏。明嘉靖四十三年春装池，购于陆冢宰家。'又，独字小号又记云：'嘉靖庚戌秋闰月廿日，少林汤杰装池于石翁山馆记耳。'卷高九寸五分，广五尺八寸三分。御笔题签，签上有'乾隆宸翰'、'内府书画之宝'二玺。"

关于汤翰，明郁逢庆编《书画题跋记》卷八记："《宋徽庙雪江归棹图》吴郡王世懋敬美甫：'朱太保绝重此卷，以古锦为标，羊脂玉为签，两鱼胆青为轴，宋刻丝龙衮为引首。延吴人汤翰装潢……'"

关于凌偃，明郭宗昌撰《金石史》卷一之《释怀仁集王书圣教序》条云："此拓为季安氏家藏百余年前物也，虽经断缺，锋铩犹存。今关中得数十年前者，如获半璧，补其阙断，辄冒连城。俗眼视此，反为揶揄，周鼎康瓠，能不于邑。特命家童凌偃依松谈阁式装潢，归之季安，其善宝之，勿视肉眼。"

关于庄希叔，明周嘉胄《装潢志·记旧》云："吴人庄希叔，侨寓白门，以装潢擅名，颉颃汤、强，一时称绝。其人慷慨慕义，诚笃尚友，士绅乐与之游，咸为推挽之。然以技自讳，不妄狗俗，间应知己之请，谬赏余为知鉴，所祈弗恡，往余之吴门，携希叔之制，示诸装潢家，希其仿佛效为之，皆啧啧钦服，谓非希叔不能也。信芳草晴川之句在，孰能续为黄鹤之题乎？"又，明方以智撰《物理小识》卷八"装潢法"云："吴中汤强为精，强氏常住王弇州园，今顾元方称庄希叔颉颃汤强。周江左尝记之。"王士祯《池北偶谈》卷十七"一技"称："江宁扇则伊莘野、仰侍川。装潢书画则庄希叔，皆知名海内。"

关于梁思伯，明何良俊著《四友斋丛说》卷之二十八记："余尝见梁思伯箧中有王摩诘演教图。此是王府中物，托其装潢，故携以自随。是设色者。人物、山水无不臻妙。"

关于殳叟，周二学《赏延素心录》记丁敬曾云："……慨天明越远，楮素心之朽糜越深。求装潢好手如汤翰、凌倛、殳叟者已渺不可得，况李仙舟、张龙树、姚明、陈子常其人者耶？"

关于强百川，尚未找到其装潢的确切记载。据《客座赘语》卷八载："张择端《清明上河图》，旧云在南京一质库，后入魏公家，或云在王守溪相公公子处。嘉靖中，一贵人以重价购送严世蕃者，乃时人昆山王彪从王公子处私临本也。世蕃喜甚，装潢人汤姓，号北川者，索赂不得，指言其伪。世蕃大怒，卒以陷贵人云。"不知汤北川是否强百川之音误。又，明唐志契《绘事微言》下卷记："强二水云：古画非脱落不堪用，不须褙裱，盖经一次褙裱，失一次精神。亦不必重洗，亦不可剪裁过多。一恐失神，一恐后日难再裱也。"尚不知此强二水与强百川有否关系，亦并记于此。

关于强善庆，文献缺考。但见明张丑《真迹日录》卷一记："季宗元蓄唐摹王右军周大娭帖，乃开元五年十一月，陪戎副尉张善庆装。"（按，不知是否因出自明代文献，而误以"张善庆"为"强善庆"？待考。）

关于孙鸣岐，都穆《寓意编》记有："裱褙孙生家，有人寄卖三官像三幅，每下轴有大方印曰'姑苏曹迪'。孙尝求鉴于石田翁，翁云：此李嵩笔。曹氏盖收藏者。"不知此说的裱褙孙生是否孙鸣岐。

虞猗兰、朱启明暂失考。

其实，明代的装潢队伍颇为壮大，即使不算民间汤、强、庄氏之流，就《明会典》卷一百五十四所记录下的官方"表褙匠"，就曾达到"三百一十二名"之数，如果加上民间裱画店的数字，将相当可观。只可惜其中绝大多数人的名字被忽略，被记录下来的，大都又是仅记其姓氏或别号，至今不可确考，不得不说是一件憾事。经反复检索，在王以昆先生的基础上，仍发现如下这些装潢家：窦瑄、林侗、汤玉林、陆象玄、汤臣（或汤勤、或汤曰忠）、赵峋、文徵明、安世凤、孙以忠、邵瀚（百川）、汤二、项孟璜、殷奉、顾元方等。

关于窦瑄，《明史·列传第一九二》卷三〇四·宦官一记："《通鉴纂要》成，瑾诬诸翰林纂修官誊写不谨，皆被谴，而命文华殿书办官张骏等改誊，超拜官秩，骏由光禄卿擢礼部尚书，他授京卿者数人，装潢匠役悉授官。"又，《明武宗毅皇帝实录》卷之三十二记："癸亥，升文华殿书办等官张骏等，有差骏由光禄寺卿升礼部尚书，周惠畴由尚宝司丞升光禄寺卿，杨立由大理评事升太仆寺卿，高岱仝泰由评事升鸿胪寺左少卿，华英由鸿胪寺丞升光禄寺少卿，纪世梁、朱天麟由中书舍人升太常寺寺丞，高荣由中书舍人升尚宝司丞，王杲等十一人由序班升中书舍人，黄玺等三人由书办官升序班。

先是通鉴纂要成，刘瑾欲裁抑纂修官以誊写不谨，得遣命右少监陶锦提调骏等改誊。至是骏等誊毕进呈，乃皆超进官秩，装潢匠役窦瑁等七人亦陞文思院副使，若张晖之升光禄少卿，儒上姚珑之授序班，又不在誊写之列。瑾之专恣如此。"

关于林侗，《来斋金石刻考略》朱书原序记："《来斋金石刻考畧》若干卷，吾友闽中林于野侗所集录也。……于野之得是书也，凡远游必携良工楮墨，以从亲为摹拓，其披榛缒险，盖有田夫牧竖所不能，至而奋往不顾者。及归箧笥，即手为装潢，护以名木，又若宝玉不足为贵，轩冕不足为荣，而惟此之珍惜焉。……"又，《来斋金石刻考畧》卷中林侗自记："太宗御书屏风铭（贞观十四年四月二十二日）在余杭县官廨，丙午春，予在燕京于报国寺集场见唐太宗屏风铭帖，索重价不能得。庚戌初夏，与友人陈成之士芳夜坐斋中，论太宗以神武定天下，而六书八法精妙，乃尔非天纵，安能若此。因忆屏风帖，殊觉怅然。成之谓乡学究巾笥中有此纸，不知贵重。因以兔园册易之。对坐补缀，手自装潢，迄今不觉三十年。里人有为余杭令者，知此石在廨中，因首行石缺，名为截角碑，连得二纸。欧阳公云：物常聚于所好，非耶，若太宗所书文德皇后碑、魏郑公碑、与温泉宫碑皆亡久矣，则此帖其可不贵重乎？"

关于汤玉林、陆象玄，明汪砢玉《珊瑚网》卷三十三记："余弄鸠车时，家甫得陆天游画，上题云：'溪山清眺，陆广为文伯作。'时父执吴功甫尝过吾家凝霞阁，极鉴赏此幅，然惜其非全璧也。至甲寅秋，高友明水见之，以天然花影枲几相易。迨己未春，润州缪杞亭持二画来，适董元宰先生过访，展阅间咤之曰：'何一轴而离为二也？'余相较曰：'何二幅而一，为余家物也。'杞亭云为文伯作者，得之此地高氏；欵天游生者，得之苕上闵氏。初不知其相合也。即举以归余。元宰遂索纸题之。玄宰又云天游生欵是原笔也。而装潢者汤玉林、陆象玄在舍，即揭投水池，前欵便洗去，后欵揉素至碎，字迹终不脱。于此征太史善鉴，并忆昔年功甫之论不谬也。若画中层峦叠嶂，殿宇楼台，出没烟云间。溪桥横亘，其下草树瀜郁掩映。其凭高者，有振衣千仞之上；其入林者，有平岩物外之趣。回视各半，时残山剩水，作缺陷世界者，忽得女娲氏补之，顿成中央大庭之天矣。后之人宜世守勿失，庶留此一段嘉话。秀水汪砢玉乐卿甫识于漱六斋。"

关于汤臣（或汤勤、或汤曰忠），明沈德符《万历野获编·补遗》卷二记"伪画致祸"云："严分宜势炽时，以诸珍宝盈溢，遂及书画骨董雅事。时鄢懋卿以总鹾使江淮，胡宗宪、赵文华以督兵使吴越，各承奉意旨，搜取古玩不遗余力。时传闻有《清明上河图》手卷，宋张择端画，在故相王文恪胄君家，其家巨万，难以阿堵动，乃托苏人汤臣者往图之。汤以善装潢知名，客严门下，亦与娄江王思质中丞往还，乃说王购之。王时镇蓟门，即命汤善价求市，既不可得，遂属苏人黄彪摹真本应命，黄亦画家高手也。严氏既得此卷，珍为异宝，用以为诸画压卷，置酒会诸贵人赏玩之。有妒王中丞者知其事直发为赝本，严世蕃大惭怒，顿恨中丞，谓有意给之，祸本自此成。或云即汤姓怨弇州伯仲，自露始末，不知然否？以文房清玩致起大狱，严氏之罪固当诛，但张择端者，南渡画苑中人，与萧照、刘松年辈比肩，何以声价陡重，且为祟如此？今《上河图》临本最多，予所见亦有数卷，其真迹不知落谁氏。当高宗南渡，追忆汴京繁盛，命诸工各想像旧游为图，不止择端一人，即如《瑞应图》，绘高宗出使河北脱难中兴诸景，亦非止一人，今所传者惟萧照耳。然照笔亦数卷，予皆见之。"同是叙述此一件事，《烟屿楼笔记》卷四注释作："潢匠之名，《野获编》作苏州汤臣。《秋雨庵随笔》作汤勤。《云自在堪笔记》作汤曰忠。延陵郡人传闻异辞，故详记之。"

关于赵崡，《陇蜀余闻》记："赵崡字子函，一字屏国。盩厔人。万历己酉举人。家有傲山楼，藏书万卷。所居近周、秦、汉、唐故都，古金石名书多在。时跨一驴，挂偏提，拓工挟楮墨以从。每遇片石阙文，必坐卧其下，手剔苔藓，椎拓装潢。援据考证，略仿欧阳公、赵明诚、洪丞相三家，名曰石墨镌华。自谓穷三十年之力，多都元敬、杨用修所未见也。"

关于文徵明，汪砢玉《珊瑚网》卷二十记："《九成宫》即隋之仁寿宫，唐文皇避暑宫中，乏水，以杖琢地得水而甘。勅魏征撰文，率更令欧阳询书之。《书断》谓率更正书出大令，森森焉若武库矛戟。虞伯施称其不择纸笔，皆能如意。高丽亦知爱重，遣使请之。其名大如此。弇州谓信本书太伤瘦俭，独醴泉铭遒劲，之中不失婉润，尤为合作。眉公以此帖如深山至人瘦硬清寒，而神气完腴。能令王公屈膝，非他刻可方驾也。余未坠地时，家甫得之于项氏，其间缺字，为文征仲所补、装潢。又得文氏善工，尤足爱也。砢玉。"又，《江南通志》卷一百六十八记："金琮，字符玉，自号赤松山农。遐，啸清视人莫能窥。书法精工，文征明装潢成帙，题曰'积玉'。"

关于安世凤，嘉兴李光暎《金石文考略》卷六引述明安世凤《墨林快事》云："此碑已久坏，下大半皆漫灭不可读。市儿取其存者而重刻之，约得四百余字。余初见之惊喜，求全本三十余年不可得。后得一本，乃工已截去坏字，亦只仅五百余字而已，予深为惋惜。最末，始得此纸，乃未装者。数之有八百廿余字，锋芒转折，精神宛在。余遂手为装潢，每行约有廿有三四字，各自为起竟，使一览而知其所缺为何等文义，可以遥度而联属之。即缺，亦足为完想。大抵字与九成宫虽相埒，而此更潇洒、雍容，其玲珑秀润，不可以言语形容。率更面目，千古如对，信古刻之不可及。而装潢之不可苟也，因述其求之之艰，示后之人焉。"

关于孙以忠，李默《孤树哀谈》卷六引明沈周《客座新闻》云："孙以忠，苏之长洲人。世业装潢。翁性诚，悃木质，不习伪诞。一日，有郡吏管佑醉至其家，遗所囊金百两而去，翁与妻龚葳之以挨已。而管仓皇来迎，谓曰：'得无亡金乎？'即持还之，管有分谢翁。曰：'若利此还，非本意也。'所酬一不受。今翁八十四，龚年九十，子孙满前，叠见四世，岂天阴骘之报乎？"

关于邵瀚，据明李日华《味水轩日记》卷二记："（十二月）四日稍，和同亨儿过高如晦村斋，出观米书大天马赋，字径三寸，雄逸震荡，笔无定姿。大略妍媚则飘褵之腴沉，峑则峥颜之骨，而一出一入，法度森然，则山阴父子的派也。余所见米迹未有杰思逾此者。本余亡友吴公甫物，如晦以百余金购得之。即装潢，亦出邵百川瀚手。相传分宜相没官物，黄方伯与参得之，转手公甫者。"

关于汤二，李日华《味水轩日记》卷三记："……是日，装潢人汤二引一客持物至寓，有郭忠恕寒林楼阁图一卷，袁清容跋；仇英明皇训子图一卷；唐伯虎桂丛仕女；高房山春山晓雾；碧玉冠导一；古印章铜玉各一。"

关于项孟璜，李日华《味水轩日记》卷七记："六日，偶过项孟璜，值其装潢卷轴。得观梁令瓒五星二十八宿真形图、陈喜雪竹鹌鹑、李营邱松泉游旅、米南宫钱塘春眺。……"

关于殷奉，沈周《客座新闻》卷十记："逆子果报。殷奉，南京人，以装潢为艺。其父挟于苏、常大家往来，得钱回纵其花费，因爱而生逆。……"

关于顾元方，明周嘉胄《装潢志》记："又，吴中多藏赏之家，惟顾元方笃于装潢。向荷把臂入林，相与剖析精微，彼此酬畅。……"

（六）清代的装潢家

清代的装潢名手，王以昆先生录有：秦长年、张玉端、沈迫文、徐名扬、戴会昌、张子元、方塘、吴文玉、叶御夫、王凤州、顾生勤、王子慎、岳子宜等13人。

关于秦长年、徐名扬、戴会昌、张子元，据《履园丛话》十二"艺能·装潢"，记："装潢以本朝为第一，各省之中以苏工为第一。然而虽有好手，亦要取料净，运帚匀，用浆宿，工夫深，方称善也。乾隆中，高宗深于赏鉴，凡海内得宋、元、明人书画者，必使苏工装潢。其时海内收藏家有毕秋帆尚书、陈望之中丞、吴杜村观察为之提奖，故秦长年、徐名扬、张子元、戴汇昌诸工，皆名噪一时。今书画久不行，不过好事士大夫家略有所藏，亦不精究装法，故工于此者日渐日少矣。"

关于吴文玉，据《浪迹续谈》卷六："按，汤臣即汤裱褙，今苏州装潢店尚是其后人，闻乾隆间，尚有汤某者精于此艺。余初至苏时，则群推吴文玉者为绝技，余所得字画颇佳者，皆以付吴，其工值不论赀，而装成自然精绝；继至，则吴文玉已物故，有子继其业，虽一蟹不及一蟹，然究系家传，海内殆无第二家矣。"又，庞元济《虚斋名画续录》卷十五记："金农山水人物册"上钤有"吴文玉装"朱文印。

关于叶御夫，据《扬州画舫录》卷九记："吴县叶御夫装潢店在董子祠旁。御夫得唐熟纸法。旧画绢地虽极损至千百片，一入叶手，遂为完物。然性孤直，慎结纳，不以技轻许人。"

关于王子慎，据吴其贞《书画记》卷五记："苏汉臣击乐图，绢画，镜面一页。气色尚佳，画一人满身皆乐，右手挈三鼓，左手执竹笈，有两婴儿并肩观其击乐。不甚工致，用笔则遒劲。以上三图得苏城王子慎家，子慎为名裱褙，又能仿宣城窑器。时庚戌十月廿八日。"

关于岳子宜，据吴其贞《书画记》卷六记："钱舜举戏婴图，纸画一卷。气色尚佳，画法精媚。题七言绝句一首，识六字曰：吴兴钱选舜举。卷后有当仗林伯恭等四人题咏。此卷购于嘉兴岳子宜手。子宜老裱褙，为嘉兴看书画得数者。时则观戏龙图日。"

关于方塘，据蒋宝龄《墨林今话》记："方塘，号半亩，长洲（今江苏苏州）人。以装潢为业。人颇雅饬，喜画兰，清逸无俗韵。其所制素册有'竹意斋'印，宜于画，远近争购之。"（《中国美术家人名辞典》将其定为明人。）

张玉端、沈迫文、王凤州、顾生勤，皆无考。

惟见陆时化《吴越所见书画录》卷六"又王石谷仿江贯道天台采芝、李希古江渚秋晴图卷"条自注记："采芝图，宣德纸。水墨。长八尺四寸三分。每缝有'王翚私印'缝印。秋晴图，绢本，设色。长三尺八寸四分。无缝。高皆七寸四分。本是二卷，维扬友人行箧中物，后与余商酌，合为一卷，张玉瑞重装成。余为题其尾。"想"张玉端"信是"张玉瑞"笔误。

再有，见盛大士《溪山卧游录》卷三记："又云书画不遇名手装池，虽破烂不堪，且包好，藏之匣中。不可压以他物，不可性急而付拙工。性急而付拙工，是灭其迹也，拙工谓之杀画刽子手。今吴中张玉瑞之治破纸本，沈迎文之治破绢本，实超前绝后之技，为名贤之功臣。"如同前述，"张玉端"是"张玉瑞"的笔误，那么，在此的"沈迫文"当是"沈迎文"之笔误。

又，据周亮工《曝书亭集》卷二十一录有"题装潢顾生（勤）卷二首"，其一，"梅边亭子竹边风，添种梁园一捻红。不独装池称绝艺，画图兼似虎头工。"其二，"过眼烟云记未曾，香厨争借理签縢。残山剩水成完幅，想象张龙树不能。"知"顾生勤"乃是"顾勤"之误。

除王以昆先生所录者外，文献中尚可寻出如下装潢者的名字：刘峨、刘振、王澍、徐春、程南村、王际之、张黄美、顾子东、顾千一、陈柏、郑墨香、黄德昌、王蟠等。

关于刘峨、刘振，《清实录·乾隆》卷之一千七十一记："谕军机大臣曰郑大进奏：据祥符县知县杨暨，访获县民刘峨裱褙铺内刷卖圣讳实录一书，刊有庙讳御名。各依本字正体写刻，殊属不法。讯据刘峨、及买板之李伯行等，仅供称乾隆二十年间，马均璧将书板四块，书签一条，向刘峨之祖刘振当钱六百文。后因马均璧病故，积欠工银，即将书板抵给。其买自何人，实不知情。惟阅书内有得于江右藩幕之语。似其书即起于江右。而著书姓名、及刊刻月日，并未开载。……"悉知刘振是刘峨之祖，刘氏为祥符县装裱世家。

关于王澍，在王澍《竹云题跋》卷二中，"瘗鹤铭考"记有："此铭旧在焦山下崖江流乱石间，非俟霜降水涸，布席仰卧即不可拓。故人间难得。近日沧洲使君拽致山上拓之为易。然正恐自此以后无鹤铭矣。沧洲为功于鹤铭甚大，其为害于鹤铭亦复不小。余恐其非久即毁，以雍正六年秋七月，特遣从事孙龙往焦山拓一本，并沧洲新刻石亦拓以来，行将手自装界，书跋于后，以垂永久。……"

关于徐春，倪涛《六艺之一录·续编》卷一"商父己敦铭□"记："父己敦一，上圆下方，崇一尺五寸，唇广四尺，底二尺八寸，腹受五升，周五尺四寸。……徐春观扵王公子士骏书斋，椎拓而还，装界于册。"

关于程南村，张廷济《桂馨堂集·顺安诗草卷二》"河蚬汤"诗序记："甲戌夏旱，米价腾贵。乙亥春，石钱半万。正月十六，余以输粮到郡，过项氏孝友堂装潢匠程南村老友寓中款语，程曰：老米饭、河蚬汤，可一下箸乎？余曰：可。因赠以诗。今闻南村物故，其家贫甚，寄以米二斗，并书此诗，事以志生死之感。"（诗略）

关于王际之，清吴其贞《书画记》卷四《张栲察楷书杜诗一首》记作："书法苍秀，纸墨俱佳。以上书画九十八则在吴门，观于北京王际之寓。系得于嘉兴高、李、姚、曹四家，夫四家收藏前后已及百年，今一旦随际之北去，岂地运使然耶？是日所见未登记者：米元章乐圃先生墓志、倪云林、赵松雪书画真迹。际之善裱褙，为京师名手。又能鉴辨书画真伪，盖善裱者由其能知纸纨、丹墨、新旧，而物之真赝已过半百矣。若夫究心书画，能知各人笔性，各代风气，参合推察，百不差一。此为际之为能也。然只善看宋人，不善看元人；善看纨素，不善看纸上，此又其短耳。时庚子四月十一日。"

关于张黄美，清吴其贞《书画记》卷四《赵松雪写生水草鸳鸯图，纸画一小幅》记："高有尺余，画法纵逸，气韵高简，盖得天趣，为逸品上。画识十有一字，曰：至大三年九月，写生于沤窟。用'赵氏子昂'图书。上有朱荣扬彝题咏。诗堂上有杨铁崖题咏。此图观于扬州张黄美裱室。黄美善于裱褙，幼为通判王公装潢书画，目力日隆。近日游艺都门，得遇大司农梁公见爱，便为佳士。时戊申季冬六日。"

关于顾子东、顾千一，清吴其贞《书画记》卷六《李伯时三贤图纸画一卷》记："画在澄心堂纸上。画法草草，颇得意趣，却非李画，大抵宋人仿伯时画最多。卷后郓王题。以上三图观于苏人顾千一手。千一，顾子东之子，父子皆能裱褙，时辛亥十一月二十日。"

关于陈柏，徐康《前尘梦影录》卷上记："老友陈柏君大令，酷嗜古本类帖，而不喜碑。其手能装池，有米老之风……"

关于郑墨香，周二学《赏延素心录》记："装潢郑墨香云：'糊帛新则硬涩，旧则脆脱，利用在不新不旧之间。'说颇切理，附入，以备艺林采取。"

关于黄德昌，王培荀《乡园忆旧录》卷一记："长山黄德昌，字心逸，作八分字画如铁，获其片幅，珍如拱璧。尤喜揭裱。所裱长卷，任开一段，两端从不折卷。同时张卯君善图章，新城王石丈善画，称为三绝。"

关于王蟠，《中国美术家人名辞典》引《退谷丛书》记："王蟠，字鹤洲，吴（今江苏苏州）人。精装潢，举世无出其右。早年游于衍圣公及梁真定相国之门，缩减古玩甚多，兼得其绪论，以此善鉴别。于装潢书画之外，尤长制诸器物。如笔筒、香盒、香盘、炉垫、棋奁、图章匣之类，款式工雅。晚岁侨居南京，不复能自制，多出于儿孙、妇女之手。法虽亲授，终难得其三昧。"

王以昆先生原本就是一位装裱书画的行家里手，在其《书画装潢沿革考》一书的前言中就自述到："笔者早年曾在北京琉璃厂玉池山房从事书画装潢业达三十年"。通过与书画作品的长期接触，并有心于对其研究，积累了丰富的鉴定经验，以致新中国成立后被聘请"到故宫博物院负责书画鉴定、保护"的工作。著名书画鉴定家刘九庵先生早年也曾有过相似的经历。在感受王、刘二家切身事例的同时，自然会引发我们联想到历代的装潢家，他们不仅能以一技名世，兼且能诗、能书（画）、能鉴、能著述，这与名士又何逊之有？所以，王以昆先生想到要记忆他们，无意中增添了艺术史和工艺史的研究内容，其善大焉。受王先生所导，就此仅缀小文加以添补而已，内中必然仍有许多遗漏、不当、甚至是失误的地方，望行家指正。

粤东书画鉴藏和"青藤白阳"

朱万章（广东省博物馆）

　　清代道光以降，随着广东商业贸易的繁荣与文化的兴盛，书画收藏盛极一时，涌现出诸如潘有为、温汝适、吴荣光、谢兰生、孔继勋、潘正亨、罗文俊、潘正炜、潘正衡、韩荣光、孔广陶、罗天池、叶梦龙、何昆玉、何瑗玉、伍元蕙、梁廷枏、梁九章、叶应旸、梁振芳、张岳崧、康有为、谭敬、梁于渭、李启隆、颜世清、谭观成、叶恭绰、容庚等著名书画鉴藏家。正如近人冼玉清所言："吾粤鉴藏之风，嘉道后始盛，大抵游宦京沪者，受彼都风雅之影响，始事蓄聚。吴氏筠清馆倡之于前，潘氏听飒楼、叶氏风满楼、孔氏岳雪楼继之于后。留传着录，彰彰在人。以后激流扬波，此风益炽"[①]。他们广收宋元以来之书画名迹，在清至近代以来的书画收藏史上留下浓墨重彩的一笔，成为这一时期中国书画收藏的一个缩影。在现存的很多书画名迹和过往的文献资料中，不时可发现其雪泥鸿爪。

　　对于"青藤白阳"，因其独树一帜的画风与二人在画学、书学、文学上的造诣，一直是粤东书画鉴藏家所关注和追捧的对象。在一些书画著录书或"青藤白阳"的传世书画中，我们可以深刻地感受到这一点。本文试图通过对各大博物馆及部分私人所藏"青藤白阳"作品的考释及其相关文献的钩沉，梳理粤东书画鉴藏家对于"青藤白阳"作品的鉴藏过程及其对"青藤白阳"的评论，由此透析"青藤白阳"在清代书画鉴藏中的地位及其对广东书画的影响，从而揭示"青藤白阳"在清代以来的美术鉴藏史上的意义。

一、文献所示粤东藏家著录"青藤白阳"

　　大量文献资料显示，粤东书画鉴藏家曾有过鉴藏"青藤白阳"的辉煌。在近人福开森《历代著录画目》[②]和今人庄申《从白纸到白银：清末广东书画创作与收藏史》[③]中，可以看出此点。笔者以此两书所搜资料为基础，并参以清代至近代以来粤人著作如谢兰生《常惺惺斋书画题跋》、叶梦龙《风满楼书画录》、叶恭绰《矩园余墨》、容庚

《颂斋书画小记》等，分别整理文献中之粤东藏家鉴藏"青藤白阳"作品如次：

（一）潘正炜与《听飒楼书画记》

潘正炜（1791～1850年），原名绍光，字季彤，清代广东十三行行商之一（同孚行），广东番禺人，富藏古籍、书画、金石、碑帖等，同时也擅长书法，其书画辑为《听飒楼书画记》和《听飒楼续书画记》。前者为道光二十三年（1843年）自刻刊本，后者为道光二十九年（1849年）刊本。前者五卷，后者二卷，其体例据潘氏自言乃采自吴荣光《辛丑消夏记》[④]。两书后来均收入邓实、黄宾虹所编之《美术丛书》和卢辅圣主编之《中国书画全书》中。书中以所藏精品为主，也收入了部分其他藏家之珍品，其中不少作品流传有绪，今天尚能见其踪迹。

潘正炜所藏书画常钤印有"季彤"（朱文正方印和长方印）、"正炜"（朱文方印和白文长方印）、"季彤曾观"（白文正方印）、"听飒楼藏"（白文正方印和朱文正方印）、"潘正炜印"（白文正方印）、"季彤审定"（朱文正方印）、"季彤秘玩"（朱文正方印）、"季彤心赏"（白文正方印）、"季彤平生真赏"（白文正方印）、"季彤鉴定珍藏"（朱文长方印）、"听飒楼书画印"（朱文正方印和白文正方印）、"潘季彤鉴赏章"（朱文正方印）、"潘氏季彤珍藏"（朱文正方印和白文方印）、"潘氏听飒楼藏"（朱文长方印）、"番禺潘氏望琼仙馆藏"（白文正方印）、"季子所藏"（朱文椭圆印）、"季彤鉴定珍藏"（朱文长方印）和"季彤秘玩"（朱文长方印）[⑤]等。在其《听飒楼书画记》和《听飒楼续书画记》中，著录"青藤白阳"作品有以下十组：

1. 明陈白阳花卉诗卷

著录于《听飒楼书画记》卷二。纸本，高七寸二分，长一丈五尺六分，共计十段，每段均绘一种相对独立的题材，并缀以小诗：

第一段《墨梅》，题诗曰："庭中老梅树，雪后见花开。自笑不如梅，春风何日来"；

第二段《墨竹》，题诗曰："茅茨开竹里，清气何由降。落月复弄影，盈盈上西窗"；

第三段《墨兰》，题诗曰："楚畹兰芽苗，分来结好盟。茶杯轻渥处，觉有暗香生"；

第四段《墨菊》，题诗曰："野菊挂危岩，猗兰秀空谷，气味爱相似。允克破幽独"；

第五段《墨葵》，题诗曰："素艳倚秋风，向人浑欲语。春花莫相笑，丹心自能许"；

第六段《墨水仙》，题诗曰："低徊玉脸侧，小折翠裙长。不用熏兰麝，天生一段香"；

第七段《墨茶》，题诗曰："丹葩间碧叶，雪中自层叠。山人倚醉时，耐可映赭颊"；

第八段《翎毛》，题诗曰："小鸟出蓬蒿，林端修羽毛。卑栖已自足，何得去鸣皋"；

第九段《墨松》，题诗曰："古栝挂岩端，山灵护持久。风雨及时来，会见钱龙走"；

第十段《泛舟图》，题诗曰："江上雪疏疏，水寒鱼不食。试问轮竿翁，在兴宁在得"，

卷末作者题识："余留城南凡数日，雪中戏作墨花数种，忽有湖上之兴，乃以钓艇

续之，须知同归于幻耳。甲午冬，白阳山人书于小南园"⑥。

2. 明徐青藤诗卷

著录于《听骊楼书画记》卷二。纸本，高七寸四分，长七尺七寸五分，分别书《以小集恼云岳之箧且许见序奉寄一首》、《金先生过访奉谢》、《云岳君三十辰次韵奉寄》、《十八日雨用韵将呈一笑》、《近作数首附呈，七夕谢海门使君饷予陕中得牛字二首》、《东坡作虚飘飘三首予续一首》、《用韵寄答释者》等七首诗，款署"渭顿首书上云岳山长足下"⑦。

3. 明徐青藤墨荷轴

著录于《听骊楼书画记》卷二。纸本，高二尺五寸，阔七寸四分，题诗曰："荷花如妾叶如郎，画得花长叶也长。若使画莲能并蒂，不须重画两鸳鸯"，署"青藤道士"⑧。

4. 陈白阳花卉扇册

著录于《听骊楼书画记》卷三，共计十六幅：

第一幅《墨牡丹》（见彩版六），题识曰："天香飘远近，国色逞风流，道复"。

第二幅《红杏墨竹》，题识曰："道复"，另有黄姬水题诗曰："历乱偏撩眼，缤纷不辨蹊。徘徊且莫去，只恐再来迷"。

第三幅《墨菊葵花》，题识曰："道复"。

第四幅《红茶》，题识曰："花开春雪中，态较山茶小。老圃谓茶梅，命名端亦好。道复"。

第五幅《墨菊》，题识曰："道复为练溪先生作"。

第六幅《杏花春燕》，题识曰："杏花当雨湿，燕子逐风斜。一段江南景，幽人自念家。道复"。

第七幅《水仙竹石》，题识曰："道复戏作"，另有周天球题诗曰："江竹不胜翠，江花寒更香。美人江浦上，相望不能将"。

明·陈道复《水仙竹石图》扇面，纸本墨笔，16.3×51.7厘米，北京故官博物院藏

第八幅《墨葵》，题识曰："飒飒西风度墅庭，幽葩闲淡照人明。莫嫌不似春芳艳，输与丹心向日倾。道复"。

第九幅《月下海棠》，题识曰："道复"。

第十幅《水仙》，题识曰："道复"。

第十一幅《玫瑰》，题识曰："甲辰春日，白阳山人道复制"，另有桥山陆仪、罗浮山人、文溪韩墨、桂桥韩师愈、倚川吴彬、章焕等六人题诗。

第十二幅《墨菊》，题识曰："嘉靖壬寅秋日，白阳山人道复"。

第十三幅《海棠》，题识曰："道复"，另有周诗、黄寿丘、彭年、五岳山人省曾、文嘉、袁裦、袁褧等七人题诗。

第十四幅《墨牡丹》，题识曰："东风飘飘不绝吹，游蜂舞蝶相追随。名花嫣然媚晴画，深红浅白纷差池。高堂列筵散罗绮，珠帘掩映春无比。歌声贯耳酒如渑，醉向花前睡花里。人生行乐贵及时，光阴有限无淹期。花开花谢寻常事，宁使花神笑倚醉。乙未春日，白阳山人陈淳道复制并书近作"。

第十五幅《茉莉花》，题识曰："道复"。

第十六幅《梅竹》，题识曰："梅花随处好，村落更多情。如有茅檐月，应添几许春。道复"⑨。

5. 徐青藤草书扇面

著录于《听骊楼书画记》卷四。此为《集明人行草扇册》廿八幅中之第十二幅，书文曰："一坏苏小是耶非，绣口香腮烂舞衣。自古佳人难再得，从今比翼罢双飞。花边露眼啼痕似，松下同心结带稀。恨少癫狂如阮籍，欠将一哭恸衰迟。青藤道人"⑩。

6. 陈白阳书法扇面

著录于《听骊楼书画记》卷四。此为《集明人书画扇册》廿四幅中之第十一幅，书文曰："行歌入谷口，路尽无人跻。攀崖度绝壑，弄水寻回溪。云从石上起，客向花间迷。淹留未尽兴，日落群峰西。道复书。"⑪

7. 陈白阳山水扇面

著录于《听骊楼书画记》卷四。此为《集明人书画扇册》廿四幅中之第十二幅，书文曰："己亥春日，道复戏仿倪迂小景"，另有文嘉于万历丁丑（1577 年）题诗曰："雨余竹色明，风恬鸟声乐。睡起北窗凉，斜阳在高阁"⑫。

8. 陈白阳墨葵

著录于《听骊楼书画记》卷四。此为《集明人花鸟扇册》二十幅中之第五幅，书文曰："叶出裁青玉，花舒浴淡金。绝无脂粉状，偏有向阳心。吴门陈淳"⑬。

9. 徐青藤梅竹扇面

著录于《听骊楼书画记》卷四。此为《集明人花鸟扇册》二十幅中之第八幅，书文曰："罗浮仙子喷香风，万壑惊涛舞玉龙。君子同心坚岁晚，不随桃李逐春融。青藤道人"⑭。

10. 明徐青藤花果卷

著录于《听飐楼续刻书画记》卷下。纸本，高七寸六分，横九尺五寸二分，共分十段，分别是：

第一段《墨兰》，题识曰："醉抹醒涂总是春，百花枝上缀精神。自从画取湘兰后，更不闲题与别人。田水月"。

第二段《墨蟹》，题识曰："稻熟江村蟹正肥，霍螯如戟挺青泥。若教纸上翻身看，应见团团董卓脐。天池"。

第三段《水仙》，题识曰："画里看花不下楼，甜香已觉入清喉。无因摘向金陵去，短檝长丁送茗瓯。金罍"。

第四段《梅竹》，题识曰："太湖五尺石头新，勾勒寒梢已逼真。杏花虽是无情物，遮却腰枝怕见人。青藤道士"。

第五段《墨花》，题识曰："瑶桃千岁物，三窃怪东方。徐渭"。

第六段《石榴》，题识曰："五寸珊瑚珠一囊，秋风吟老海榴黄。宵来浊酒真无奈，唤取金刀剖玉浆。天池"。

第七段《荷花》，题识曰："镜湖八百里何长，中有荷花分外香。蝴蝶正愁飞不过，鸳鸯拍水自双双。金罍"。

第八段《墨菊》，题识曰："经旬不食侣蚕眠，更有何心问岁年。忽报街头糕五色，西风重九菊花天。徐渭"。

第九段《菩提》，题识曰："平生落魄已成翁，夜立书斋笑晚风，笔底明珠无处卖，闲抛闲掷野藤中。徐渭"。

第十段《梅蕉》，题识曰："冻烂芭蕉春一芽，隔墙自笑老梅花。世间好味虽兼得，吃尽鱼儿又拣虾。青藤道士"⑮。

（二）叶梦龙与《风满楼书画录》

叶梦龙（1775～1832年），字仲山，号云谷，尝服官农部，因称为"叶农部"，广东南海人，官至户部郎中。父叶廷勋喜藏书画，与文人黎简交善。叶梦龙有父风，平生亦广蓄金石、书画，并精鉴别，集有《风满楼书画录》、《贞隐园古篆法帖》、《友石斋集古帖》等，在清代广东刻帖史上享有很高的声誉⑯。

据考证，《风满楼书画录》仅见有稿本和抄本，稿本著录见于吴荣光《石云山人文集》卷四和同治刊本《南海县志》卷十《艺文略》⑰。笔者所见乃香港中文大学文物馆所藏以抄本为母本之影印本，原本收藏情况不详。种种迹象表明，《风满楼书画录》并无刊本。

叶梦龙所藏书画，大多流散至吴荣光、潘正炜、孔广陶等粤东藏家处，所以诸家所藏互有交叉。以"青藤白阳"作品论，则并无雷同。叶氏所藏之两家作品共计四件：

1. 陈白阳王雅宜合璧卷

著录于《风满楼书画录》卷一。据著录可知，陈书归去来辞一首，长四尺四寸，王书井屋洞等诗九首，长五尺六寸，皆高六寸五分，纸本，行草，各尽其妙。卷末款署曰"丁酉秋日白阳山人道复写此卷于静寄庵中"，钤印章曰"复父"和"白阳山人"[18]。

2. 陈白阳山水

著录于《风满楼书画录》卷四。纸本。高一尺九寸，阔七寸七分，署"云壑奇观，白阳山人道复写"，后有法若真题："顺治丙戌长夏，法若真题"，钤印曰："若真"[19]。

3. 白阳设色花卉

著录于《风满楼书画录》卷四。绢本，高四尺三寸，阔二尺三寸，作海棠碧桃二种，石下间似草花，下有"松陵朱柳塘珍藏印"，作者题识曰："东风吹暖遍园林，花柳争妍不自禁。蝶翅蜂须忙未了，莫教容易绿成阴。道复"，钤印曰"白阳山人"和"陈氏道复"[20]。

4. 徐天池水墨竹菊翎毛

著录于《风满楼书画录》卷四。纸本，高三尺二寸，阔一尺五寸，题识曰："晓起临轩扑面花，偶然涂菊湿淋鸦。凭谁卷向陶潜问，可似登州蜃气耶。天池山人"，钤印曰"田水月"和"天池"[21]。

（三）谢兰生与《常惺惺斋书画题跋》

谢兰生（1760～1831年），字佩士，号澧甫，又号里甫，别署理道人，广东南海麻奢人，寓广州素波巷。迭主粤秀、越华、端溪书院，后为羊城书院掌教，桃李至众。阮元重修《广东通志》，延为总纂。工诗书画，诗学东坡，画得吴镇、董其昌、王原祁之法，笔调清雅，设色明快，着有《常惺惺斋诗文集》各四卷、《常惺惺斋书画题跋》二卷、《北游纪略》二卷、《游罗浮日记》一卷等[22]。

谢兰生并不像其他鉴藏家一样富藏书画，他重在"鉴"，所以其书画论着《常惺惺斋书画题跋》二卷严格讲来不是一本书画著录的书，而是一本画学论着。书中所题书画大多为名家剧迹，其中不乏真知灼见，于清代画学、书学思想研究当具有很高的价值。

《常惺惺斋书画题跋》有道光年间郁州谢氏家塾刊本，亦有抄本，笔者所见乃澳门文集图书公司据李少泉所藏抄本影印本，册末注明"男念因、念用、念中编校，孙曜校刊"[23]，则此印本之母本乃据原刊本所抄。

《常惺惺斋书画题跋》中所涉"青藤白阳"作品凡两件：

1. 徐天池草书卷

见于《常惺惺斋书画题跋》卷下。谢兰生题识曰："天池书画，市上赝本甚多，书尤鄙俗可厌。予往往一见斥去。窃疑享大名者，不应至是。及阅真本，纵笔写，去粗头乱服，亦有云鹤游天、群鸿戏海之妙，笔气奇逸，草章一幅，尤骎骎入古。天池尝云：吾书第一，次诗，次文，次画，今观此卷，益信"㉔。

2. 白阳花卉卷

见于《常惺惺斋书画题跋》卷下。谢兰生题识曰："陈白阳学画于文衡山，称入室弟子，故所作一花一叶，无不精细。及其暮年，乃驰骤而入石田之室，益苍厚矣。然作画如学书，必专事谨严，至于熟极乃能放笔，赵吴兴言之再三，此乃千古不磨之论。吾愿学画者，亦先于谨严上求之也"㉕。

（四）梁廷枏与《藤花亭书画跋》

梁廷枏（1796～1861年），字章冉，号藤花亭主人，广东顺德人，一生著述宏富，据冼玉清统计，其著述分为关于史学者、海外者、艺术者、词曲者、防守及夷事者、经学者等若干门类，还包括大量诗集，因此，冼玉清感叹说："其种类之多，范围之广，实近世所仅见也"㉖。

梁廷枏富藏书画，他将其所藏书画辑为《藤花亭书画跋》。此书因失于考证，或作者本身的眼力问题，其中所录书画真赝杂陈，故其书画的参证需要仔细辨别考订。书中著录"青藤白阳"的作品仅有《徐天池六牍册》一件，见于该书卷三。

此书纸本，十页，页自为长短，牍不录。信末分别署"羁走徐渭昧死叩头"、"仲春一日渭再稽颡小霞二位沉相公左右"、"右空"、"田水月顿首"、"徐渭顿"和"眷侍徐渭拜季霞先生老亲丈"。另有梁廷枏题识曰："天池行草号奇伟，推其好奇之量则行间用诈，可与言兵，亦可以成功，如当日计擒徐海、诱王直，皆好奇之效也。至奇而流于狂，则足招时忌，往往所值不偶，即文字亦多诡秘，不可对人之语。头藏尾露，磊落而不见光明，亦有所不得已也"㉗。

（五）孔广陶与《孔氏岳雪楼书画录》

孔广陶（1832～1890年），字鸿昌，号少唐，广东南海人，以盐生捐赀分部郎中，继父亲孔继勋遗业，好学嗜古，筑岳雪楼以藏名迹。吴荣光之筠清馆、潘正炜之听飒楼所藏书画多归其楼中，着有《岳雪楼书画录》，集刻有《岳雪楼鉴真法帖》。

《岳雪楼书画录》一名《孔氏岳雪楼书画录》，其体例如《江村销夏录》，所收作品除一部分来自父亲所藏外，其他的大多来自吴荣光、潘正炜、叶梦龙等诸家所藏，因此不乏精品。

孔广陶所藏书画常钤印有"岳雪楼记"（朱文方印）、"广陶"（白文方印）、"少唐"（朱文长方印）、"少唐心赏"（白文方印）、"岳雪楼鉴藏金石书画图籍之章"（朱文方印）和"南海孔广陶审定金石书画印"（朱文方印）。《孔氏岳雪楼书画录》著录"青藤白阳"作品有两件：

1. 明陈道复古木寒鸦图轴

著录于《孔氏岳雪楼书画录》卷五。据著录可知，此画为纸本，高三尺九寸一分，阔一尺二寸一分，水墨浅设色画，作者题识曰："嘉靖甲辰春仲白阳山人陈道复"，钤印曰"白阳山中人"。款十三字，行书一行，在右方上。另有鉴藏印三方，分别是"潘氏听飒楼藏"、"季彤平生真赏"和"听飒楼藏"[28]，据此可知此画曾经潘正炜鉴藏。

2. 明陈道复灵芝萱草图轴

著录于《孔氏岳雪楼书画录》卷五。此画纸本，高三尺九寸八分，阔九寸八分，水墨石法，设色花卉。作者题识曰："三泉君，吴中望族，姓徐氏，先居虎丘山下。山中有泉，陆羽品为中泠惠山之亚，故世称为天下第三泉。君之自号，盖为此，而亦谦之之谓也。其配陆亦，门阀相当。少相君，力学为吴庠弟子，贫，屡试不第，家日落，而相之之道不懈，益勤，今且五旬矣。中间涉历艰辛，疾病不可一一。三泉君德之，欲一言以彰之，余为此归而颂诸陆亦，多见君之感陆也。一笑一少，寿将跻于无箕矣，白阳山人陈道复"，钤印曰："陈氏道复"。此书乃行书六行，在上方之左[29]。

（六）叶恭绰与《矩园余墨》、《遐庵清秘录》

叶恭绰（1881~1968年），字裕甫，又字誉虎、玉父，号遐翁、遐庵，晚年别署矩园，广东番禺人，家学渊源，祖父衍兰，乃著名学者；父佩玱，字仲鸾，诗文、篆、隶靡不精究。叶恭绰喜收藏古籍和文物，所藏名迹甚富，国内很多博物馆如上海博物馆、故宫博物院、广东省博物馆等都有其曾经鉴藏之名品，着有《矩园余墨》、《遐庵清秘录》等。前者乃所藏书画及文献之题跋，书后有作者撰写之书画绝句；后者乃作者所藏部分书画著录，凡二卷。

两书中，仅有《矩园余墨》记录有陈淳作品，为《明陈白阳千文跋》："白阳以画名，但其书法出入苏、米，间足文、祝抗衡，似远在百榖、云卿诸公上。此册纵横洞达，意力俱到，足称合作。眉仙因贫甚，欲以易米，遂归于余，聊纪缘起于此。玩物丧志，贪着成执，世方以多藏为戒，而搬姜酿蜜，乃劳而靡悔，其亦不可以已乎。"[30]

（七）容庚与《颂斋书画小记》

容庚（1894~1983年）既是古文字、金石学家，也是鉴藏家，富藏书画碑帖。他字希白，号颂斋，广东东莞人，历任燕京大学、岭南大学、中山大学教授，编着有《金文编》、《颂斋吉金图录》、《丛帖目》等。

容庚将所藏书画编为《颂斋书画记》，悉为小行楷手自笔录，潇洒飘逸，近年由出版社择其要者梓行，起名为《颂斋书画小记》。在该书中，著录有徐渭作品，并无作品名称，但从吴昌硕的题识"沽酒菊花朵，下酒鱼虾盘。放笔青藤叟，由人白眼看"可看出应该是一件花卉图。容庚摘录了袁宏道所撰徐渭生平事迹，并将画中张鸣珂、吴昌硕、王大炘题跋实录于书中^③。

二、传世作品所示粤东藏家鉴藏"青藤白阳"

文献资料之外，传世作品也显示出粤东藏家曾经鉴藏"青藤白阳"情况。本文所涉传世作品，中国内地部分以中国古代书画鉴定小组所编《中国古代书画图目》第1至23册及部分笔者寓目作品为依据，海外部分以铃木敬所编《中国绘画总合图录》为依据，中国台湾部分则以台北故宫博物院所编《故宫书画录》及其他公私藏家所编中国书画图录，其中容有遗漏之处。就笔者所搜集之传世作品显示，参与鉴藏"青藤白阳"之粤东藏家有潘正炜、谢兰生、罗天池、叶梦龙、冯誉骥、孔广陶、伍元蕙、何瑗玉、颜世清、叶恭绰、容庚等。经其鉴藏的"青藤白阳"作品如下：

（一）潘正炜、罗天池、叶梦龙

现存经潘正炜鉴藏之"青藤白阳"作品主要为陈淳书画，大多为扇面。它们分别是：

1. 陈淳《墨牡丹》扇面

该图一名《天香图》，钤朱文方印"季彤审定"^②，现藏北京故宫博物院，曾在《听飒楼书画记》卷三著录。

2. 陈淳《秋葵》扇面

该图钤白文方印"季彤心赏"^③，北京故宫博物院藏。

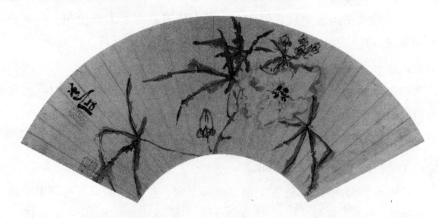

明·陈道复《秋葵图》扇面，纸本墨笔，16.4×50.8 厘米，北京故宫博物院藏

3. 陈淳《水仙图》扇面

该图钤白文方印"季彤翰墨"和朱文长方印"季彤鉴定珍藏"㉞，北京故宫博物院藏，《听飒楼书画记》卷三著录。

4. 陈淳《仿吴镇山水图》扇面

该图钤朱文方印"季彤审定"㉟，北京故宫博物院藏。

明·陈道复《仿吴镇山水图》扇面，纸本墨笔，17.7×53厘米，北京故宫博物院藏

5. 陈淳《为石桥作山水》扇面

该图钤朱文长方印"潘氏听飒楼藏"㊱，上海博物馆藏。

明·陈道复《为石桥作山水》扇面，纸本设色，25×53厘米，上海博物馆藏

6. 陈淳《溪亭玩月图》扇面

该图钤朱文方印"季彤审定"㊲，北京故宫博物院藏。

7. 陈淳《牡丹图》扇面

该图钤朱文方印"季彤审定"㊳，北京故宫博物院藏。

明·陈道复《牡丹图》扇面，纸本设色，17×50.9厘米，北京故宫博物院藏

以上作品之外，另有两件作品分别经潘正炜、叶梦龙、罗天池共同鉴藏，他们分别是：

1. 陈淳《墨兰》扇面

该图分别钤白文方印"季彤平生真赏"、朱文长方印"潘氏听飒楼藏"和朱文方印"叶氏风满楼印"。前两方为潘正炜藏印，后者为叶梦龙藏印。此图现藏香港承训堂[33]。

2. 陈淳《墨花钓艇图卷》

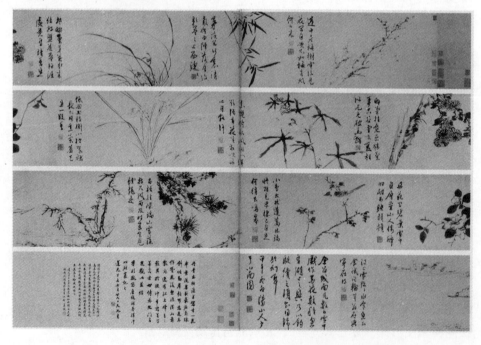

明·陈道复《墨花钓艇图》之一，北京故宫博物院藏

该图曾经著录于《听飒楼书画记》卷二，在该书中名称为"陈白阳花卉诗卷"，著

录中并无题跋。此图现藏北京故宫博物院，卷末有罗天池、潘正炜题跋鉴藏。其中罗天池题识曰："《丹青志》称复甫写生，一花半叶，淡墨欹豪，历飞疎斜，倾动群类，可为是卷作赞，花后忽作溪山，萧散闲逸，有江上峰青之致。其于征仲，可谓善学善变者，世传为文门高足，观此益信。季彤观察属题，酷暑挥汗以破豪记之，道光丁未七月廿九日天池书"，钤白文方印"六湖书画之章"和朱文圆印"罗"。按，罗天池，字六湖，一字洼洼，广东新会人，清道光六年（1826）进士，官云南迤西道，后落职归居广州。富藏书画，精鉴赏，兼擅书画，论粤画必以黎二樵（简）、谢里甫（兰生）、张墨池（如芝）、罗六湖（天池）为"粤东四家"，其斋号有宝澄堂、修梅仙馆。罗氏常用之书画鉴藏印有"罗氏六湖"（朱文方印）、"六湖"（朱文方印和朱文长方印）、"罗天池印"（白文方印）、"罗天池"（朱文联珠印）、"罗六湖家珍藏"（白文长方印）、"罗天池书画印"（白文方印）、"修梅仙馆秘玩"（白文长方印）和"罗天池鉴定藏之修梅仙馆"等。

潘正炜题识曰："陈淳字复甫，号白阳山人，文待诏高弟也。山水师米南宫、王叔明，尤精花卉，一枝半朵而萧散闲逸之趣，宛然在目。此花卉卷，得自李芸甫水部所赠。芸甫精花卉、山水，近时鉴家咸相重，惜不驻人间矣。展卷之余，感慨系之。道光丁未十月而后寒梅初放，归自花埭，试新纯颖题于清华池馆，正炜"，钤朱文方印"季彤"[40]。据潘氏题识可知，此卷曾经李秉绶鉴藏。按，李秉绶，字芸甫，号佩之、竹坪，江西抚州人，嘉、道年间曾流寓两广地区，在桂林地区筑环碧园开馆授画，居巢、居廉均曾在其园中作画。工书擅画，尤长于花鸟。

明·陈道复《墨花钓艇图》之二，北京故宫博物院藏

（二）谢兰生

现存经谢兰生鉴藏之"青藤白阳"作品有徐渭的《行草书诗》卷，现藏香港艺术馆。此卷曾经息厂（待考）收藏，谢兰生题跋，著录于《常惺惺斋书画题跋》卷下。

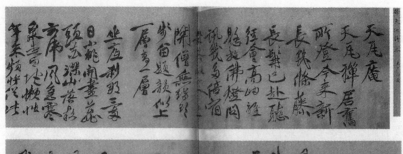

明·徐渭《行草书诗卷》之一，绫本，26.5×267.8 厘米，香港
艺术馆藏

　　以此卷之题跋与著录相较，著录之"甚"，题跋为"最"；"去粗头乱服"之前多一
"去"字，"笔气奇逸"前多"此卷"，末署"莫圃其性守之，戊子一月廿七日灯下，里
甫谢兰生题"，钤白文方印："谢兰生印"和朱文方印"里甫"④。据此可知此跋书于道光
八年（1828 年），亦可以此校勘《常惺惺斋书画题跋》刊本之错漏。

明·徐渭《行草书诗卷》之二，香港艺术馆藏

（三）孔广陶

现存经孔广陶鉴藏之"青藤白阳"作品有陈淳《花卉图卷》。该图作于嘉靖十六年（1537年），孔氏钤朱文方印"岳雪楼记"，[42]现藏上海博物馆。

（四）伍元蕙

伍元蕙（1834~1865年），名葆恒，字良谋，号丽荃，又号南雪道人、迂庵主人，广东番禺人，好古善鉴，鉴赏精博，刻有《南雪斋藏真》、《澄观阁摹古帖》。

伍元蕙常用鉴藏印有"伍葆恒俪荃氏"（白文方印）、"伍氏南雪斋书画之印"（朱文方印）、"南海伍元蕙宝玩"（朱文方印）、"南雪道人"（朱文方印）、"伍元蕙俪荃氏"（朱文方印）和"伍"（朱文圆印）。现存经其鉴藏之"青藤白阳"作品有徐渭《花卉图》轴，钤白文方印"俪荃审定"和朱文方印"伍氏南雪斋藏"，此图现藏广州艺术博物院。此作虽然图录于《徐渭精品画集》[43]中，但专家学者有不同看法，其风格与"青藤"一贯画风相去甚远。又此画时代气息较为古旧，以笔者审之，大致在清乾隆、嘉庆年间，故当为清代旧仿。据此亦可看出粤东藏家之眼力互有高低。

（五）冯誉骥

冯誉骥，字仲良，号展云，广东高要人，道光年间进士，官至翰林院编修、陕西巡抚，工诗书画，擅长山水，有《冯展云山水册》行世，并兼鉴赏。

现存经冯誉骥鉴藏之"青藤白阳"作品有陈淳《行楷书周兴嗣千字文》卷，冯氏在拖尾题识曰："白阳山人书传世绝少。此册楷书千文为嘉兴项氏天籁阁藏物，印记宛然。王弇州谓道复正书初从文氏入，欲取风韵，遂成媚侧。此笔意遒朴，乃是中年以后书。按，山人生于宪宗成化十八年壬寅，此署嘉靖庚寅，为世宗九年，山人年四十有九。王氏之论，盖指其少作也。同治癸酉小山鲍观察得之厂肆，三月望日携以见过，因为审定并题，高要冯誉骥"，钤白文方印"誉骥"和朱文方印"仲良"。此卷现藏北京故宫博物院[44]。

（六）何瑗玉

何瑗玉（1804年~?），字遽庵，一作锡瑗，别署蓬身居士，广东高要人，官翰林院待诏，喜藏书画、文竹物，在广州筑有元四家画楼，精鉴别，编撰有《书画所见录》。

何瑗玉常用印记有"何印瑗玉"（白文方印）、"端溪何叔子瑗玉号蓬盦过眼经籍金石书画印记"（朱文方印）、"蓬盦"（白文方印和白文长方印）、"曾藏何蓬盦处"（朱文方印）。

现存经何瑗玉鉴藏之"青藤白阳"作品有徐渭《富贵神仙图》轴，现藏香港艺术馆。此图纸本，墨笔，鉴藏印有"古歙汪氏珍藏"（白文长方印）、"何瑗玉印"（白文方印）、"曾藏何蓬盦处"（朱文方印）、"曾在方梦圜家"（朱文方印）、"均量平生真

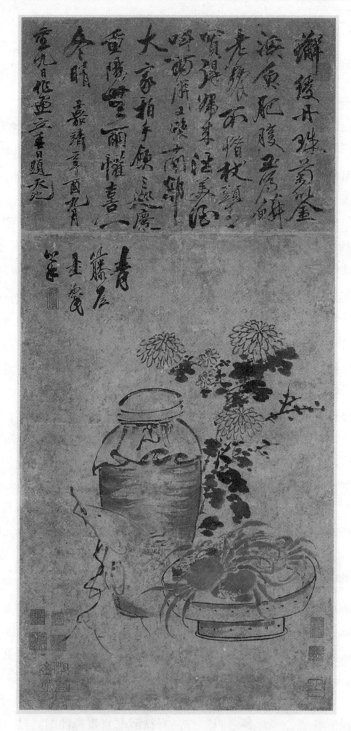

明·徐渭《花卉图》（传），纸本墨笔，83.5×38.5厘米，广州艺术博物院藏

赏"（朱文长方印）。^㊺"何瑗玉印"和"曾藏何蘧盦处"乃何瑗玉藏印，"均量平生真赏"乃现代香港鉴藏家刘作筹藏印，刘乃虚白斋主人，所藏书画大多归香港艺术馆。

（七）颜世清

颜世清（1873～1929年），字韵伯，因足跛，人称颜跛子，别署飘叟，广东连平人，寄居北京。钟骥子。聪颖过人。在政界多年，提倡文化最力，辑有《约章成案汇览》。善鉴赏，收藏之富为北京之最。兼擅山水、花卉，以古拙胜，毫无流习。所藏古书画甚富，常钤印有"颜世清印"（白文方印）、"汉王马馆"（白文方印）和"驱闲"（朱文方印）。现存经其鉴藏之"青藤白阳"作品有陈淳《草书古诗十九首》卷，现藏北京故宫博物院。后有颜世清鉴藏题跋^㊻。

（八）叶恭绰

现存经叶恭绰鉴藏之"青藤白阳"作品有徐渭的《拟鸢图卷》，叶氏在拖尾题识曰："感激豪宕，如观公孙大娘舞剑器，固青藤作□之最精者。白阳、八大有此超逸，无此豪放，足称弟一稀有，叶恭绰"，钤朱文方印"绰"，另有鉴藏印"叶恭绰"（白文方印）。此图现藏上海博物馆。^㊼

（九）容庚

现存经容庚鉴藏之"青藤白阳"作品有陈淳《岳阳楼图并书记》卷，钤白文方印"容庚秘箧"和朱文方印"颂斋"。现藏北京故宫博物院^㊽。

（十）商承祚

商承祚（1902～1991年）既是古文字学家、金石学家、书法篆刻家，也是书画鉴藏家。他字锡永，号驽刚、蠖公、契斋，广东番禺人，编着有《殷墟文字类编》、《十二家吉金图录》、《石刻篆文类编》、《金文萃编》等。商氏所藏书画甚富，在其生前，大多捐赠给广东省博物馆。

现存经商承祚鉴藏之"青藤白阳"作品有徐渭《梅竹图》轴，图录于《商承祚先生捐赠文物精品选》^㊾中。此图现藏广东省博物馆。

明·徐渭《富贵神仙图》，纸本墨笔，123.5×49厘米，香港艺术馆藏现将上列所示粤东藏家鉴藏"青藤白阳"作品列表如次：

作品名称		鉴藏者	著录	鉴藏依据	现在流传情况
徐青藤诗卷［注］		潘正炜	《听飒楼书画记》卷二		
明徐青藤墨荷轴		潘正炜	《听飒楼书画记》卷二		
徐青藤草书扇面		潘正炜	《听飒楼书画记》卷四		
徐青藤梅竹扇面		潘正炜	《听飒楼书画记》卷四		
明徐青藤花果卷（十段）		潘正炜	《听飒楼续刻书画记》卷下		
徐天池水墨竹菊翎毛		叶梦龙	《风满楼书画录》卷四		
徐天池草书卷（《行草书诗》卷）		谢兰生	《常惺惺斋书画题跋》卷下	题跋	香港艺术馆
徐天池六牍册		梁廷枬	《藤花亭书画跋》卷三		
徐渭《花卉图》轴		伍元蕙		钤印	广州艺术博物院
徐渭《富贵神仙图》轴		何瑷玉		钤印	香港艺术馆
徐渭《拟鸢图卷》		叶恭绰		题跋钤印	上海博物馆
徐渭《花卉图》		容庚	《颂斋书画小记》		
徐渭《梅竹图》轴		商承祚		收藏记录	广东省博物馆
陈白阳花卉扇册（16幅）	《墨牡丹》（天香图）	潘正炜	《听飒楼书画记》卷三	钤印	北京故宫博物院
	《红杏墨竹》	潘正炜	《听飒楼书画记》卷三		
	《墨菊葵花》	潘正炜	《听飒楼书画记》卷三		
	《红茶》	潘正炜	《听飒楼书画记》卷三		
	《墨菊》	潘正炜	《听飒楼书画记》卷三		
	《杏花春燕》	潘正炜	《听飒楼书画记》卷三		
	《水仙竹石》（水仙图）	潘正炜	《听飒楼书画记》卷三	钤印	北京故宫博物院
	《墨葵》	潘正炜	《听飒楼书画记》卷三		
	《月下海棠》	潘正炜	《听飒楼书画记》卷三		
	《水仙》	潘正炜	《听飒楼书画记》卷三		
	《玫瑰》	潘正炜	《听飒楼书画记》卷三		
	《墨菊》	潘正炜	《听飒楼书画记》卷三		
	《海棠》	潘正炜	《听飒楼书画记》卷三		
	《墨牡丹》	潘正炜	《听飒楼书画记》卷三		
	《茉莉花》	潘正炜	《听飒楼书画记》卷三		
	《梅竹》	潘正炜	《听飒楼书画记》卷三		

作品名称	鉴藏者	著录	鉴藏依据	现在流传情况
陈白阳书法扇面	潘正炜	《听飒楼书画记》卷四		
陈白阳山水扇面	潘正炜	《听飒楼书画记》卷四		
陈淳《牡丹图》扇面	潘正炜		钤印	北京故宫博物院
陈淳《秋葵》扇面	潘正炜		钤印	北京故宫博物院
陈淳《仿吴镇山水图》扇面	潘正炜		钤印	北京故宫博物院
陈淳《为石桥作山水》扇面	潘正炜		钤印	上海博物馆
陈淳《溪亭玩月图》扇面	潘正炜		钤印	北京故宫博物院
陈淳《墨兰》扇面	潘正炜 叶梦龙		钤印	香港承训堂
陈淳《行楷书周兴嗣千字文》卷	冯誉骥		题跋 钤印	北京故宫博物院
陈白阳花卉诗卷（《墨花钓艇图卷》）	罗天池 潘正炜	《听飒楼书画记》卷二	罗、潘题跋、钤印	北京故宫博物院
陈白阳王雅宜合璧卷	叶梦龙	《风满楼书画录》卷一		
陈白阳山水	叶梦龙	《风满楼书画录》卷四		
白阳设色花卉	叶梦龙	《风满楼书画录》卷四		
白阳花卉卷	谢兰生	《常惺惺斋书画题跋》卷下		
陈道复古木寒鸦图轴	孔广陶	《孔氏岳雪楼书画录》卷五		
陈道复灵芝萱草图轴	孔广陶	《孔氏岳雪楼书画录》卷五		
陈淳《花卉图卷》	孔广陶		钤印	上海博物馆
陈淳《草书古诗十九首》卷	颜世清		题跋钤印	北京故宫博物院
陈白阳千文册	叶恭绰	《矩园余墨》		
陈淳《岳阳楼图并书记》卷	容庚		钤印	北京故宫博物院

［注］：此处之名称沿用原书著录，下同。

三、粤东藏家鉴藏"青藤白阳"之意义及影响

从文献资料与传世作品不难看出，粤东藏家曾经有过鉴藏"青藤白阳"的辉煌。自清代中后期以来，粤东鉴藏家对于"青藤白阳"的关注与收藏，反映出在经济相对发达的近代广东，收藏家们的价值取向与文化趣味，同时也反映出"青藤白阳"不仅在以江浙地区为主流的文化区域，即便在僻处岭海的广东，也同样受到鉴藏家们的

追捧。

　　明清时期的书画鉴藏，除宫廷所藏外，就私家收藏而言，在明代和清代早期几乎是以江浙地区为一统天下的。到了清中期以后，因为开海贸易，经济发展，与主流地区的经济、文化交流频仍，广东地区的私家收藏迅速崛起，涌现出一大批书画鉴藏家。从粤东藏家对"青藤白阳"的鉴藏可看出，这种以江浙地区为主流的民间收藏出现了多元化的局面，广东成为清代中晚期以来一个重要的收藏阵地。近代以来，这种收藏阵营并未减弱。何瑗玉、颜世清、叶恭绰、容庚等承前启后，使粤东书画鉴藏代不乏人。

（一）"青藤白阳"的鉴藏对广东书画创作的影响

　　广东由于受地域和文化传统的影响，历来和主流文化交流不多，在明代以前的书画中，几乎没有明显的痕迹显示出和主流美术界的交融。有明一代，虽然林良、何浩成为主流画坛的宫廷画家，梁孜成为"吴门画派"首领文征明的嫡传弟子，黎美周、黎民表等活跃于吴中地区，但这种文化的交流和融合主要体现在粤东文人赴主流区域做官、游学等方面，而且多限于一些个案，因此这种交流也是极为有限的，对本土美术并未产生明显的影响。但从清代中期以后，由于广东收藏界的崛起，民间大量鉴藏法书名画，主流美术进入岭南，使广东书画创作受到主流画坛的影响。

　　以"青藤白阳"为例，在清代中期及后期，一些书画家的作品风格中出现"青藤白阳"的影子，如郭适的牡丹，温汝遂的梅竹，谢兰生的书法，罗天池的梅花，谢观生、罗岸先的山水、花鸟，居巢、居廉、张嘉谟、李启隆的水墨写意花卉及流寓两广的李秉绶、孟觐乙的花鸟等，都是受到这种收藏潮流的影响[49]，在其书画中，或注明"仿白阳山人笔意"、"拟青藤道人笔意"，或在作品中流露出"青藤白阳"的意趣。如清代乾嘉时期的画竹名家温汝遂在其《墨梅图》（广东顺德博物馆藏）中题识曰："仿白阳山人笔意"[50]，其画风乃典型之"白阳"风格，墨韵明净，体现出吴门派画风。在晚清山水、花鸟画家罗岸先的作品中也不乏此例：作于光绪六年（1880 年）的《蜘蛛大如壁》（广州艺术博物院藏）的花卉画中，作者题识曰："庚辰夏杪法白阳山人意于恒敬书屋，三峰罗岸先写生"[51]。该画工写结合，赋色明艳，在写生中蕴涵吴门画风。在书画鉴藏家罗天池的画中表现就更为明显。在他的一幅《牡丹图》（香港中文大学文物馆藏）中，罗天池题识曰："陈白阳好绘牡丹，饶有士气。此作师其意，不能酷似，亦不求其似耳，六湖居士"，钤白文方印"六湖书画之章"和朱文方印"罗"[52]；在另一幅《菊花》团扇（香港艺术馆藏）中，罗氏题识曰："不及文征仲之雅洁，尚不失为陈白阳耳"[53]，据此亦可看出作为鉴藏家的罗天池的画风受其影响的情况。在流寓两广的画家中，李秉绶的一件《夹叶竹》斗方（香港中文大学文物馆藏），作者题识曰："仿道复用墨"，钤白文方印"芸甫"和"秉绶"[54]，显然也是受到"白阳"的熏染。

　　相比较而言，受"青藤"影响的个案还不是很多。在晚清花鸟画家居廉（1828 ~

1904 年）的画中，不时可见 "青藤" 痕迹。在一件居廉的《荔枝》斗方（香港中文大学文物馆藏）中，作者题识曰："法天池生意，古泉作"，钤朱文方印 "古泉" 和 "与古为徒"[56]，说明居廉的创作中已融合了 "青藤" 笔意；在他的另一件《紫藤图》册（广东东莞博物馆藏），虽然没有明确标明仿 "青藤" 笔法，但画中抄录了徐渭的名诗 "半生落魄已成翁，独立书斋啸晚风。笔底明珠无处卖，闲抛闲掷野藤中"[57]，且画风乃 "青藤" 水墨小写意一路，这可看出此画也是受到 "青藤" 的影响。这类例子在存世的清代中晚期以来的粤人书画中，不时可看到很多。这种创作取向虽然并非占主流，但反映出广东书画创作的一个侧面，这是粤东书画鉴藏家引进 "青藤白阳" 的结果。

民国以来，随着以宣扬传承国画学统的 "广东国画研究会" 的崛起，"青藤白阳" 的画风再次得到弘扬。在一件冯润芝（1851 ~ 1937）作于 1917 年的《山水人物》册页（香港艺术馆藏）中，作者题识曰："九月秋莫蟹正肥，丁巳中秋节，仿白阳山人笔，砺石山樵冯如春"，钤朱文方印 "润芝"；另有一图也题识曰："一树梅花一放翁，仿白阳山人笔，为耀西二兄先生雅属，砺石山樵冯润芝写"，钤朱文方印 "润芝"[58]。虽然两图本身并无多少 "白阳" 的风格，但至少从题识可看出作者对 "白阳" 的认知，这也说明在民国时期 "白阳" 仍然受到广东画坛之关注。在传播信息不太畅达的时代，一种画风的影响大多仅限于创作者对于原作本身的传移摹写——最低限度画家们直接或间接观摩过所仿对象的画作，这就使鉴藏原作成为书画创作中一个重要的环节。因此，清代中期直到民国以来粤东藏家对于 "青藤白阳" 的鉴藏，这于广东书画风格的影响，真可谓功不可没。

（二）"青藤白阳" 的鉴藏反映粤东收藏界之价值取向

从书画著录及其 "青藤白阳" 的传世作品中，我们不难看出粤东藏家之鉴赏能力。有的鉴藏家眼光独到，大凡经其鉴藏之 "青藤白阳" 作品，从现存情况来看，多为真迹、精品，如潘正炜、何瑗玉、颜世清；但有的收藏家则因各种原因，所藏作品互有参差，有时甚至不乏赝品或颇受学术界争议之作品，如伍元蕙等。这说明粤东鉴藏家的构成也是参差不齐的，从 "青藤白阳" 的鉴藏中我们可以看出此点。

有趣的是，在 "青藤白阳" 的鉴藏中，"白阳" 因为是吴门画派的传人，且画风代表了明代中后期画坛的主流，因此一直被视为 "正统"，而 "青藤" 因其画学并非 "正宗"，甚至被视为 "野狐禅"，因此在对于二人作品的鉴藏上，"白阳" 受追捧的程度往往要略高于 "青藤"。

笔者做过一番有趣的统计，在粤东书画鉴藏家的书画著录中，"青藤白阳" 的作品共计 35 件，其中 "青藤" 9 件，占总数的 27.7%，"白阳" 26 件，占总数的 72.3%；在传世的经粤东书画鉴藏家鉴藏过的 "青藤白阳" 作品中，总数为 18 件，其中 "青藤" 5 件，占总数的 27.7%，"白阳" 13 件，占总数的 72.3%；如果将曾经著录和存世的作品合计，则"青藤白阳"总数为 49 件，其中"青藤"13 件，占总数的 26.5%，"白阳"36 件，占总数的 73.5%。不妨将其以表格的形式归纳如下：

总数（件）		青藤（件）	白阳（件）	占总数百分比	
				青藤	白阳
著录	35	9	26	25.7 %	74.3 %
传世作品	18	5	13	27.7 %	72.3 %
著录及传世作品	49	13	36	26.5 %	73.5 %

从以上表列数字看出，无论何种情况，粤东藏家鉴藏之"青藤"作品大致占四分之一，"白阳"作品占四分之三。也许这些枯燥的数字并不一定能完整地反映当时粤东书画鉴藏的历史真实，但它至少透露出当时粤东书画鉴藏出现往"白阳"一边倒的现象，这反映出粤东书画鉴藏家的"审美"取向，或可反映出清代私家收藏对于"青藤白阳"的认可程度，从侧面反映出鉴藏界对于"青藤白阳"的接受史。

有意思的是，在受"青藤白阳"的影响方面，广东的书画创作也是受"白阳"的影响要远远大于"青藤"，这应该是和鉴藏家们的价值取向一脉相承的。这种情况随着近代以来美术史的深入研究，以及以陈师曾、齐白石等为代表的画家在绘画创作上的推动，人们的审美观念和价值取向发生变化，直到今天，"青藤"的影响和地位已经远远大于"白阳"，以至于人们早已约定俗成叫"青藤白阳"而非"白阳青藤"了。这是美术发展史和人们对于"青藤白阳"的接受史上非常有趣的话题，值得从文化背景、美术观念等多方面做深入研究。

（三）粤东鉴藏家对"青藤白阳"的评论及其意义

粤东鉴藏家对"青藤白阳"的鉴藏还表现在他们对其作品的品评上。谢兰生、罗天池、潘正炜、颜世清、叶恭绰等诸家都有品定鉴赏"青藤白阳"的文字行世，为我们进一步了解粤人鉴藏"青藤白阳"的文化内涵、对于广东书画的影响等诸方面均有着重要的意义。

在谢兰生的题跋中已经讲到在清代有很多徐渭作品的赝本，"天池书画，市上赝本甚多"，而且多书法赝作，"书尤鄙俗可厌"，"予往往一见斥去。窃疑享大名者，不应至是"。谢兰生所生活的区域大致在以广州为中心的文化地区，此言说明在清代嘉道时期，在广州已有很多"青藤"的书法伪作，这种情况的出现从另一个侧面反映出当时粤人对"青藤"书法的追捧与推崇，同时，在"青藤"作品的鉴定方面，也为我们提供了更多的依据。在对于徐书的品评上，谢兰生说，"青藤"作品"纵笔写，去粗头乱服，亦有云鹤游天、群鸿戏海之妙，笔气奇逸，草章一幅，尤骎骎入古"，这种评论体现出"青藤"书法既有野逸、不拘形格的一路，亦有承传历史，"骎骎入古"的一路。这是对徐渭书风的较为深入的透析。

在对"白阳"的品鉴上，谢兰生认为其"所作一花一叶，无不精细"，而"白阳"晚年画作，则"益苍厚矣"。他还提出"作画如学书，必专事谨严，至于熟极乃能放笔"，认为这是"千古不磨之论"。这说明他认为"白阳"的作品是先从谨严中求生活，然后放笔。从"白阳"的传世诸作中，不难看出此乃确论。

在对待徐渭的书法上，另一鉴藏家梁廷枏则别有一番见解。他认为徐渭的行草书重在"奇伟"，"推其好奇之量则行间用诈"，而且由书推及其人，"可与言兵，亦可以成功"。不过他同时指出徐书的不足，因为"至奇而流于狂"，这样往往会"招时忌"，"所值不偶"；而且他认为徐渭的文字"亦多诡秘，不可对人之语"，"头藏尾露，磊落而不见光明"。不过，他认为徐渭之所以如此，是"亦有所不得已也"，可谓知人之论。

其他诸家如罗天池谓陈淳"其于征仲，可谓善学善变者"，潘正炜谓陈淳之花卉"一枝半朵而萧散闲逸之趣，宛然在目"，叶恭绰则谓陈淳之《千字文》"纵横洞达，意力俱到"，而认为徐渭的《拟鸢图卷》"感激豪宕，如观公孙大娘舞剑器"，并谓"白阳、八大有此超逸，无此豪放"等等，这些都是对"青藤白阳"艺术较为中肯的评论，发人之所未发，对于研究清人及近人对"青藤白阳"的认知及其审美具有重要的意义。

四、余　论

粤东鉴藏家对于"青藤白阳"的鉴定、收藏及评论，只是清代中期以来粤东收藏界的一个缩影。他们大量地鉴藏"青藤白阳"作品，是主流美术进入岭南的重要途径之一。这一行为在客观上推进了岭南美术融入主流文化的步伐。清代中期以来，粤东出现过书画鉴藏的高峰，"青藤白阳"只是这高峰中的一部分。他们还大量鉴藏宋元精品及明代文征明、沈周、仇英、董其昌及清代部分著名书画家作品。这些作品不少是中国美术史上的扛鼎之作。由于他们的鉴藏引进，使粤东书画家有机会接触到一流的美术精品，为粤东书画的发展起到了推进作用。当我们审视粤东藏家鉴藏"青藤白阳"之时，再进一步探讨蕴含在其中的文化背景、经济发展、对创作的影响等等诸方面因素也许比只局限于作品本身更具有现实意义。

注释：

① 冼玉清《广东之鉴藏家》，佛山大学佛山文史研究室、广东省文史馆编《冼玉清文集》3 页，中山大学出版社，1995 年版。

② 福开森《历代著录画目》，人民美术出版社，1993 年版。

③　庄申《从白纸到白银：清末广东书画创作与收藏史》，台北：东大图书公司，1997 年版。

④　潘正炜《听飒楼书画记》之自序，《中国书画全书》第十一册，805 页，上海书画出版社，1997 年版。

⑤　上海博物馆编《中国书画家印鉴款识（下）》1462 页，文物出版社，1987 年版；王季迁、孔达编着《明清画家印鉴——附美国所见之画家及收藏家印录》620、714 页，香港大学出版社，1966 年；苏庚春辑《明清以来书画鉴定家选》，荣宝斋（香港）有限公司，1998 年版。此外，亦参见北京故宫博物院、上海博物馆、广东省博物馆、香港中文大学文物馆、香港艺术馆及其他博物馆所藏经潘正炜鉴藏之书画作品，分别来自于该馆所编各类书画图录，或笔者寓目其书画原迹，此不一一注明。以下所引粤东书画鉴藏家藏印，均同此。

⑥　前揭《听飒楼书画记》卷二，《中国书画全书》第十一册，831 页。

⑦　前揭《听飒楼书画记》卷二，《中国书画全书》第十一册，831 ~ 832 页。

⑧　前揭《听飒楼书画记》卷二，《中国书画全书》第十一册，832 页。

⑨　前揭《听飒楼书画记》卷三，《中国书画全书》第十一册，847 ~ 848 页。

⑩　前揭《听飒楼书画记》卷四，《中国书画全书》第十一册，858 页。

⑪　前揭《听飒楼书画记》卷四，《中国书画全书》第十一册，860 页。

⑫　前揭《听飒楼书画记》卷四，《中国书画全书》第十一册，860 页。

⑬　前揭《听飒楼书画记》卷四，《中国书画全书》第十一册，863 页。

⑭　前揭《听飒楼书画记》卷四，《中国书画全书》第十一册，863 页。

⑮　潘正炜《听飒楼续刻书画记》卷下，前揭《中国书画全书》第十一册页 917。

⑯　朱万章《清代岭南的刻帖之风》，《中国书法史学国际研讨会论文集》，西泠印社，2000 年版。

⑰　谢巍《中国画学著作考录》591 页，上海书画出版社，1998 年版。

⑱　叶梦龙《风满楼书画录》卷一，抄本。

⑲　前揭《风满楼书画录》卷四。

⑳　前揭《风满楼书画录》卷四。

㉑　前揭《风满楼书画录》卷四。

㉒　朱万章《岭南金石书法论丛》236 ~ 240 页，文化艺术出版社，2001 年版。

㉓　谢兰生《常惺惺斋书画题跋》卷下，澳门：文集图书公司，1974 年版。

㉔　前揭《常惺惺斋书画题跋》卷下。

㉕　前揭《常惺惺斋书画题跋》卷下。

㉖　冼玉清《梁廷枬著述录要》，前揭《冼玉清文集》29 ~ 61 页。

㉗　梁廷枬《藤花亭书画跋》卷三，前揭《中国书画全书》第十一册，1030 页。

㉘　孔广陶《孔氏岳雪楼书画录》卷五 7 ~ 8 页，光绪己丑（1889 年）刊本。

㉙　前揭《孔氏岳雪楼书画录》卷五，8 页。

㉚　叶恭绰《矩园余墨》134 页，辽宁教育出版社，1997 年版。

㉛　容庚《颂斋书画小记（上册）》119 ~ 124 页，广东人民出版社，2000 年版。

㉜　《乾坤清气：故宫、上博珍藏青藤白阳书画特集》第 80 项，澳门艺术博物馆，2006 年。

㉝ 前揭《乾坤清气：故宫、上博珍藏青藤白阳书画特集》第79项。

㉞ 前揭《乾坤清气：故宫、上博珍藏青藤白阳书画特集》第81项。

㉟ 前揭《乾坤清气：故宫、上博珍藏青藤白阳书画特集》第93项。

㊱ 前揭《乾坤清气：故宫、上博珍藏青藤白阳书画特集》第102项。

㊲ 前揭《乾坤清气：故宫、上博珍藏青藤白阳书画特集》第103项。

㊳ 前揭《乾坤清气：故宫、上博珍藏青藤白阳书画特集》第54项。

㊴ 《承训堂藏扇面书画》61页，香港中文大学文物馆，1996年。

㊵ 《陈淳精品画集》第74项，天津人民美术出版社，2000年版。

㊶ 香港艺术馆编《书法：虚白斋藏中国书画》136～137页，香港艺术馆，2003年。

㊷ 前揭《乾坤清气：故宫、上博珍藏青藤白阳书画特集》第70项。

㊸ 《徐渭精品画集》第39项，天津人民美术出版社，2000年版。

㊹ 前揭《乾坤清气：故宫、上博珍藏青藤白阳书画特集》第115项。

㊺ 香港艺术馆编《立轴：虚白斋藏中国书画》52页，香港艺术馆，1997年。

㊻ 前揭《乾坤清气：故宫、上博珍藏青藤白阳书画特集》第112项。

㊼ 前揭《乾坤清气：故宫、上博珍藏青藤白阳书画特集》第21项。

㊽ 前揭《乾坤清气：故宫、上博珍藏青藤白阳书画特集》第107项。

㊾ 广东省博物馆、广东民间工艺博物馆、深圳市博物馆编《商承祚先生捐赠文物精品选》页20，岭南美术出版社，1998年版。

㊿ 朱万章《广东绘画》，广东人民出版社，2007年版。

(51) 苏启昌主编《顺德历代士林书画专集》10页，顺德博物馆，1994年。

(52) 番禺博物馆、广州美术馆《番禺籍历代书画家作品集》44页，花城出版社，1997年版。

(53) 《广东书画录》132页，中文大学文物馆藏品专刊之三，香港中文大学文物馆，1981年。

(54) 香港艺术馆编《明清广东绘画》124页，香港：康乐及文化事务署，2000年。

(55) 前揭《广东书画录》265页。

(56) 前揭《广东书画录》199页。

(57) 广东东莞市博物馆编《居巢居廉画集》96页，文物出版社，2003年版。

(58) 前揭《明清广东绘画》196页。

"十王"图像流变述略
——佛山市博物馆藏明清时期民间绘画

郭燕冰（佛山市博物馆）

一、"十王"研究现状

"十王"①研究因为直接反映了古人的地狱观念而一直备受中外学者的重视。地狱十王图像所据文本源自佛教《十王经》，此经已被公认为晚唐时制作的伪经，是由国人编纂而伪托为东汉时以佛教文献传入。杜斗城指出："'十王'之说虽是中国的'土产品'，但'十王'中的少数王名也借用了佛教固有的名字"②。胡文和也认为"但十王地狱图像在以后的发展中，产生了不少的变化，而且也超出了佛教的范围。……《十王经》的最大特点就是将佛、道和民间信仰三者合一。"③概而论之，"十王"是民间信仰掺和了佛教的形式、道教的内容而形成的一种体系完备而通俗的地狱观念。魏晋南北朝以来，受到印度阎王的启发，逐渐发展为佛教十三冥王，结合北方的泰山、南方的丰都鬼城等一系列民间信仰，至晚唐形成固定的"十王"体系，并在道教文献典籍中各予姓氏，又称"十殿"。自"十王"形象形成后，于唐宋年间与地藏菩萨信仰融合，出现众多地藏十王、地狱变的造像和绘画；至明清结合地方城隍信仰成为民间普遍接受而程式化的样式。"十王"图像随着佛教传播至朝鲜、日本和东南亚，但各国在接受时没有识别出它的非佛教渊源。在本土也被认为是一种佛教绘画和造像，实际上它的非佛教因素是多方面的，其形象的塑造延续了中原宋代贵族公卿形象，民间又糅杂附会了众多的故事、身份和姓氏。

"十王"图像的资料形式多样而且源远流长，唐宋年间有四川、敦煌的雕塑、绢画、经卷等④，明清则有城隍庙的壁画、大幅的挂画、木刻书籍等，至今流传最广的是《玉历宝钞》，也称《玉历至宝钞》，今天仍为人们翻印和传阅。流传的实物轨迹表明，"十王"图像的绘制，自晚唐始随着时间的推移由敦煌、河西、山西、宁波、佛山一路南下扩散，同时流传至朝鲜、日本、越南等地，最终于民国遭遇破除封建迷信活动而寿终正寝。

二、"十王"图像的内容

"十王"图像的内容我们可参照《玉历宝钞》⑤。《玉历宝钞》是道教经籍,如今在佛教寺院中也有派发,产生于明末或清雍正初年(也有称产生于北宋),里面明确指出第一日过第一殿,第二日过第二殿,至第七日过第七殿,百日过第八殿,一年过第九殿,三年过第十殿。每个王分管的地域、罪行、惩罚的方式都各有不同,从其罪行的罗列和惩罚轻重,可窥见众多的社会现象与问题,如"人间偶有灾荒,五谷歉收的地方,有人因饥饿死亡。于是有些没有良心的商家,利用饥民尚未断气时,割下他的肉,做馒头、糕饼的馅卖给他人,如此的心狠手辣。这些割买、贩卖人肉的人,解到之时,阎王立即将鬼犯发交各地狱,增重罪刑,刑罚四十九天,受各种刀、斧之刑。"⑥俱是采用恫吓的方式导人向善,不可否认对于维护社会的秩序有着重大功劳。

佛山博物馆藏一套民国"十王",内容较为完整、清晰,下面以它为例进行内容的介绍。馆藏"十王"与北方"十王"图像相比,缺少了提纲性的画面,即除单幅十王画像之外尚应有十王环绕地藏菩萨⑦站立的造像,称"说法图"。但佛山博物馆藏五套十王图像均无地藏菩萨的出现。

第一殿:秦广殿

右题:"为人做好终须好,皇天世不错分毫。"左题:"善恶到头真有报,只争来早与来迟。"中画曹操和董贵妃跪地受审。画幅中部用祥云隔开,下部画犯人受罚,并题:"生前杀牲害命引犬双打赁(任)意伤人之报。"画犯人半裸被狗咬鸟啄、鬼差穿着刀鞋踩踏。

第二殿:初江殿

中间审官批字:"大明太监名君如暗害忠良统兵大元帅周裕吉一案。"右题:"善恶有报。"左题:"阴府无私。"祥云隔开下部一城门匾额写:"酆都城。"人物空隙处写:"离散骨肉破人婚姻,在生好舞拳打棍,暗毙人命,多杀牲口,无过(故)伤害一切物命,左(阻)人行善一切之报。"画两鬼差搅拌烧火的大汤锅,汤锅中露出人头,旁边尚有一群待煮的半裸跪地犯人。鬼差手牌书:"忤逆尊长不听教诲犯人五名"。旁画五名半裸跪地受缚犯人。

图一　第一殿秦广殿,佛博藏 1650 号

图二　第二殿初江殿，　　　　　　图三　第三殿宋帝殿；
　　佛博藏 1651 号　　　　　　　　　　佛博藏 1652 号

第三殿：宋帝殿

右鬼差手牌书："捕拿祝英（台）梁山伯到案，另拿马俊。"祥云隔开，右边空隙处书："不孝父母暗室亏心阳世为官贪图财势严刑屈打含糊招认受此报"。画一群犯人等待受猛虎和毒蛇吞噬。下空隙处书："在生好色酒肉过步多伤命物同报。"左空隙书："在生将粥饭一切实物（糟蹋）不敬衣食之报"。画两鬼差把犯人夹在木板中由上而下锯解。

第四殿：五官殿

右题："托寄家信不到，强奸闺女哄诱孩童之报"。画鬼差丢犯人上滑油山。左题："凡人不敬惜字纸作讼害人明瞒暗骗杀害生灵之报，吞吃人财荡人家产破人名节犯人五名同报"。画鬼差汤锅烧火煮人。

第五殿：阎罗殿

右题："兢兢深严善恶两途终有报。"左题："森森地府幽冥判断总无差。"中画两母子对质，圆镜中现真相，上书"偷牛杀母"。祥云隔开，右边城门牌匾写：

图四　第四殿五官殿，佛博藏 1653 号

"九重城。"左下题:"谋杀亲夫移(贻)害善良,谋财害命放火抢火(劫)之报,再世法徒变畜"。画鬼差丢犯人上刀床。

图五　第五殿阎罗殿,
佛博藏 1654 号

图六　第六殿变成殿,
佛博藏 1655 号

第六殿:变成殿

判官批文:"忠奸善良判断分明,岳飞永法为神,秦桧奸极永受地狱,夫妻各二。"鬼差手牌上书:"速拿秦桧妻氏治罪,又调地方神到案。"下部祥云隔开,右边空隙处写:"富不行善恃有欺贫之报"。旁画犯人吊在树上,下坠大石。中部空隙书:"口舌交关伤人之报"。旁画鬼差剐舌。旁空隙处书:"怨天恨地不敬神明,抢夺诱骗之报"。画犯人吊起待剐。左边空隙书:"偷卖善书涂扯劝文盗取财物之报"。旁画鬼差置犯人于柴堆中以戟刺身。

第七殿:泰山殿

王批文:"善恶分明,终虽(须)有报。"左边判官手书:"作善加福"。祥云隔开左边城头写:"枉死城"。鬼差手牌书:"自好死不犹命鬼五名永禁枉死城内不出人伦。"左下角底部空隙书:"生前移花节(接)木伤(丧)尽良心双亲不养亲役不葬父母有惊惧烦恼等心者照此报"。画鬼差丢犯人入刀山。又书:"凡人恩将仇报欺贫重富好谈闺阃游嬉害人受此报"。画血污池及鬼差椿锤犯人。画面右上方有祥云中有一持净瓶观音,施法术于血污池中生出莲花及莲叶普度一犯。

第八殿:平政殿

正中王批："东海龙王毙命一案，因减风雨，批此。"

图七　第七殿泰山殿，
佛博藏 1656 号

图八　第八殿平政殿，
佛博藏 1658 号

图九　第九殿都市殿，
佛博藏 1657 号

图十　第十殿转轮殿，
佛博藏 1659 号

旁立判官手书:"自作自受不错分毫。"祥云隔开上下。右边坐判官案上包裹书:"阴府条条不漏针,作善必好。"案上文书写:"善有好报,恶有害报,前生修德,今生受。"中间鬼差手牌"罗卜救母出狱一名",旁画一僧人持钵救度一穿衣带枷锁老人。(目连救母故事)右边一鬼差手牌书:拿犯鬼五名。右下角书:"在生盗取馆内衣物几取死尸骨殖为药犯鬼五名受永入地狱之报。"左下角书:"恃彼气任意打人永禁地狱。"

第九殿:都市殿

右侍立手书:"善恶分明。"案前置一秤,右边画鬼魂于望乡台瞭望,祥云隔开上下两部,下部绘"平政桥",两童子带领一群衣着光鲜者闲步过桥,桥下有鬼差丢犯人于毒蛇堆中,并书"不敬尊长,大斗小秤,贪财害人,窝娼恶赌,生前作孽,卖着(湿)水米等等受此报"。

第十殿,转轮殿

左边侍女扇上书:"为人做好终虽好,阴间世不错分毫"。判官手卷书:"死后怕为双角兽,生前莫作两头蛇"。祥云隔开,两鬼差扶转轮,生出六道。鬼差手牌书:"发往投生六畜之报"。画面右边书:"盖世英雄难免伦回二字"。左边书:"富不行善有如春梦一场"。下边书:"你若行善事别人分不得"。

画面内容与《玉历宝钞》所言大致相同,画面色彩鲜艳,为达到更佳的说教效果运用了尽量多的文字著述,所画内容涉及戏剧、民间传说、故事人物,均是民间喜闻乐见的角色,对奸臣、坏人等"犯众憎"人物进行了大快人心的审判,迎合了大众心理。"十王"中最为人们熟知的是阎罗王、转轮王、泰山王,均各有渊源。阎罗王直接从印度而来,转轮王因佛教"六道轮回"为人们熟知,泰山王则来自民间流传"死后魂归泰山"的说法。与早期经文、图像相比,其通俗程度更高,晦涩难明的佛经教义已大部分忽略,只剩下通俗的民间故事,如"目连救母"在唐宋地狱造像中是一大要点,到了明清尽管仍有出现,却很少放在显眼位置。而且每殿描述的内容也不固定,在不同的叙述者手里经常变换。如《玉历宝钞》第一殿提到的"孽镜台",

图十一　台湾 1954 年重印《玉历宝钞》第九殿平等王

在画中出现于第五殿,第四殿提到的"泡水米"、第五殿提到的"望乡台",也出现在画中第九殿。可见内容的组合是糅杂随意的,随着时间和地点不断衍变,并没有建立固定的样式。道教产生之初崇尚"大道无形",很长一段时间内禁止偶像崇拜,只隐蔽的使用象征物⑧。经过历朝历代的制定，陆续出现了大致的图像样式，但在实际使用中并不注重细微的差别，如十王的形象，在宝林寺水陆画、韩国水陆画、日本藏陆信忠水陆画中尚有文官武将、白脸红脸黑脸、各式服装、年龄差异、各种髭须之分，但在《玉历宝钞》和佛山博物馆藏这批画像上，各王的样貌已趋于程式化而大同小异，身份的区别仅存于意念之中，而不力求细节上的表现，体现出浓重的商业气息。

三、"十王"图像衍变历程

1. 历朝各地的衍变

"十王"图像的衍变首先反映在构图上，然后是情节。我们现在看到——每王一殿独立一图，中间以祥云隔开，将场景分为上下两段——的形式已经是发展成熟的"十王"样式。在这之前，经历了整幅、大场面、情节性的描绘，越往后则越趋于场景的细化和情节的简化。

现在流传的"十王"图像为数不少，以敦煌为多，但大部分已流失海外，零散分布的石窟造像也较多，内容以"地狱变"、"地狱变相"为主，与现存"十王"差异较大，一般在上部并排罗列十王威仪，下部表现地狱阴森恐怖的惩罚场面。有学者指出，"十王"造像从早期与地藏菩萨同处一画面，向后期每殿独幅供奉衍变。"在地藏十王地狱的绘画中，由绘出十王的经卷，渐发展至十

图十二（1）　　大足石刻南宋地狱变

王分开的图轴。"⑨我们从流传实物可以清晰地看到这种变化。唐、五代、北宋一般把地藏和十王描绘于同一画面⑩，称"地藏十王图"。大足宝顶山南宋造的"地狱变"群像正处在转变的过渡环节。

除构图形式以外，画面内容也产生转变，"以下一系列绘画旨在说明十王们怎样为自己得到越来越多的地盘和侍从。……在图45到图51的绘画序列表现出画家如何给十王们逐渐配齐一个中国判官所需的文具，诸如笔和墨，卷宗和案桌；如何给他们逐渐添加上全体幕僚，包括信使、助审员、行政官、掌旗人和执事官。"⑪这些都体现出细节的逐渐增加。

以上形式自出现后一直沿用至今，大致上已成为范本，王的服饰也以宋式为主，带冠端坐在案前，画面中部用祥云隔开。与韩国"十王"图像相比较⑫，除颜色有差别外，最大的区别还在于十王进行审判的场景。通度寺"十王"图像把冥王身后的宫殿

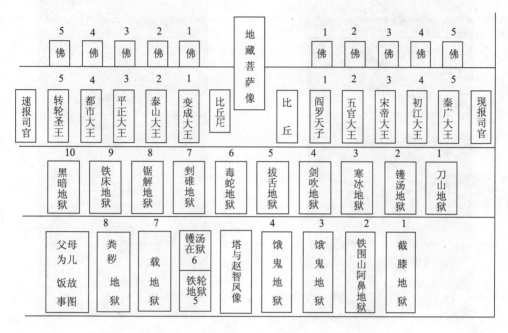

图十二（2）　大足《地狱变相》示意图

帷帐变为屏风，大概是韩国画匠在脱离了中国本土的人文背景后，无法想象官衙场景，转而用颇具中国风情的屏风来顶替。然而我们却由此引发一个思考：为什么十王背景的描绘要参照官衙场景呢？更深的思考下可以发现它暗含的信息：在中国人观念中，潜意识地把地狱和官衙进行了等同。正因为两者都具有"审判"和"刑罚"的功能，所以在创作的时候将它们联想到一起，并借用了官衙的场景，这一行为说明民众心里对官方权威的认同，同时也表明神灵正日趋世俗化。

2. 衍变的最后过程

以下要讲的"十王"图像已经处于系列转变的最后环节。

佛山市博物馆藏"十王"画像四十余幅，分属五套（其中两套不全），年代跨越明、清、民国，很好地说明了"十王"图像在明清时期的状态。纵长约160～170余厘米，横宽约80～90厘米，1966年破"四旧"时从佛山各地庙宇收回。这几套画像各有特色，据画面风格判断，最早一套为明末，之后清早、清中、清晚期俱有。绘画的年代不能作绝对论断，因为绘制过程是持续不断，但是为了论述清晰这里作出了含糊的划分，尽管如此，仍尽量参考了省书画鉴定专家的意见。由于各王画像相仿，现只取其中"平政王"一幅进行比较研究。为便于论述，按时代早晚，下面简称为平1（明）、平2（清早）、平3（清中）、平4（清晚）、平5（民国）。

图十三（平1） 第八殿平政
王大中堂，佛博藏1220号

图十四（平2） 平政殿大
中堂，佛博藏1209号

图十五（平3） 第八
殿平政王大中堂，佛博
藏1226号

图十六（平4） 平
政殿大中堂，佛博藏
1227号

平1描绘精细，人物形象细腻，以线描浅赋色，画面淡雅，从服饰和人物气息看，应属明代风格。平政王端坐案前，白面留须，带冠，面向左若有所思，正举笔欲书，两旁各立一侍女，作女官打扮，两边及上有红、黄等层层垂幔，顶上示"八殿平政王"牌匾，案前跪倒犯人三名，其中一男无头，犯人两旁站立判官、鬼差多名，气氛热烈，似在争辩，祥云弥漫下现出鬼差拖曳犯人前往磨盘、刀床受刑。平1与平3所描绘的王均比例偏大，判官比鬼差犯人又稍大。按照身份的主次设置人物形象的大小，是民间惯有的朴素观念，古代的埃及绘画正是其中典型，朝鲜通度寺藏水陆画也有此现象。

图十七　朝鲜通度寺藏 1775 年十王图第八平等大王

平2与平1、平3、平5构图不同，平政王并非坐在案前，反而把场景置于园林山野之中，并把平政殿作为背景，仅露出一角，以明示身份。平政王坐于摇椅之中，闲适而饶有兴味地观看面前的犯人，犯人跪倒在前倾诉，旁立侍卫、判官、童子、官差。整个画面用山石树木作掩映及隔断，以调整和穿插画面，下部为鬼差对犯人的各种惩罚，包括左下角磨盘、右下角的刀床，均有鲜血淋淋的犯人正在受苦，以达到触目惊心的效果。该构图设于山林之中，绘画形象大小亦合乎比例，这些因素使其更具文人画气息。

平4与平2构图、情节基本一致，但绘画风格相异，应是以平2为范本进行临摹，平4画幅稍长，上部多出十余厘米，加作了祥云以补白。据某些专家考证，民间画师有"粉本"，可用带小孔的粉本先撒墨粉，再依痕迹描绘，以便于大量绘制相同的画作。但这两幅画作并未用到此工艺，仅是临写而已，应是需求未达到制造粉本的必要，因此在佛山这个盛产木刻印画的地区也未制作木刻印制。从平4的仕女形象头大削肩判断应是作于清后期，而且鬼差的动态虽然有本可循，但画法上却偏重阴阳明暗，平2则偏重线描。与平4同为一套的部分画作有"禅山水巷锦云造"朱文印。

平3仍然为王端坐于正中的构图，但相比于平1则较为概括和粗简，人物形象呆滞，画面满布线条浓重、连接紧密的祥云，倾向于民间绘画中稚拙、丰满、大色块的绘画趣味。相比于平1、平2、平4几幅画面下部均有磨盘、刀床，这幅却换作滑油山、吊刑和刀床。与平3同为一套的部分画作也有"禅山水巷锦云造"朱文印。

平5亦是平正构图，画面色彩更趋浓艳，基本是纯色平涂。画面跟平1一样有一无头男人。此人手端龙头，王并书"东海龙王毙命一案，因减风雨，批此"，反映人们对风调雨顺的渴求，另一角度看来则突显"十王"图像附会民间风俗戏剧人物，力求引起共鸣和广泛传播的特点。画面上也显示了一个工作流程问题，在同套绘画上人物或景物上往往用细弱的笔写着"王"（黄）、"茄"（紫）、"朱"（红）、"青"（蓝）、"六"（绿）、"鱼王"（橙）、"古同"（古铜）等色名，更有一些用错了颜色，显示该套画采取了先有工匠描形，再有工匠赋色的分工合作的流水线方式，是典型的手工作坊操作。平5画面有"佛山福禄里胜意斋货真价实如有不合式携回本斋原银送回期限十天上架别款不照此例"朱文印。

综上所述，从几幅不同时代相同题材的画面上，我们可以观察到几个重要的特点：

1. 画面从殿堂转向山林，体现了不同的时代风格。绘画是在现实基础上的理想体现。平1所画的官差尚乐于参与犯人的审判，有较浓的生活气息，体现了群众仍寄予官员"勤政爱民、秉公办案"的理想，但在平2、平4中，官差站在远处冷眼旁观，态度傲慢不屑，透露出世态炎凉、犯人哭诉无门的现实。另一方面，画面体现出王的特权和威严在不断增长：王即使不端坐在公堂之上仍然高高在上，犯人则一如既往的卑微无力。王在庭院中审判的图像特点，改变了呆板的正面构图，创新出斜角边景的园林景色，使画面变得活泼多样；同时迎合了明清文人士子回归山林的愿望。这些改变隐隐散发出商业竞争的味道，不同店号间为了在激烈的市场上夺得一席之地，竞先创作出更受人欢迎的式样。

2. 其制作方式属于作坊流水线产品，不同于职业画家或文人画家的作品，反而与年画、木刻版画等制作相仿，佛山市博物馆藏有地狱图像的局部木刻板[13]，虽然零散并不足以证明画像的制作曾经使用木刻印制，却至少表明其间有着不少关联。店号和地址也同样在福禄大街，考虑到宗教画的需求不是常年和大批量的，不会另外开设店铺，应是与年画、神相等一同销售和制作。另外，该画的说明文字有众多错别字，作画者自身的文化水平并不高，亦说明出自工匠之手。

3. 各时期画幅的样式互有关联。平1、平2、平4左下角均有磨推，造型相似；平1与平5均有无头男人跪在案前。这些都透露出以上画面曾经相互参照和影响。这里并没有可以透墨粉的那种"粉本"，也没有制作印版，只运用了临摹和一定程度的再创作。随着人们观念的转变，画面也在不断发生变化。较早期（清初）画面描绘得细腻而谨慎，反映出绘画者对鬼神的敬畏和宗教的虔诚；而越到后期，画面越简略概化。可见随着社会商品经济的发展、对外接触面的开阔，人心已不古，已逐渐缺少对神和信仰的尊重和敬畏。而整个绘画的过程更从一般的职业画家至工匠至流水线作业，越来越趋于普及和商品化。

图十八　地狱局部，佛博藏木刻印版

四、佛山"十王"图像

为弄清楚佛山博物馆此批画像的功用，我们进行了一系列的田野调查⑭。在西樵的"云泉仙馆"中我们看到了类似的画作，多方采访下确认了这批画像的功能。图像涉及死后地狱，一般用于超度亡魂，即做丧事（道教称"白事"，佛教称"做七"）时悬挂。据采访的僧人和道士介绍，以前佛、道的界限并不明显，民间只在乎消灾积福的实际功能，并无所谓信仰佛教还是道教，有需要时（即感觉街道不安宁或过盂兰节时）即组织村民集资（可多可少，个别富有者家中办事也有私人独资，但较少），延请法师或道长打醮，法师和道长会根据资金的多少决定醮会的规模，人手不足时还会延请相熟的同行一起操办，这种"十王"图像在当时是每个寺观都有的，甚至每个出外打醮的法师道长均自备一套，平常装在长箱中，外出打醮就带在身边，开坛时悬挂。

具有类似功用，且较为大型和系统，已进入研究视野的宗教绘画为"水陆画"，用于佛教办水陆法会时悬挂，水陆画有其自身的仪轨⑮，一套可有七十二、三十二、十六幅等不同规格，内容包括佛祖菩萨、天神法师、地狱恶鬼、王侯妃嫔、名臣烈女、土地诸神，画面上按照仪轨把各神置于固定的方位，之间用祥云隔开。水陆画中也有十王形象，但一般将五位或十位王绘制于同一画面[16]，放置于下堂第七席中轴。现在已出版的山西和河西的水陆画[17]，主要来源于皇宫御赐，画面延续的是宫廷绘画精工勾勒、赋色辉煌的风格，而且大多有榜题及捐造者的下款。据了解，水陆法会是佛教中最为盛大的法会，一般由国家举办，而佛山乃至岭南地区的打醮活动则属于地方性法会，且不限于佛教，更多是由道教正一派（俗称"喃呒佬"）举办[18]，这种醮会的功能与水陆法会的目的是一样的，在于安慰和肃清孤魂野鬼、四方妖孽，为生人谋求福泽安康。

图十九　《水陆仪轨会本》水陆画中十王仪轨图示

在这批宗教绘画身上，我们可以知道，佛山在明清时期已经形成了这样一些作坊，专门为寺院、宗祠或个人批量生产这类宗教画像，也许还曾出口至朝鲜、日本、东南亚地区，如清末民国时佛山产的"安南画"就专门销往越南[19]。历史上我国也曾出现过十王画像的作坊，"我们从现藏于海外的南宋时期有关十殿阎王及地狱的绘画中看出，这些出自民间画师笔下，形象生动，颜色艳丽，融释、道于一体的宗教观念的水陆画，在当时已为海外大量接受，主要是因为南宋时期的朝鲜与日本，受我国影响，开始流行汉化佛教地狱的信仰，紧接着对于这类水陆画的需求也与日俱增，十二世纪中期至十三世纪，南宋对外商埠的贸易大港宁波，因其海运传输之便，成为当时民间画师云集之地，并成了专门绘制水陆画销往海外的作坊式的中心"[20]。与宁波的水陆画作坊产品相比较，佛山这批绘画在形制和使用上更显通俗更为民间，画面上赫然盖着"佛山福禄里胜意斋货真价实，如有不合式，携回本斋，原银送回，期限十天，上架别款不照此例"、"禅山水巷锦云造"、"水巷正街意雅斋绘"、"禅山水巷何现彩写"、"广东佛镇福禄大街伍万安堂造"或"禅山福禄大街永吉堂造"等商业语言和店号的朱文印，透露出这些宗教绘画的制作和销售在佛山确实曾作为一个产业存在过。一位八十多的老人邝伯[21]在采访中告诉我们，现在福星商场后面的水巷正街以前有十几间写画的作坊，抗战前仍在开业，但他没有进去了解过，不清楚是否生产这种大型的宗教绘画，不过肯定是画"神相"[22]的。

在《佛山忠义乡志》中，"福禄大街"于乾隆年间为福禄里，道光年间名福禄大街，到了民国则称福禄通街，与画面提到的水巷、水巷正街，均属德福铺辖区。在乾隆二十四年、三十三年、四十三年、嘉庆十二年，福禄里分别火灾延烧四十余、五十余，进而百余铺，从此乡里在省洋行置买水柜以灭火。民国乡志有载"醮料纸行，多在福禄、舍人、衙前等街，有二十余家"㉓。上列资料可知此街主要经营醮料（即举办斋醮，俗称"打醮"的用品）纸品等宗教用具，所以常引火灾。在当时，这些纸类手工业以家庭作坊为多，相互间有一定关联，因工序多，分工细，工艺相通，受雇的工人可分时段承接不同业务。"佛山一向纸料手工业很兴盛，一般家庭妇女和孩子们都有多种手艺，做完'安南画'就做'门画'、'年红'、'锡纸'……"㉔一些图画能手，既能为木刻设计画样，又能为门神"开脸"，自然能绘制这种十王画像。这种技术工人的收入是比一般工人要高的。

图二十　宝宁寺元代水陆画
"地藏菩萨秦广楚江宋帝五官"

　　从上述记载我们可以想见当时行业的鼎盛情景。

　　该行业出现在佛山而不是其他如广州、潮汕、南海、顺德等人文气息同样浓厚，书画艺术更为发达的地区，有其历史原因：

　　1. 佛山在清中时各种敬神活动已经成为商业的需要。乾隆乡志载"论曰越人尚鬼，而佛山为甚，今不示之以节，更铺张其事，得毋谬于坊民范俗之旨欤，曰此拘迁之见，未达乡之事情者也。夫乡固市镇也，四方商贾萃于斯，四方之贫民亦萃于斯，挟资以贾者什一，徒手而求食者则什九也，凡迎神赛祷类皆商贾之为或市里之饶者耳，纠铢黍以成庆会，未足云损，而肩贩杂肆借此为生计，则食神惠者不知其几矣，况愚夫愚妇日从事于神安知不有动于中，而遏其不肖之念，是又圣人神道设教之妙用欤，若禁抑之，使不得，仍其故习，此特便于齐竖而贫民不气馁而夫民相资相养，事有近于奢而无害者，固不必遽示之以俭也，至若以礼事神，士夫稍知敬远者，自能循度中节，岂待厉禁而始知，嚣渎之非哉，是以牧民者求通民情，守土者不违土俗。"㉕

　　2. 佛山在唐宋年间手工业已逐步兴起，至明代中叶名扬海内外，与景德、汉口、朱仙镇并称为我国"四大名镇"，明清两代手工艺业异常发达，商铺、市集、作坊如林，铸铁、陶瓷、丝织均是中外闻名的产品，更是木刻、剪纸的生产基地，染纸、神

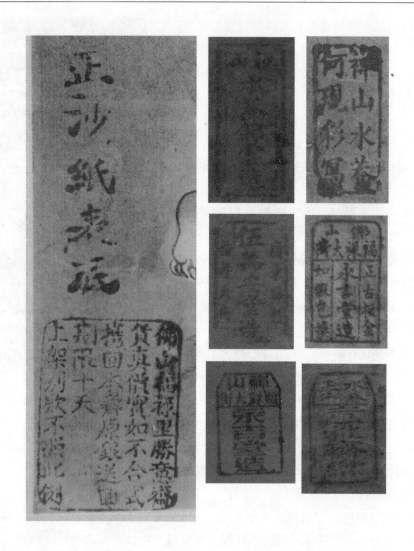

图二十一　佛博藏宗教绘画钤各式印款

相、扎作、金花、符疏衣纸等均成行成市，产品销往粤西北和海内外。在祖庙后面的
"长生树"，各种红白喜事的操办都有专人、专铺和用品以供选择，可批发、零售、租
赁，尚有"嫁娶屋"流传至今。这些店铺紧紧地围绕在香火鼎盛的祖庙、万真观、仁
寿寺附近，前来批发零售的人潮川流不息。佛山博物馆藏许多木刻板，有门神、引路
符、消灾符、平安符、保子祥符等多种，在多年的印刷过程中磨损得平滑光洁，可想见
在当时的社会环境中，这种产品有着大量的市场需求。佛山作为明清时期的手工业大
镇，出现了承接这些业务的店铺并不足为奇。

很明显，在宗教服务及用品方面，佛山在商业需求的推动下已形成完整的产业链，在手工业生产方面也有其独到的优势。

五、结论与思考

"十王"题材的图像和文本资料数量巨大而且分散各地。"十王"题材在早期（唐宋）就有多种形式的表现，到了明朝随着城隍信仰的兴起，更在城隍庙里专辟十王殿，在教化上体现了其政治需求。延续至明清时期，"十王"题材得到大规模的重视和制作，与官方扶持下民间流行斋醮法会、超度亡灵不无关系，"十王"逐渐成为人们生活中不可或缺的习俗文化。在清中后期的佛山，宗教绘画与各种产业联系起来，成为商业经济中互动的重要环节。

这批"十王"图像与其他地区的"十王"造像有一个很大的区别。敦煌经卷图像和石窟雕塑群像，是出于讲解教义或诚心发愿而造的，它们的制造初衷并不面向观众，也不具备政治和商业的用途。为了更深的渗透民间，画面的角色、构图逐渐变得通俗易懂，甚至运用文字说明。因此"十王"图像在这个过程中丢失了不少信息，人们不再关心十王的缘起，只关注十王惩戒恶人的场景，以此劝人向善，信仰神灵。佛山博物馆此批"十王"正是在此基础上出现。除却宗教民俗信仰，它的产生还受到商业利益的驱动，其实用性和需求的增加，都为它的大批生产提供了可能。在这个意义上，这批"十王"图像的实物流传显示了宗教绘画从民间信仰转化为商业绘画的历程，通过它们我们可以更直观的接触到普通百姓的民俗习惯和生存状态。宗教信仰伴随着人们的观念在民间不断衍变，每一个细微的转变，均以极其微妙的姿态在宗教绘画上呈现。人类也因这些宗教产物获得了救赎和人文的积累。从这个角度看，这批宗教绘画有着无可比拟的重要性和历史文献的价值。

注 释

① "十殿冥王"在不同的著述中也称"地狱十王"、"十殿阎王"等，简称"十王"。

② 杜斗城《敦煌本佛说十王经校录研究》，甘肃教育出版社1989年版，243页。

③ 胡文和《四川石窟中"地狱变相"图的研究》，载台湾《艺术学》，1998年3月第19期。41~82页。

④ 《十王像遗迹表》，党燕妮《晚唐五代敦煌的十王信仰》附表，载《麦积山石窟艺术与丝绸之路佛教文化国际学术研讨会论文集》，兰州大学出版社2004年版。

⑤ 《玉历宝钞》有多种，市面上流传广泛，几乎大的寺庙都有信众集资募印免费赠阅，但内容大同小异。

⑥ 《玉历宝钞》，寺庙赠阅本。

⑦ 地藏菩萨是《十王经》得以出现的重要人物，正是地藏菩萨发愿拯救六道四生的生灵，为免人

　　类作恶沦落地狱受苦，才倡议发此十王经，以警示世人多行善事，不得为恶，以免死后受罚。

⑧　关于此说，可参考巫鸿《礼仪中的美术》（上、下），三联书店 2005 年版。

⑨　张总《地藏信仰研究》，宗教文化出版社 2003 年版，329 页。

⑩见《大足〈地狱变相〉示意图》，杜斗城《敦煌本佛说十王经校录研究》，甘肃教育出版社 1989 年版，183 页。

⑪　［德］雷德侯《〈十王图〉的图像学分析》，载洪再辛选编《海外中国画研究文选》，上海人民美术出版社 1992 年，第 241 页。

⑫　陈明华编著《韩国佛教美术》，艺术家出版社，1999 年版。

⑬　佛山市博物馆藏木刻板未编号未定名，从画面可见地狱场景，如图。

⑭　关于田野调查的详细内容见于另外一文《民俗绘画辨析——2007～2008 年佛山市博物馆田野调查报告》，未发表。

⑮　《水陆仪轨会本》，上海佛学书局印行，2002 年版。

⑯　见宝宁寺元代水陆画"地藏菩萨秦广楚江宋帝五官"。

⑰　山西省博物馆编《宝宁寺明代水陆画》，文物出版社，1988 年版。《明清水陆画精选》，北京市文物局编，北京美术摄影出版社 2006 年版。

⑱　黎志添《广东地方道教研究：道观，道士及科仪》，中文大学出版社 2007 年版。

⑲　冯炎《经营安南画的回忆》，载《广东文史资料》第十三辑，第 71 页。

⑳　张纵、赵澄《流失海外的十王图考察》，载《百家文艺》2003 年 4 期，总第 74 期。

㉑　2007 年 10 月 11 日于舍人大街附近寻访，邝惠文，时年 87，身体健康，精神良好。

㉒　"神相"为当地俗称，即神像画，普通理解为粘贴悬挂在家中参拜的"五尊"、"七尊"等神像，一般有木刻板、印、画、烫金等工艺流程。

㉓　1926 年《佛山忠义乡志》，冼宝干撰。

㉔　冯炎《经营安南画的回忆》，载《广东文史资料》第十三辑，第 71 页。

㉕　乾隆《佛山忠义乡志》，陈炎宗撰。

推进对广东民间工艺的研究、收藏是对广东民间工艺的最好保护

曾波强（广州市文物总店）

历史上，广东与江苏、浙江、福建并称中国工艺美术的四大工艺省份，工艺品种数千个。清乾隆二十二年实行的"一口通商"政策，更使广东工艺的发展达到了登峰造极的地步。因市场需求的巨大，大量能工巧匠云集广州。为更好展示中国工艺的巧夺天工，同时将欧洲文化元素融入广东工艺，最大限度地满足欧洲市场王公贵族对中国艺术品的需要，广东工艺在继承传统的基础上得到了极大的改进，创造出许多匪夷所思的神奇产品。广东工艺名品"三雕一彩一绣"（象牙雕、玉雕、木雕、广彩、广绣）就是这一时期代表中国工艺的名片。下面我们先来欣赏几件清代广东工艺作品。

一、异常珍贵的乾隆十三行纹潘趣大碗

这个生产于 1780～1785 年之间的十三行纹潘趣大碗（见上图）向我们真实地展示了乾隆盛世广州十三行贸易盛况，珠江岸上各式建筑，在建筑与珠江之间的码头上、建筑内、船上忙活的人群及珠江上穿梭不息的船只就成了整幅画表现的重点，因而彩绘者

仅少许着墨于山和水。

一字排开在珠江边的建筑群非常庞大，从风格上来看，有中式建筑、西式建筑及中西风格合璧建筑。中国官员办公地如粤海关及中国商行则基本上是中式建筑，洋商行的建筑基本上是西欧风格建筑，上下两层，从正门进去后里面还有大量的建筑。有的在门的上方建有露天飘台，作休息赏景之用。有个别则建有上下两层的走廊，不但气派且能避免风吹雨淋。建筑前面飘扬着丹麦、法兰西、清朝、瑞典、英格兰、荷兰、巴西等国家的旗帜，旗帜的后面，便是所属国家的商行，垄断着在各自国家的对华贸易。

十三行场景中对人物的描绘则使商行贸易区显得生机勃勃。在建筑群里、洋行前、船只上共彩绘了 93 个人物，其中洋人 31 个。洋人中，有的在悠闲地散步，有的在与中国商人谈生意，有的在欣赏珠江的风景，有的在与清政府官员商谈公务，有的在洋行门前指挥洋行雇佣的中国工人搬运货物，有的在珠江划船。更有意思的是在一洋行前描绘了一对洋人醉酒的场面：一洋人满脸通红，跌坐在酒桌旁，另一洋人则摇摇晃晃抱着旗杆。在所绘洋人中，以男性为主，能明确辨别为女性的仅有三人，表明女性并不适合做艰苦的海上旅途。代表清政府履行公务的政府官员共有 12 人，他们都戴着官帽，极易与其他人分辨开来。除三个在船上，其他的都在岸上执行公务，有的在海关里等候别人来办理业务，有的似正向洋人传达清政府的法令，有的正在监督洋行的各项业务活动。余下的则是商人、搬运工、船夫等。

挤满十三行前的各式船只共有 33 艘，以适用内河运输的为主，其用途应是载客及短距离运送货物，同时亦有游船。主要以带雨篷的中国传统小船为主，而洋人驾驶的船只有三艘，从外形到装饰都有明显的西洋风格，悬挂的是风帆。每个洋行或许都有自己专门的船只，如在海珠中国亭前停泊的两艘最大的船，其船头就用欧洲贵族纹章装饰，表明其身份。

广彩因外销而产生，故其风格是因海外市场需要而形成的，中国文字在广彩上极少有出现。而这只十三行大碗，有多处出现中文字。

中国政府驻十三行贸易区的最高权力机构，粤海关地位被至高无双地突现出来：在一杆高大粗壮的旗杆上悬挂着一面黄色的旗帜，上书：钦命粤海关。而"海珠"、"靖远"等十三行核心贸易区亦被用中文清晰地标示出来，此外在一些器物如灯笼等亦写有汉字。这些文字的标识对复原十三行场景、研究十三行、研究广州时期的对外贸易意义极大。

最早的十三行场景碗，是在碗的一边用一个开窗来表示，另一面则是欧洲的风景。大约在 1770～1775 年，这种十三行图案逐渐发展，碗的两面的开窗都用来描绘十三行场景。到了 1780 年，通景式的彩绘发展成熟，就像上面我们看到的图案一样，这个乾隆广彩十三行场景纹潘趣碗，大约彩绘于 1780～1785 年之间，口径 34.5 厘米，通景描绘十三行场景，有着极其重要的收藏价值。

1. 传世稀少。是目前中国公私收藏中唯一一件。有关十三行题材的广彩瓷器，目前只有苏州博物馆藏有一口径仅 11 厘米的小碗。这小碗彩绘较为粗糙，描绘的仅是当时十三行场景的一小部分，并不能将当时十三行的盛况特别是中西结合的庞大建筑群表现出来。而此类十三行纹潘趣大碗，目前中国公私收藏机构并无收藏。

西方国家博物馆极其重视收藏十三行题材的中国文物。大英博物馆、美国纽约大都会博物馆及英国大维德基金博物馆分别藏有同样的十三行场景纹潘趣大碗。

2. 彩绘技术一流，代表着广彩彩绘艺术的最高水平，是一件不可多得的艺术精品。广彩源于康熙，至乾隆时达到顶峰。这个广彩十三行场景碗之所以代表广彩的最高水平，主要表现在下面的几点：

（1）彩绘技术。巧妙地将西方的透视技法与中国传统彩绘技术结合起来，使整幅画面具有强烈的油画效果，富有层次感。绘画线条纤细有力，兼具写意和工笔，绘工殊绝。

（2）纹饰构图。构图极其紧凑、丰满，将十三行当时的盛况通过庞大的建筑群、从事各种活动的人群、珠江边上的各种船只等恰如其分地表现出来，重现十八世纪十三行贸易区的繁华景象。

（3）用料精致。用料极其丰富，且颜料莹润，色彩纯正。特别在某些景物上用珐琅彩彩绘，对于研究广彩与珐琅彩之间的关系意义重大。

3. 是研究十八世纪十三行贸易史、建筑史及复原十三行景区最为重要的实物资料。

二、匪夷所思的清代象牙雕镂空八仙福寿图提盒

广州象牙雕刻业从新石器晚期至今已有几千年历史。象牙雕刻的材料为大象剑形的长牙，在中国雕刻史上享有盛名，其工艺技术和生产经营在明、清时期达到了历史的高峰。乾隆五十八年（1793 年），英国国王乔治三世特使马戛尔一行参观广州牙雕后，对精湛的技艺非常惊讶。特使秘书回国后，在《旅行在中国》一书上写道："看来似乎最优秀、最完美无瑕的顶峰，就是象牙雕刻。"

此象牙镂雕八仙福寿图提盒（广东省博物馆藏）是 19 世纪出自广东匠人之手的杰出之作，代表清代象牙雕刻的突出成就。提盒由盖、二层篮筐、底座和提梁组成，各种牙雕制作技法发挥得淋漓尽致，包括镂空、透雕、深雕、浮雕、拼接组合等，尤其镂雕一项极尽意匠之能事。取极巨大象牙之材，切成极薄之片，再将之打磨得极光滑，于上雕出细如发丝的镂空万寿锦地纹，通体所用镂空牙片 30 多块。工序繁琐、颇费时日，稍有不慎，前功尽毁。以盖顶为中心自上而下分出八道花框连接各块牙片，所有边框均

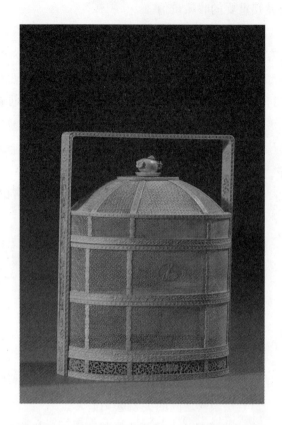

饰以卷草花卉和乳钉纹，底座各面镂雕卷草花卉，提梁两边深雕更为精彩，令人叹为观止，共雕出八仙及其他神仙数人组成群仙贺寿图，诸仙姿态各异，形体虽小但面目清晰，灵动传神。雕刻刀工纯熟精炼，以刻纹如丝、微如毫发的刀锋见其精湛的功力，刀刀锋棱毕露，不见败痕，具有一种奇峭清新、气韵生动之感，其雕工非一般功力所能及。

　　清代象牙镂空提篮存世稀少，与本提篮相近的一件见藏于台北故宫博物院，另一件于2006年北京匡时拍卖公司以1，540，000人民币拍出。本镂空提篮为我国象牙工艺品的极致，弥足珍贵。

三、鬼斧神工的清中期象牙高浮雕百花图摆件

　　此象牙摆件最大径近20厘米，表明其是从巨大的象牙上裁截而来，运用高浮雕、浅浮雕、透雕、圆雕等技术雕刻出荷花、浮萍、白玉兰、牡丹等十多种花卉及两只白鸽在天空中飞翔，两只白鸽在花下觅食的场景。两端则透雕狮子滚绣球。全器图案奇巧，雕刻线条极其精致，用手触摸平滑无比，毫无扎手之感。四只白鸽神态各异，惟妙惟

肖，一幅大自然百花争艳的景象展露无遗。

四、薄若蝉翼的鎏金点翠银扇

用银打造成 26 条扇骨，除最外面两条较厚用作支撑外，其余的打磨得极薄，内里用极细的银线焊接成缠枝花，银线纤细若发丝，迎光视之，透若无物。展开银扇，扇的正反两面则用广州另一种工艺——点翠，做成一蝙蝠头朝下衔着磬、周围则是缠枝花的图案，在没有工艺的地方则鎏金。银扇工艺精致之极，点翠色泽纯正，工艺精湛，巧夺天工，精致之程度，匪夷所思，当代表广州银器工艺的顶尖水平。欧洲市场上常见相似类型的象牙扇、檀香木扇、玳瑁扇等，点翠银扇则极罕见。

上面仅是广东民间工艺的几个品种，我们不得不为其精湛的技艺、奇妙的构思所折服。广东工艺最大的一个特点就是它的包容性，是中国文化与西方文化交融的产物，极大地体现了广东工艺在继续传统工艺基础上，大胆创新，吸收西方文化的特质，创造出独特的风格。然而，历史发展到今天，在现代文明的浸染下，广东这些奇妙无比的工艺却面临着灭绝的困境。造成这种局面的因素很多，譬如传统工艺材料、人工成本高，在新材料新市场的冲击下导致市场的需求下降；专业工艺人才匮乏，后继乏人；过多粗制滥造的工艺品涌入市场，鱼目混珠，更凸现出传统手工艺价格上的劣势，从而导致市场

份额的急剧减少，最终导致完全丧失市场等等。

　　在上面的诸多原因中，民间工艺品因成本高而丧失了生存下去的市场环境是导致今天困境的主要原因，没有市场的产品肯定是要消亡的。

　　我们可以肯定的是，传统民间工艺要与现代化生产的工艺品竞争成本是绝对要处于劣势的，挽救传统民间工艺特别是顶级的工艺，应该像熊猫一样予以保护。在现代文明冲击下，传统民间工艺失去了市场生存环境已是不争的事实，在以现代工业工艺产品的竞争中无论其成本或实用性都是处于劣势的。但是一个国家，如果连传统的东西都完全丢弃了那是一件非常可怕的事情。一个城市以文化论赢输，一个民族同样以文化论赢输，而传统文化是在整个文化体系中不可或缺的一环。传统民间工艺是历史发展中对当时人文、政治、社会风格、审美、情趣等最真实的记忆和反映。

　　让传统民间工艺与现代大工业生产竞争是不现实的，如果让传统民间工艺进行机器生产，那就不是传统民间工艺了。要想传统民间工艺基本保持原有的风貌和水平，其生产方式就不能现代化，所以让手工艺人回到原来的家庭作坊式的生产方式就应该是一个最佳的选择。近几年，很多传统民间手工艺人纷纷成立自己的工作室，潜心创作，传统民间手工艺品质量有了一定程度的提高。但仅靠质量的提升而不解决市场的问题是没有用的。

　　因而再下来的问题就是出路问题，也就是市场问题。市场是一个行业能否生存、发展下去的基础。手工生产的工艺品其成本肯定是比较高的，它绝对不可能被当作日常用品去使用，它只能被当作欣赏品和收藏品，所以推动对民间手工艺术品特别是其中高档的手工艺术品的收藏就会成为优秀民间手工艺术行业能否生存发展下去的关键。而推动收藏的前提必须是先对被收藏品进行深入的研究，对他们的艺术价值、历史价值、社会

意义、工艺流程等进行全面的研究，让艺术爱好者、收藏者有途径获得相关的知识，引导他们对传统工艺进行收藏、研究。

广东传统工艺品是岭南文化最重要的组成部分，岭南文化包容、创新的特质，在这些工艺品里得到最大限度的反映。创烧于康熙晚期的广彩就是中国传统的彩瓷生产技艺与欧洲文化交融的产物，欧洲油画的透视技法在广彩的彩绘中得到了充分的反映。牙雕亦在清朝得到了最大限度的发展。

在收藏热的今天，有多少广东人对广东传统工艺有了解？又有多少藏家收藏广东民间工艺？当景德镇元代生产的一个鬼谷子下山纹青花罐在伦敦拍出 2.3 亿人民币天价，甚至当湖南人抢藏湖南醴陵瓷而引至全国醴陵瓷收藏热的时候，广东的藏家在哪里？当大量精美绝伦的广东工艺成为外国人热藏的对象时，广东的藏家在哪里？近几年大量外销的广东民间工艺精品回流中国成为北方艺术品拍卖公司及藏家的宠儿时，同样的东西在广东却引不起漪涟，绝大部分在广东的拍卖公司拍卖的广东工艺基本上是流拍的，为什么会这样呢？

造成广东人对广东民间工艺的漠视的原因我认为核心有二：一是对历史上广东民间工艺的研究严重缺失，即使有这方面的研究亦仅是从史论的角度，并没有对其中的工艺价值、欣赏价值、收藏价值、历史地位、市场价格等进行全方位研究，使得大众无从接受这方面的知识。二是没有开展推动民间工艺品收藏市场的工作。没有市场的作品肯定要走向消亡，但是市场有时是要引导的，酒香也怕巷子深，广东传统工艺就是缺少宣传推广，才陷入目前这种墙内开花墙外香的尴尬局面。在目前文物艺术品收藏大热的环境下，首先要推动的是对历史上的传统民间工艺品的收藏，只有这个市场发展起来了，才会有越来越多的收藏爱好者进入广东传统手工艺品的收藏领域。政府的扶持毕竟是有限度的，引导市场的需要也就是收藏才是根本解决传统工艺的生存之道。市场有了，从业人员的待遇得到保证，自然能留得住人才，吸引人才。

这几年，虽然有关部门一直在呼吁要拯救民间工艺，但基本上都是雷声大雨点小，嚷嚷一阵子，最后都不了了之，人们对此已麻木了。曾经是中国工艺品名片的广东民间工艺品在经济飞速发展今天，不但没有得到更好的保护、发展，反而面临消亡，作为经济强省而近几年又提出建设文化强省的广东，确实应好好反思了。

元曲与元瓷

楼　钢（广东省文物艺术品行业协会）

近日在编撰中华博物网会员藏品选粹第一卷的时候，笔者发现了一件罕见的青白釉浮雕人物故事图高脚杯，为元代景德镇产影青瓷（见彩版一）。该杯胎体轻薄通透，釉面温润如玉，杯体与高足采用胎接，足部露胎处可见因胎土淘炼不甚精细而胎中含有黑色的铁点，器体通高7.5厘米，杯身部分仅高3.7厘米。在不足两寸见方的杯体上，元代的工匠们用纯熟犀利而又细致入微的刀法雕出一堵高墙，墙头立一高髻女子，背后是茂盛的梅树，墙下一青年仕人骑于马上，回头相望，后面还跟着个挑着担子的仆人，路边立有一株婆娑的柳树，树旁生长着幽香的兰花。此画面出自白朴著名元曲《裴少俊墙头马上》第一折：国族少女李千金游春于后花园，望见工部尚书之子裴少俊携仆张千外出公干，两人一见钟情。裴郎手书一诗示李曰："只疑身在武陵游，流水桃花隔岸羞。咫尺刘郎肠已断，为谁含笑倚墙头？"。李千金亦手书一诗回赠曰："深闺拘束暂闲游，手拈青梅半掩羞。莫负后园今夜约，月移初上柳梢头"。正是："偶然间两相窥望，引逗的春心狂荡。今夜里早赴佳期，成就了墙头马上"。整个画面干净利落，不缺一主体题材，又无一多余之物，显示出工匠们高超的雕刻技巧及非凡的艺术表现力。

笔者查阅有关资料，希望发现更多地以元曲故事为主题纹饰的瓷器的线索，结果却令人惊讶：据台湾中国古陶瓷研究学者刘良佑先生统计，人物故事题材的元青花瓷器全世界仅有十件。而其他见于著录的，仅有现藏于江西丰城博物馆的一件元青白釉透雕人物枕，器型仿戏台彩棚，四面分雕《白蛇传》中的"借伞"、"还伞"、"水漫金山"和"拜塔救母"四个场景。更令人惊异的是，终明一朝，我们还未找到一件以元曲故事为主体纹饰的陶瓷器物。这个结果倒引发了笔者的兴趣，着实花费了一些时间来作了一番探讨。

中国陶瓷是中国文化宝库中的瑰宝，是最富民族特色的日用工艺品。它的出现可上溯至一万多年以前的旧石器时代末期，经多少辈工匠们世世代代不懈努力，在宋代将单色釉瓷器推上了顶峰。

元以前陶瓷产地大多在北方，以生产单色釉器为主，装饰以釉色见长，很少见有绘制图案装饰。宋代社会习俗崇尚单纯，以青白为美，彩色为俗。五大名窑之中汝官哥定是单色，窑址均在今河南河北一带。民窑中的翘楚耀州，龙泉亦是单色。耀州窑在今陕西，只有龙泉窑在南方。到了元代，中国陶瓷发展出现了新的变化，陶瓷生产重心南移，确立了以景德镇为中心的生产格局。随着生产技术的不断完善，釉下彩绘瓷技术日渐成熟，其中彩绘青花瓷与釉里红所采用的装饰技法与中国传统的书画艺术一脉相承，使得文人士大夫们的审美观点得以改变，开始接受这种新的瓷品并加以推崇。元代社会是一个开放性的社会，中外交通，海外贸易非常发达。元朝的统治者们一方面要过荒淫无度的生活，另一方面又要应付庞大的军费开支，对内镇压人民的反抗斗争，对外发动侵略战争，因此迫切地需要大量的金钱。他们大力发展各种手工业，特别强化官府对瓷业生产的控制，集中了大量的工匠、财力物力及原材料，不断扩大陶瓷的生产，供出口以换取巨额的经费。正是在官府如此大力的支持及文人士大夫的推崇下，瓷器绘画装饰成为主流。这一方面给制瓷工匠提供了广阔的空间，使他们可以尽情发挥其创造力和想象力，另一方面也

元 湖田窑青白釉浮雕"墙头马上"图高足杯（另面）

细部

迫使他们去寻求尽可能多的题材来丰富自己的产品装饰，以适应急剧增长的生产需求，这就是元代瓷器主题纹饰多样化的社会背景。

对于中国的文人来说，元代社会无疑是中国历史上最黑暗的一个时代。蒙古人入主中原以后，实行了残酷的民族压迫政策，汉民族文化遭到了空前的压制。这种压制集中表现在对知识分子的排挤上。元于1234年灭金，1279年灭南宋，直到仁宗延祐二年（1315年），北方八十年，南方近四十年无科举，断塞了文士"一举成名天下闻"的发迹之途。若想当官出人头地，只能经由吏入仕之途。据《元史·选举志》载："江北提

控案牍，皆自府州司县转充。路吏请俸九十月方得吏目。一考升都目，都目一考升提控案牍。两考正九品，通理二百一十月入流"。二百一十个月是十七年半，才能入流当上一个相当于目前村干部之类的小官，这样一条道路对于中国的知识分子来说无疑是太过漫长了。入仕既无门，经济又无能，劳作且无力，造成元代文人的社会地位十分低下，以至于"小夫贱隶，亦以儒为嗤诋"（《青阳先生文集·贡泰父文集序》），无怪乎元代文人心情灰暗之极。

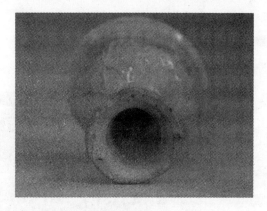

底足

马致远词："枯藤老树昏鸦。小桥流水人家。古道西风瘦马。夕阳西下，断肠人在天涯。"就是这种颓唐心境的绝佳写照。而自宋代以降，随着社会商品经济蓬勃发展，社会基层面的财富积累达到新的高度，民间已经聚积起丰富的物质基础。在这样的前提下，俗文化也相应的日益蓬勃发展起来，其标志性的现象就是勾栏瓦舍的兴旺发达。南宋时临安城居然可以"市开三万家"；临安城最大的瓦舍可以同时容纳五千余人，内中有各色戏班表演、摊贩、茶酒饮食数以百计，营业通宵达旦，而戏班演出的兴旺自然就需要有大量"俗文化"作品。正是在这样的社会环境下，许多不甘寂寞的知识分子选择了另外一条既能宣泄其知识情感，又能养家糊口的生活道路，那就是溶入民间，用原来仅服务于"雅文化"的生花妙笔创作出大量的"俗文化"作品。元曲就是这一特定历史背景之下的产物。这种文艺形式无拘无束：天上地下，神仙鬼怪，古人今人，帝皇将相，市井小人均能入戏。其题材之丰富，情节之跳脱，内容之广博都正好为陶瓷工匠们的装饰艺术提供了取之不尽，用之不竭的丰富题材。

从传世的元代瓷器来看，著名的也广为人们所熟悉的元曲人物故事题材的作品当属现藏于南京博物院的元青花人物梅瓶. 该瓶取材于金仁杰《萧何月夜追韩信》。此外，现藏于日本出光美术馆的元青花人物故事大罐取材于马致远《破幽梦孤雁汉宫秋》、现藏于美国波士顿博物馆元青花人物大罐取材于王实甫的《崔莺莺待月西厢记》、另一大罐取材于无名氏《逞风流王焕百花亭》。还有一件现藏于美国波士顿博物馆的元青花人物故事图大罐也应归入此类。该罐上画唐王李世民骑马在前，尉迟恭托单钢鞭在后，一小校手持王旗随行。此罐历来被称为"尉迟恭救主"人物故事图。其实该典亦是出自元曲，此乃关汉卿所作《尉迟恭单鞭夺槊》。该画面出自第三折：李世民为单雄信所追，尉迟恭赶来单鞭迎战单雄信，于马上夺得长槊，驱走敌将而救回唐王。画面上唐王回头相望，面露赞许，尉迟恭微微前倾，右手托鞭，左手摊开，一脸得色，似乎正

元　青白釉瓷枕

元　青白釉戏曲场景雕塑瓷枕

在说道："若不是我尉迟恭来得早呵，险些儿落在他彀中。被某一鞭打的那厮吐血而走，被我夺了那厮的枣木槊也"。整个画面清晰流畅，人物刻画生动传神，令人赞叹不已。

元 青白釉戏曲场景雕塑瓷枕细部

上文所提到的江西丰城博物馆的那一件元青白釉透雕人物枕也非常有意思，该枕提供了两条非常重要的历史证据：一是元代戏剧的演出方式和元代社戏的场景，二是《白蛇传》的成型年代。《白蛇传》不见载于全元曲，过去一般相信其成书于明，见明冯梦龙《警世通言》第二十八回"白娘子永镇雷峰塔"。明田汝成《西湖游览志馀》云："杭州男女瞽者，多学琵琶，唱古今小说平话，以觅衣食，谓之陶真。大抵说宋时事，盖汴京遗俗也。若《红莲》、《柳翠》、《济颠》、《雷峰塔》、《双鱼扇坠》、皆杭州异事，或近世所拟作者也"。这里也仅说明代时有民间艺人以古今小说平话形式来唱《雷峰塔》。但是此枕上的雕塑却已明白无误的证明至少在元晚期"白蛇传"戏曲已经成型并广为传唱。

以上的论述可以从供、求两个方面充分证明，元曲故事的内容和情节自元代始已广泛地为陶瓷艺人作为主题纹饰用于装饰瓷器，接下来的问题就是：既然元曲故事有这么广泛的社会基础，那么为什么流传到现在的以元曲故事为主题纹饰的陶瓷器如此之稀少？又为什么整个明代都未发现一件以元曲故事为题材的陶瓷器物呢？（见彩版一）

这可以遵循如下两个方面去探索：

一是绘瓷工艺技术。画瓷与雕瓷与一般的绘画雕刻完全不同，不能先在瓷坯上画稿，然后遵循画稿去成型，而一旦画错则又无法更改，只能整个瓷坯报废，这就需要画匠具有很高的艺术造诣与功力，非一般工匠能为之。这就决定了这类题材的瓷器产量不会很高，只有为数不多大师级的工匠才敢一试，该件青白釉高足杯就是一个绝佳的证据。这又从另外一个方面说明，凡是以元曲故事为主题纹饰的瓷器都是精品，具有极高的艺术价值。

《乔元之三好图》局部

二是元末明初的社会环境。元曲杂剧的发展创作在元晚期达到顶峰，其中有许多是借用历史题材或传说故事巧妙地表达对统治者的反抗，激励起人民群众的斗争精神。这种情况被统治者所察觉，因此元代晚期官府曾禁止各式元杂剧的演出，而到明代早期更是禁绝了历史剧。据明顾起元《客座赘语》一书所载，当时凡有亵渎帝王圣贤的词曲，驾头杂剧等一律禁止收藏、传诵、印卖。书籍器物统统销毁，违者全家处斩。在如此严酷的禁令之下，以元曲杂剧人物故事为妆饰的瓷器恐怕也是在劫难逃了。

元 釉里红高足杯

西周　陶豆

　　在中国陶瓷演变发展的道路上，元代瓷器无疑是一新的里程碑。正是在这个时代中，中国的工匠们成功地创烧出青花瓷、釉里红瓷、卵白釉瓷、高温铜红釉瓷、低温孔雀绿釉瓷等等大批新瓷品。瓷器的装饰方式也由宋以前的单色釉或刻、划简单的纹饰向刻划、模印、雕塑、绘画以及多种组合纹样等等全面发展。中国瓷器随着一批批外贸船队走向四方，把中国文化的精髓传播给全世界。在这一波大潮之中，元曲人物故事无疑起到了推波助澜的巨大作用。直到今天，每当我们看到这些精美的瓷器而为先人们精湛的技艺而感动的时候，可不应忘记这里面还有元代文人们的一份贡献。

关于建窑鹧鸪斑盏烧制年代的探讨

楼　钢（广东省文物艺术品行业协会）

　　建窑是中国历史上非常著名的一个窑口：在国内，它是唯一一个出现在皇帝亲撰书稿中并直接给予点评的陶瓷窑①，并且生产了大量共给宫廷使用的瓷器，其中，部分瓷器的款识还是由皇帝亲自书写②，这在整个中国封建社会历史之中是绝无仅有的；在海外，它影响了日本与高丽两个国家茶文化的创建与发展，直到今天，日本仍然保留有大量精美的建窑器物，并保留着以使用建窑茶具为最高规格的茶文化习俗。

图一　宋 建窑酱黑釉鹧鸪斑束口盏

　　但是，由于中国的茶文化自元代起完全改变，宋代流行的斗茶模式绝迹江湖，因此单一生产黑釉茶盏的建窑也濒于衰落，在元代中期以后即退出中国陶瓷史，由此而造成世人对建窑的认知出现长达整整六个世纪的空白，直到上世纪三十年代，日本人山本由定到建窑窑址考察，并带回建盏赠送给日本塌本靖氏，后者在昭和十年出版了《天目茶盏考》一书，建窑才再次进入现代人的视线之中。美国人詹姆斯．马歇尔．普拉玛教授在1935年六月到达建窑所在地建阳水吉镇，对建窑进行了全面的考察，并带回大量的标本。回国后，他在同年十月在《伦敦最新插图新闻》上发表了《建窑研究》一文，成功地将湮灭于历史之中六百余年的建窑揭露了出来并引起了古陶瓷研究学者的重视。建国以后，中国的考古专业人员多次到达窑址现场进行考古发掘，获取了大量的第一手资料，自此，建窑才渐渐褪去了神秘的面纱，真正引起世人的重新审视。（见彩版二）

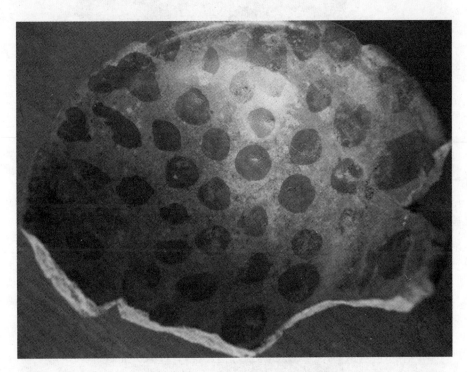

图二   宋 建窑鹧鸪斑盏标本

　　建窑主要烧制茶具，其中包括著名的兔毫盏、乌金釉盏、西瓜皮盏、油滴盏和鹧鸪斑盏。目前国内外研究建窑的专门著作尚不多，其中对建窑鹧鸪斑盏烧造的时间跨度多无评述，因此，做一些探讨就很有意思。本文即试图从史料考证和窑址发掘资料两个方面对建窑鹧鸪斑盏烧制的起止年代做一个初步的探讨，希望能由此而引起专家学者们跟进研究，达到抛砖引玉的目的。对于鹧鸪斑盏的定义，建窑研究专家谢道华先生已经在其专著中给予充分的论证，本文就不再赘述[③]。

　　中国历史上生产鹧鸪斑盏的窑口有两个，一个是江西南部的吉州窑，其盏亦称为"虎皮斑"，但吉州窑的鹧鸪斑为南宋物，并已获考古发掘报告的证实[④]。而另一个就是建窑。

图三　宋 建窑鹧鸪斑盏标本

图四　北宋 建窑鹧鸪斑盏

图五　南宋 吉州窑鹧鸪斑盏

图六　北宋 建窑标本

图七　北宋 建窑垫饼"供御"款

图八　北宋 建窑标本"供御"款

图九　建窑芦花坪窑址

图十　窑址保护标志碑

　　关于建窑鹧鸪斑盏的记载最早见于陶谷。陶谷，今陕西彬县人，历仕后晋、后汉，至后周时任翰林学士、户部侍郎，后迁兵部侍郎。显德六年加吏部侍郎。宋初，转任礼部尚书，后累加刑、户二部尚书。北宋开宝三年（970年）十二月卒，年六十八岁。著有《清异录》，分为八门，叙述了二百三十八事，乃杂采隋、唐至五代典故所写的随笔集。《清异录》中有关建窑鹧鸪斑盏的记叙："闽中造盏，花纹鹧鸪斑点，试茶家珍之。"虽然没有证据显示《清异录》确切的写作年代，但是假设为是他晚期的作品应无大碍，如此看来，建窑鹧鸪斑盏当在五代晚期或北宋早期已经传入北方并成为名品，因此亦可以断言，建窑鹧鸪斑盏不迟于五代晚期即已创烧。

图十一　北宋　建窑"供御"款垫饼

　　再看看其他史料：诗人黄庭坚在其诗中有句："建安瓷碗鹧鸪斑"，僧惠洪（1071～1128），有诗句曰："点茶三昧须饶汝，鹧鸪斑中吸春露。"这两位都是北宋人。

　　杨万里（1127～1206）《陈蹇叔郎中出闽漕，别送新茶。李圣俞郎中出》诗曰：

　　　　头纲别样建溪春，小璧苍龙浪得名。
　　　　细泻谷帘珠颗露，打成寒食杏花饧。
　　　　鹧斑碗面云萦字，兔褐瓯心雪作泓。
　　　　不待清风生两腋，清风先向舌端生。

　　这位杨万里乃南宋人，绍兴二十四年（1154年）中进士，授赣州司户，淳熙元年（1174年）曾出知漳州，这首诗当在漳州任上所作。诗中明确两件事情：其一，鹧鸪斑盏乃茶具，其二，截至此时鹧鸪斑盏仍出现于日常生活之中，虽然并未直接揭示建窑是否仍在烧制鹧鸪斑盏，但既然其存在于南宋人士日常生活之中，则作其推断当无大碍。

　　这样一排列就很清楚，鹧鸪斑盏始烧的下限是 970 年或更早，历经北宋一朝，直到南宋中期，建窑仍有烧制鹧鸪斑盏，期间的跨度为二百余年或更长一些。

图十二　北宋 建窑"供御"款垫饼

　　既然时间跨度这么大，为什么流传至今的建窑鹧鸪斑盏却如凤毛麟角，十分罕见呢？应该有两个原因：第一个原因是技术层面上的，因为建窑鹧鸪斑盏的加工工艺比较复杂，乃是在黑釉盏上先过釉，然后采用点滴铅白成斑点状，再入窑烧制。这样制作的结果是效率很低，要么温度过高铅白融化脱落，要么就生烧而无法附着，所以能够完整流传下来的鹧鸪斑盏就少之又少了。而第二个原因相对起来可能更为重要，乃是文化层面上的。宋代崇尚理学，崇尚自然，崇尚清简，建窑盏也是因此而兴盛起来的。但是建窑鹧鸪斑盏则完全是人为添加装饰，与纯简自然的理念不相符合，因此即使在当时，虽然烧造的纵向时间延续很长，但是实际上真正烧制的产品却不多。这个观点也可以从建窑窑址考古发掘的实际情况来印证：在建阳水吉建窑窑址，无论是芦花坪、大路后门还是营长乾窑址，无论是考古部门主持的正式考古发掘还是当地村民们平时农作时的收集拾获，数十年来几乎可以说是没有正式出土过这类标本，各地墓葬出土的器物中也难以觅其踪迹。2007 年，在建窑窑址范围内，地处南浦溪旁的池中村一处基建工地出土了两千多片带"供御"、"进盏"底款的标本，其中有相当一部分带有珍珠斑（鹧鸪斑），可以说是窑址历年出土珍珠斑标本最多的一次。对比起窑址之内堆积如山的兔毫盏、黑釉盏甚至油滴斑盏标本来说，出土的鹧鸪斑磁片标本实在是微不足道，这也可以间接地证实，即使鹧鸪斑的烧造时间长久，但是真正产出的产品却是为数不多的。

注　释

① 宋徽宗《大观茶论》中有句："盏色贵青黑，玉毫条达者为上，取其焕发彩色也。"
② 笔者在历次窑址考察之中采集到带瘦金体"供御"款的标本，包括垫饼和器足。
③ 参阅《中国古陶瓷标本》丛书《建窑》分册，谢道华著，岭南美术出版社 2003 年版。
④ 参阅《中国古陶瓷标本》丛书《吉州窑》分册，余家栋著，岭南美术出版社 2002 年版。

清初景德镇瓷器烧造考

张卫星（广州市文物总店）

引　言

　　明末清初，包括崇祯、顺治和康熙三个朝代，历时将近百年。其时，官窑瓷器极度衰落，大多数优秀工匠集中于民窑，使得民窑在制瓷上获得了空前的发展。又，自明末以来，版画也收获了繁荣的果实，瓷画师有了更好的临摹对象，瓷画有了更多的"文人气息"。同时，得益于士绅家族对上品细料瓷器的追求，明末以来，景德镇成就了一些像署"可竹居、慎读斋、玉兰斋、玉堂佳器、绿荫堂、木石居、竹石居"等款识为代表的顶尖民间窑厂。

　　顺治初年，清朝大业甫定，景德镇窑业百废待兴，战乱频仍使得窑业兴废交替不定，其所出之产品自然优少劣多，所产之青花作品大多呈现出发色偏灰、偏暗的现象，绘画风格偏向粗犷。一些好的个别窑厂也能生产出像崇祯时的精细作品，其青花用料上佳，绘画也十分精细。到了顺治中期以后，政局稍稳，景德镇窑厂逐渐复苏，朝廷也渐次开展御器烧造的恢复。

　　根据文献记载以及少量的实物遗存，我们确知，顺治年间景德镇御窑厂已然开始恢复生产。既然是复苏，则其作品质量大体不会超出明代末年官窑，"官未必胜于民"现象依旧存在。以普通的盘碗之属为例，顺治的御窑厂的出品，并不比民窑上品要好多少。至于立件的琢器，民窑可谓独占鳌头。事实上，这种官窑、民窑倒置发展的现象对中国瓷器制造业而言，获得更多人身自由的良工，是制瓷技术发展的主要因素，景德镇窑业显然很好地抓住了这个机遇。

　　有了顺治年间的努力，景德镇窑厂在康熙初年有了良好的基础，康熙十年的祭器及供用瓷器烧造获得空前的成就。然而，可惜的是，以吴三桂为首的"藩王之乱"摧毁了景德镇窑业。

　　康熙十九年三月平定"藩王之乱"后，康熙帝旋于当年即决定选派官员，于景德镇监督御厂。由此，在明末清初民窑发展的基础上，景德镇官窑获得了自明代成化以后的大发展。

康熙、雍正以及乾隆三朝，历时百余年，窑业特盛，系中国古代陶瓷发展史上一个重要时期。郭葆昌于其《瓷器概说》中曾言，"有清一代，康雍干三朝御窑制器美备精良，超越前古。"

当然，超越前古者止三朝珐琅彩者，珐琅彩仅康熙、雍正及乾隆三朝烧造，达到中国古代制瓷技术之极致。至于其他品种，仍旧难与宋汝、宋官、成化斗彩，甚至是明初青花、祭红等匹敌。清初瓷器制造，诸品悉备，可以说是中国古代陶瓷史上的全盛时期。

三朝瓷器之全盛，仰赖于清初瓷器之艰辛恢复，本文主要着重于此，冀能借此揭开清初瓷器之本来面目。

一、除匠籍、行雇募是清初窑业恢复发展的基石

明、清朝代武力更迭，顺治间，景德镇备受战火蹂躏，窑业尽毁。随之而来的休养生息利民政策，使得元、明以来长期束缚工匠的"匠籍制"逐步消亡。顺治二年，朝廷颁令，"除豁直省匠籍，免征京班匠价"，这意味着北京地区的匠籍制度开始消亡。

顺治十五年，工部以京师工程尚繁，需用不赀为由，向朝廷申请恢复班匠银制。然彼时由于匠籍散佚，匠民无踪，缴纳无据，班匠银征纳甚艰，收入且少。至康熙三年，京师班匠银不得不改入条鞭内统一征收，至此，元、明之匠籍制度首度于京师范围内终结。至雍正朝，各省陆续参照推行班匠银摊入地丁银中，这标志着实施了400余年的匠籍制度全面地彻底消亡。

瓷器烧造向属各手工业中之最大宗，其任务极其繁重，陶瓷工匠深受匠籍制度的压迫。清初匠籍制的除豁，对景德镇陶瓷工匠而言，显然受益颇大。匠籍制的消亡，极大地提高了工匠的积极性。同时，清政府实行比匠籍制度更为先进的雇募制度，各官用手工行业实施有偿的雇募制度，有力地促进了陶瓷手工业生产力的发展，康熙、雍正和乾隆三朝瓷器的全面繁盛也就有了基础。

立国之初，君王留意休养生息，出台了一些体恤景德镇工匠的政策。如顺治年间除豁匠籍，停造龙碗；康熙年间禁革采买瓷物，实行班匠银改条鞭法，公帑制瓷，这些政策对于瓷器生产的恢复也有重要作用。

二、顺治御厂恢复艰辛

据原存明代御厂，现存景德镇陶瓷史馆的崇祯十年《关中王老公祖鼎建贻休堂记》碑记载，"显皇帝。……三十六年辍烧造，而撤中官。"由此获知，至少在万历三十六年至崇祯十年间，明代御器厂已经停止烧造御器。至于宫中应用器皿，则采用嘉靖以来常见的"官搭民烧"制度进行生产。

顺治二年，清兵克饶州，直到这时，江西才正式纳入清廷版图。由于江南地区局势未稳，战乱时现，处于江南的江西可谓百业凋零。康熙《饶州府志》言"（顺治七年）时值兵火之余，居民落落晨星。"历经频仍战火的景德镇，窑基尽毁，窑业恢复不易。即便如此，地方政府仍然想尽办法为朝廷烧造贡用器物。至少在顺治八年，江西道即开始额造龙碗进京贡入内廷矣。

《东华录》顺治十六年，"顺治八年，壬戌，江西进额造龙碗。得旨，朕方思节用，与民休息，烧造龙碗，自江西解京，动用人夫，苦累驿递，造此何益，以后永行停止。"

《清史稿》卷五本纪五世祖本纪二云，"八年春正月……丙辰，罢汉中岁贡柑及江南橘、河南石榴。戊午，罢诸处织造督进官役及陕西岁贡绒褐皮革……己未，罢临清岁造城砖……壬戌，罢江西岁进龙碗……"

江西道之额造瓷器用于上供内廷，毫无疑问是具有官窑性质的，虽然还不能称为"御窑"。这有些像明代洪武年间的"陶厂"，有了官窑的性质，但还未上升到御窑的规格。顺治御窑始自十一年间复烧阶段，至此，景德镇窑厂方有御厂之实。

《景德镇陶录》称，"国朝建厂造陶始于顺治"，然"十一年奉造龙缸"，虽"经饶守道董显忠、王天眷、王瑛等督造"，却"未成"；"十六年奉造栏板"，虽"经守道张思明工部理事官噶巴工部郎中王日藻等督造"，亦"未成"。故此，"十七年巡抚张朝璘疏请停止"。值得注意的是，张朝璘之前尚有郎廷佐，其人于十一年至十四年任江西巡抚，《清史稿》记其创"郎窑"，其实郎窑应是康熙巡抚郎廷极所创，皆因二者俱曾参与景德镇御厂烧造事务，且郎廷佐与郎廷极本为从兄弟，以至于《清史稿》"以佐代极"。

由八年之"永行停止"至十一年之"奉造龙缸"，朝廷在御瓷烧造观念上有了很大的转变。彼时，景德镇陶厂仍沿明末旧制，以地方官员兼管厂务。除此以外，朝廷派遣了进士出身的行人官（属礼部）王天眷驻景德镇监造，说明朝廷比之前更加重视御厂。由于御瓷烧造不易，至十六年时，朝廷在守道的基础上更于工部选调官员前往景德镇督造。单就体制上而言，派遣朝官与地方官员共同监造，足以证实顺治年间的陶厂已然恢复了明代御厂之旧制。

在顺治以及康熙初年，供用朝廷之官窑瓷器的烧造任务主要还是由江西地方官员负责，如顺治十一年至十四年之江西巡抚郎廷佐督造龙缸等宫廷用具；顺治十六年江西巡抚张朝璘督造栏板等宫廷用具。然其时窑业恢复不易，生产水平低下，只能烧造普通的日用圆器和小件的琢器，存世亦不多，主要是单色釉和青花的盘、碗、杯之属，像一些特殊的大件琢器，如龙缸、栏板等，虽经众官监督，却终克不成。

三、内行技术官员督陶系清初瓷器得以全盛的根本

终有清一代，清政府彻底摒弃前朝的中官督陶体系，改用内府官员督陶体系。顺治年间，在承继明末地方官员管厂的基础上，朝廷仿效明初制度，派遣内廷官员至厂监督。如王天眷系顺治进士，任行人官，旋即派往景德镇监造御器。又有工部理事官噶巴、工部郎中王日藻等人也派往景德镇监造御器。这些举措说明，清廷是充分总结了明代中官督陶的经验教训，仿效宋代和明代初期的做法，实行京官、地方官员共同监造体系，彻底摒弃明代长期实行的中官督陶制度。

真正开始形成技术官员督陶体系是在康熙十九年至二十七年的御器大造时，以臧应选为代表的技术官员督陶自此形成常例。此后，江西巡抚郎廷极，熊氏、明珠家臣安尚义父子（本身就是书画鉴藏大家），以及雍正以后的淮关监督年希尧、九江管监督唐英等等。除臧应选（工部）、郎廷极（地方督抚）外，像徐廷弼、年希尧、唐英这些督陶官员具有内务府出身背景，或帝皇家邸的包衣奴才。至雍正以后，由于景德镇烧造所需钱粮来自于关榷盈余，督陶官员基本属于内务府出身的官员。

四、康熙帝与瓷胎珐琅彩的创烧

清初景德镇御窑厂的鼎盛还与皇帝的个人爱好息息相关。康熙帝喜好中原文化，对历代书画、古玩以及工艺品比较感兴趣。出于帝王的个人爱好，景德镇御窑厂在清代初年获得高度的重视，人力、物力俱获得强有力的保障，这对陶瓷生产的进步影响深远。

康熙二十三年，清军平定台湾。朝廷废除海禁，国门初开。铜胎珐琅器等西洋工艺品和商品随之传入广州以及宁波等港口。地方官员极力搜罗西洋奇珍异宝，上贡朝廷。欧洲使臣和传教士随身携带一些精细的西洋玩意来华，贡入内廷。其中，来自法国的珐琅彩色泽华美，富丽堂皇，适合宫廷陈设，康熙帝为之钟情。

在珐琅工艺泊入过程中，欧洲传教士起了推波助澜的作用。如康熙二十六年（1687 年），洪若翰（Fontaney）、李明、白晋、张诚（J. F. Gerbillon）以及刘应等五

名法王特聘大使（原有六名，途中有一名教士为泰国国王留下）抵达浙江宁波后，洪若翰即已察觉到朝野上下对远渡重洋而来的画珐琅情有独钟，给巴黎的佛瑞斯（Verius）写信，要求欧洲多运些珐琅器物来华，以作为馈赠朝廷和各级官员的礼品。他在信中要求小件珍玩器，同时坚持不要裸体画像。

康熙帝基于个人的爱好，开创了宫中烧窑的先例。清初之京师自置窑烧造瓷器，和两宋京师自置窑烧造官窑的性质相同（朱元璋倒是曾经想于京师自置窑，然终未能成）。历代以来，宫中从未置窑，由此可见，康熙皇帝对瓷胎画珐琅是何等的重视。

归功于传教士的不辞辛劳，与景泰蓝同宗的欧洲金属胎画珐琅得以泊入东方；归功于康熙帝的个人雅好，瓷胎画珐琅得以创烧成功。

杨啸谷《古月轩瓷考》（1933 年）云，"瓷胎画珐琅器之最可宝贵为当时各公卿技术集珍此辈，各公卿大都翰林出身，书卷气厚，即外人如郎世宁会赏三品顶戴，非后之如意馆画画人月给银数两，粗枝大叶、东涂西抹者所同日而语。"

清宫旧存珐琅彩有其本名，即磁胎画珐琅，磁胎画珐琅仅康熙、雍正和乾隆三朝烧造，且所有磁胎画珐琅皆于清宫内烧造，景德镇从未曾烧造过珐琅彩。唐英于景德镇曾仿烧西洋之"洋瓷"，并非磁胎画珐琅，只能称为"重工粉彩"。

仅在康熙、雍正和乾隆三朝烧造的磁胎画珐琅极其珍罕，存世数量稀少，且主要秘藏于世界著名的大型公、私收藏机构，世界顶级拍卖会上偶有露面，其价格极其高昂，如 2005 年苏富比香港拍卖会上，乾隆御制珐琅彩"古月轩"题诗花石锦鸡图双耳瓶，以 1.15 亿港元成交；2006 年佳士德香港拍卖会上，乾隆御制珐琅彩杏林春燕图碗，以 1.5 亿港元成交。

五、古文献记载中顺治时期景德镇烧瓷概况

记载顺治官窑生产情况的古文献主要包括有康熙十年和康熙二十二年的《浮梁县志》及清初叶梦珠的《阅世编》，乾隆朱琰《陶说》及嘉庆刊刻的兰浦《景德镇陶录》与《浮梁县志》大体相类，惟所言过简。

（一）康熙十年的《浮梁县志》记载了三条有关顺治时期烧瓷的记录：

1. "国朝顺治十一年，奉旨烧造龙缸，径围三尺五寸，墙厚三寸，底厚五寸，高二尺三寸。每烧出窑，或塌或裂。自十一年起，至十四年缸造二百余口，无一成品。经守道董显忠、王天眷、王瑛、巡南道安世鼎，巡抚部院郎廷佐、张朝璘，俱临监督，终不克成。"

2. "顺治十六年奉旨烧造栏板，阔二尺五寸，高三尺，厚如龙缸。经守道张思明、工部理事官噶巴、工部郎中王日藻监督烧造，亦不成，官民咸惧。"

3. "顺治十七年，巡抚部院张朝璘，檄行署县事，端（瑞？）州府通判刘（何？）日永，询问窑民所以烧造难成缘由，具疏，题请奉旨停免。"

（二）相关人物考据

1. 董显忠，其人绰号为董浑，奉天人，为王铁山标下将官，性子耿直。柯劭忞等《清史稿》列传五十七中写道，"降将董显忠等以副将衔题授司道，恣睢虐民，浴复疏劾，改原职。三桂嗾显忠等入京陈辨，浴坐镌秩去。""康熙元年兵备董显忠重葺遵义龙山寺……乾隆六年，易名董公寺"（见《遵义府志》）。董显忠在顺治十一年（1654年）为饶州守道，十六年任福建右布政使，顺治十七年罢，后任贵州布政使，康熙七年罢。

2. 王天眷，字龙锡，号鲁源，鲁济宁人。顺治三年（丙戌）进士，由行人官至兵部、工部左侍郎，康熙十二年降职。撰着有《梦吟集》及续集（均内府藏本），其人致仕后惟以吟咏自娱，故此集皆畅所欲言，颇多率句。

3. 王锳，鲁溪人，顺治六年进士，顺治时任饶州守道，官至江南左布政使，康熙二年罢。北京故宫博物院藏顺治十五年青花人物大盘书写"戊戌冬月（顺治十五年，1658年）赠子墉贤契，鲁溪王瑛制"楷书十四字。该盘青花色泽艳丽，发色纯正，画工精细，具有典型的文人画气息，是研究顺治瓷器的标准器。

4. 安世鼎，字铸九，汉军镶红旗人，贡生，顺治间任德州知州，巡南道，康熙时任江西巡抚，康熙二十六年革。关于巡南道，内翰林秘书院大学士车克等题清查江西各卫所屯丁之法事本有"顺治十三年十一月十三日……今已准巡南道移到南昌卫前左贰屯"记载。康熙二十二年由两江总督于成龙和江西巡抚安世鼎为总裁，续修《江西通志》。

5. 郎廷佐，字一柱，汉军镶黄旗人，世籍广宁。顺治十一年，授江西巡抚，这一年刚好奉旨烧造龙缸。十二年，擢江南江西总督。十六年，郎廷佐以"强兵计"大败郑成功师，郑惟遁入台海。十八年，分江南江西总督为二，以廷佐专督江南。康熙四年，复旧制，仍兼江西。七年，以疾解任。十三年，耿精忠反，授廷佐福建总督。廷佐颇有规划，未及行，十五年，卒于军，赐祭葬。江南、江西俱祀名宦。

6. 张朝璘，汉军正蓝旗人。顺治十年，授都察院左副都御史。十三年，迁户部侍郎。寻出为江西巡抚。十五年，加兵部尚书衔。十八年，擢江西总督。康熙四年，以江西总督省入江南，解任。五年，授福建总督。六年，以老疾乞休。越十余年，卒。

7. 张思明，时任饶州守道，曾于康熙二十六年（1687年）复建开封二程书院。

8. 王日藻，字印周，号闲敕，一号无住道人，华亭（今上海松江）人。顺治十二年（1655 年）进士，康熙二十一年任河南巡抚，官至兵部和户部尚书，康熙二十七年省假。书法超妙，亦工诗文，着《秦望山庄集》，《爱日吟庐书画别录》。清实录本纪七有王日藻条。

9. 瑞州府通判刘日永，过去通常写成"端州"，端州在广州肇庆，与江西全无瓜葛。然而，刘日永此人并不曾见诸文献之中。案，通判为略次于州府长官之官职，清时分管各州府粮运及农田水利等事务，景德镇窑厂所涉钱粮与其有很大干系。又，顺治初年，何日永曾任瑞州府通判。何日永，字怡亭。武昌（今湖北鄂城）人。顺治初，以拔贡任瑞州府通判，兼代行南昌县事，后代新建县事，该县多徭役，刘氏捐俸集事，以减民困。亦曾奉命镇压浮梁"民变"，升为通蓟道，适值通州大旱，他发粟米数万石，亲赴各乡赈济。后调任霸昌道，代行按察使职事。何日永任职期间，行事为民，济减民困，与前文所记刘日永具疏请免事迹暗合。或许，与瑞、端笔误一般，刘、何也应亦为笔误。

10. 工部理事官噶巴未见诸文献记载。工部是"掌天下造作之政令与其经费"的机构，六部属官置理事官职，理事官后改为郎中，次于侍郎，职位高于员外郎（如唐英即员外郎）。

（三）康熙二十二年《浮梁县志》卷四陶政记载，"顺治十一年，奉旨烧造龙缸，自十一年至十四年，缸造二百余口，无一成器，经饶守道董献忠，王天眷，王镆，巡南道安世鼎，巡抚部院郎廷佐，张朝璘俱亲临监督终克不成。十六年，奉旨烧造栏板……亦不成，官民咸惧。十七年，巡抚部院张朝璘等具疏题请奉旨停免。"

六、叶梦珠品评明末清初瓷器

叶氏《阅世编》言，"磁器，除柴、定、官、哥诸窑而外，惟前朝之成窑、靖窑为最美，价亦颇贵。崇祯初时，窑无美器，最上者价值不过三五钱银一只，丑者三五分银十只耳。顺治初，江右甫平，兵燹未息，磁器之丑，较甚于旧，而价逾十倍。最丑者四五分银一只，略光润者，动辄数倍之，而亦不能望靖窑之后尘也。"

叶梦珠生于天启六年（1624 年），卒年不详，康熙中叶仍在世。

叶梦珠在上文中使用了"崇祯初时"和"顺治初"两个时间概念。无论"崇祯初时"还是"顺治初之江右甫平"，叶氏均认为其时窑器质量十分一般。因为叶氏标了价格，所以这些窑并非完全特指官窑。崇祯及顺治中期以后却并非无美器，如民窑之笔筒、筒瓶、花觚、盖尊等器，制作规整，青花彩画极具文人画特征，可谓历代民窑瓷器之极致。诚然，初期由于兵燹未息，瓷器极丑；在政局相对稳定的后期，景德镇窑业开始恢复，不但同样能够生产出和崇祯相似的民窑精品。所以，崇祯之"丑"者及顺治之"瓷器之丑"者绝非十七年之崇祯和十八年之顺治之全部。无论崇祯，抑或顺治，民窑瓷器之至精者，完全超越同时代之官窑，如北京故宫博物院藏署"王锳"（即顺治十一年至十四年御厂监督）款的青花人物盘，上海博物馆藏署"西畴书院"款的青花筒瓶等。

叶氏《阅世编》又言，"至康熙初，窑器忽然精美，佳者直胜靖窑，而价亦不甚贵，最上不过值银一钱一只而已。自十三年甲寅之变，江右盗贼蜂起，磁器复贵，较之昔年，价逾五倍，美者又不可得。大概移窑于近地，工巧与泥水，种种不同，匪但迁乎其地，而弗能为良也。是时，民间复如顺治之初，富者用铜、锡，贫者用竹、木为制，然而所盛馔肴，不堪经宿，洗涤亦不能洁，远不如磁器之便。至二十七年戊午，豫章底定，窑器复美，价亦渐平，几如初年矣。向来底足下或一盏内，必书某朝某年精制，逮坏后沦落污泥溷圊中，或践蹋于马足车尘之下，而朝代年号，字画宛在，见者怵惕，而莫能救挽。至是建言者遂以为请奉旨禁革，积年流弊，一朝顿洗，斯真度越百王之盛典，非特窑器之精已也。又有一种素白建窑，昔虽有之，而今为最广，体制花巧，价亦不甚贵，酒器最多，亦最宜，所值比楚窑稍浮，用者便之。"

文末之"素白建窑"者，即今日存世量庞大之福建白瓷，英国人尤喜其白，曾大量进口。"楚窑"即景德镇窑，江西属楚地，故有此说。清初时，建窑器值高于楚窑，今日之收藏家重视楚窑，是以楚窑器价值又远浮于建窑矣。

十三年甲寅之变者，即以吴三桂为首的藩王叛乱。《清实录》之圣祖仁皇帝卷有记，康熙十三年十月（辛丑），吴三桂三王乱延江西，总督董卫国报告，"湖口，彭泽相继被陷，浮梁，鄱阳诸贼，啸聚日众"。"康熙十九年三月：三王平定，康熙于卢沟桥二十里外亲迎凯旋大军。"《江西通志》言，"康熙十三年，吴逆煽乱，景德镇居民被毁，窑基尽圮，大定后无从烧造。"乾隆四十八年《浮梁县志》记，"而窑之高、卑、阔、狭，大小、浅深，暨夫火堂、火栈、火眼、火尾之规制，种种不一，精其工而供其役者，为景德镇魏氏专其业，而得其传，元明以来无异也。故砂土无常工，而群窑之结砌、补葺，则业有专属，他族无与也。国朝康熙十三年，吴逆煽乱，景德镇民居被毁，而窑基尽圮。大定后，烧造无从，又魏氏子弟各出其工，分承窑脚，尽为整理，而圮坏如新，故御厂有役，则供工食，视寻常加倍。厥后，御器烧自民窑，供役虽停而结砌补葺，则仍魏氏世守，此皆陶政所关，而亦民业所系，因备记于简编。"

文中所言朝廷禁止窑厂署朝代年号者，乾隆四十八年的《浮梁县志》有载，"康熙十六年（1678年）邑令张齐仲，阳城人，禁镇户瓷器书年号及圣贤字迹，以免残破。"

不单在康熙初年景德镇瓷器禁署年号款，至康熙中期禁令仍存，景德镇御窑厂旧存有一块《奉宪永禁碑》，文曰："提督江西通省学政按察使司金事加一级王批，仰两院暨各司道批示檄；又奉护理江西按察使司分巡饶九道，本府正堂加一级李批。磁器书字，破碎即同瓦砾，今案到厅，奉此合行勒石永禁，为此碑。仰合镇窑户工匠人等知悉：嗣后烧造磁器，无论大小精粗，圣之心，共相劝诫，永远遵行。倘视虚套，阳奉阴违，一经查出，定拿枷责不贷，须至碑者。康熙三十八年七月立。"

七、康熙初年景德镇瓷器烧造概况

康熙十年，朝廷命江西巡抚烧造祭器等项。是次祭器等项之烧造，朝廷并未派员前往景德镇监督。光绪年《江西通志》卷九十三曰："康熙十年，部行巡抚，委府县官监造祭器。"此次祭器烧造是入清以来，景德镇最为庞大，而且是成功的烧造。

康熙十年的《浮梁县志》记，"康熙十年烧造祭器等项，俱估价值销算正项钱粮，并未派征。"

"正项钱粮"，即州县派征各户，贮于地方藩库者。乾隆四十八年《浮梁县志》曰，"陶夫有雇砂夫、土夫，原派自饶州千户所。上工夫编派饶州七县。解征工食，俱奉造照征，停造免编。"故此，笔者以为，康熙十年之大造，只不过是并未额外派征罢了。浮梁县库房旧存砂土，原系派征之银两购入的，本质上也是通过派征而来的。且，上工夫工食所支出之银两，仍然是"照征"而来。有鉴于此，"正项钱粮"本质上还是派征的。

至于陶成之后解京费用，《浮梁县志》又说，"陶成分限解京，官费不可定，俱于浮梁县贮库砂土、上工夫工食余剩银两内支用。"

这项解京费用并未有详细的限额，而是根据烧造情况核销。由于景德镇御窑厂为朝廷烧造御用瓷器，属于官营陶厂，故此，饶州府和浮梁县有权解征钱粮以应付烧造任务。这些为砂土、上工夫之工食而派征的银两一般有一定的余剩，这些余剩的钱粮足以支付解送瓷器进京的费用。这与明代和顺治时期不同，原先的解京费用由所经州县派征支付，此次解京由本地藩库支出，并不累所经州县官民。

《浮梁县志》卷四陶政编又云，"禁革采买瓷物。"明代御器厂烧造御瓷，所需物料往往借贡用之名从牙商、商铺甚至民户处低价采购，甚至掠夺。这种借贡纳之名，行欺诈之实的行为，对景德镇以窑为食的镇民是一种赤裸裸的变相掠夺。清代初年几任君王力推减轻岁赋的利民政策，对景德镇陶瓷生产的恢复起了关键的作用。

由于朝廷相对开明的政策，使得景德镇经济得以迅速恢复，无论是本镇的镇民，还是附近他乡之人，都能安居乐业，而且制瓷业已经成为本邑支柱产业，仰赖制瓷业生存。

经过康熙十年祭器大造之后，按道理，景德镇瓷器应当有所恢复，然而，江南地区正处于吴三桂集团叛乱的中心地区，明代遗存势力亦在此活跃，景德镇窑业被战火重创。

八、臧窑与刘源

康熙十九年至二十七年之景德镇御窑厂，历史上称之为"臧窑"。唐英在《火神童公传》中曾写道，"康熙庚申年臧、徐两部郎董制陶器，每见神（即童宾）指画呵护于窑火中，故饶守许拓祠地加修葺焉。"

康熙二十二年本《饶州府志》卷之十一"陶政"记载："康熙十九年九月内，奉旨烧造御器，差总管内务府广储司郎中徐廷弼、主事李延禧、工部虞衡司郎中加三级臧应选、六品笔帖式车尔德于二十年内驻厂督造。每制成之器实估价值，陆续进呈御览……"

乾隆《浮梁县志》记，"十九年九月，奉旨烧造御器，令广储司郎中徐廷弼，主事李延禧，工部虞衡司郎中臧应选，笔帖式车尔德于二十年二月驻厂督造。制成之器，估值进呈。工匠物料，动支钱粮，按项给发，运费不累地方，官民称便。"

徐廷弼，官至工部左侍郎，康熙三十一年降为奉尹，康熙三十七年，协理河工。

李延禧，隶正白旗包衣，康熙时任广储司主事，历任庆丰司郎中，慎刑司郎中兼佐领，内务府副都统及总管等职。

康熙十九年烧造所用钱粮动用地方藩库之银两，用后于上报工部核销，清宫内档之《现行总管内务府则例》记，"康熙十九年十月遵旨，……动用江西藩库正项钱粮，烧造瓷器，以供内用。所用钱粮，由工部奏销。"这种制度一直是实施至雍正五年。雍正五年之后，景德镇御窑厂所需费用（即朝廷供应之公帑）不再从地方藩库内动用，转从淮安板闸关处领支，并于朝廷内务府总管处核销。

清宫内档之《现行总管内务府则例》记，"（雍正）五年二月奏准，停用正项钱粮，于淮关盈余钱粮内动支烧造……所用钱粮，岁底呈销内务府。"

康熙二十二年本《饶州府志》详细记载臧窑特色，"陶器则有缸、盆、盂、盘、尊、炉、瓶、罐、碟、碗、钟、盏之类，而饰以夔、云、鸟、兽、鱼、水、花、草，或描、或雕、或暗花、或玲珑，诸巧俱备。"

《景德镇陶录》这样描述臧窑作品，"康熙年臧窑，厂器也。为督理官臧应选所造。土埴腻，质莹薄，诸色兼备，有蛇皮绿、鳝鱼黄、吉翠、黄斑点四种尤佳。其浇黄、浇紫、浇绿、吹红、吹青者亦美。迨后有唐窑犹仿其釉色。"

说到臧窑，必须提及刘源。刘源此人，《清史稿》有载，列传二百九十二艺术四刘源条云，"刘源，字伴阮，河南祥符人，隶汉军旗籍。康熙中，官刑部主事，供奉内廷，监督芜湖、九江两关，技巧绝伦……时江西景德镇开御窑，源呈觚样数百种。参古今之式，运以新意，备诸巧妙。于彩绘人物山水花鸟，尤各极其胜。及成，其精美过于明代诸窑……"

刘源官至江西按察使，由于在督理芜湖、九江关时贪污，于康熙四十三年被降职，调入内务府供奉内廷。《在园杂志》的著者刘廷玑与刘源相熟。刘廷玑在康熙乙未（即1715 年，康熙五十四年）撰的《在园杂志》云，"至国朝御窑一出，超越前代。其款式、规模、造作精巧，多出于秋官主政伴阮兄之监制焉。"；"刑部主事伴阮兄，源，河南祥符人，余祖籍亦祥符，同县，同姓，因以兄弟称……在内庭供奉时呈样磁数百种，烧成绝佳，即民间所谓御窑者是也。内庭制作多出其手……所藏骨董皆人所未见之物……近日所用之墨，及磁器、木器、漆器，仍遵其旧式，而总不知出自刘伴阮者。空费一生心思，呕血而终，乃不得与东坡肉、眉公饼并传于世，悲夫！"。

藏应选是康熙十九年九月内奉旨烧造御瓷的，供奉内廷的刘源获知朝廷窑烧造御瓷，身为画坛名家的他即呈上所设计之瓷样，故此，刘源可以称为臧窑之设计师。

九、郎　窑

关于郎窑创烧者，过去大致有以下三种说法：

（一）自西洋来京的传教士郎世宁说，这种说法在清代后期比较普遍，主要流行于古玩行坊间。

（二）顺治江西巡抚之郎廷佐说，《清史稿》主其说，艺术四，唐英条记，"明以中官督造，后改巡道，督府佐司其事，清初因之。顺治中，巡抚郎廷佐所督造，精美有名，世称郎窑。其后御窑兴工，每命工部或内务府司官往，专任其事。"

（三）康熙江西巡抚郎廷极说，康熙吏部礼科给事中许谨斋《癸巳（康熙五十二年〈1713〉）年稿》，戏赠叶生以及郎窑行戏呈紫衡中丞（紫衡即郎廷极），康熙江西按察使刘廷玑《在园杂志》（康熙五十四年〈1715〉）郎窑条以及乾隆刑部右侍郎阮葵生《茶余客话》等等皆主郎廷极说。

郎世宁说仅为坊间流言，无实据，不足采信；郎廷佐为郎廷极之丛兄，据雍正十年之《浮梁县志》，其江西巡抚任上确曾督造龙缸等御用器物，然终克不成，加之其时窑业百废待兴，制瓷技术极其低下，断无可能制造出精美的郎窑瓷器来，且《清史稿》成书于 200 余年后，其论断亦不足以采信。

《清实录》中有郎廷佐（弟廷相、郎永清、永清子廷极）条，详细记录了郎氏家族的情况。其中，郎廷佐和郎廷极都任过江西巡抚，都与景德镇御窑厂烧造瓷器有过关联。

郎廷佐此人，上文已记，郎廷极则是郎廷佐的堂兄弟，《清史稿》本就将郎氏家族列在一起，该条名为"郎廷佐、弟廷相、郎永清、永清子廷极"，"郎永清，字定庵。擢江西赣州知府。从子廷佐巡抚江西，永清例回避，调山西汾州……"

这里所说从子，即是次于至亲而同祖的亲属关系，所谓"从子，兄弟之子也。亦谓之犹子。"当然，也有刻意拉近关系的远亲以从称呼，《清史稿》所言之"从"想来也不止于此，也就是说郎父熙载与郎永清应该是兄弟属，则郎永清之子郎廷极和郎廷佐是堂兄弟属。

"廷极，字紫衡。初授江宁府同知，迁云南顺宁知府，有政声。累擢江西巡抚……寻兼理两江总督。五十一年，擢漕运总督。卒，谥温勤。廷栋，字朴斋。官湖南按察使。"

刘廷玑《在园杂志》（1715年刻印刊行）记，"近复郎窑为贵，紫垣中丞公开府西江时所造也。仿古暗合，与真无二，其摹成宣黝水、颜色、橘皮、棕眼、款字酷肖，极难辨别。予初得描金五爪双龙酒杯一只，欣以为旧。后饶州司马许玠以十杯见贻，与前杯同，讯知乃郎窑也。又于董妹倩斋头见青花白地盘一面，以为真宣也。次日董妹倩复惠其八。曹织部子清，始买得脱胎极薄白碗三只，甚为赏鉴，费价百二十金。后有人送四只，云是郎窑，与真成毫发不爽，诚可谓巧夺天工矣。磁器之在国朝，洵足凌驾成宣，可与官、哥、汝、定媲美，更有熊窑，亦不多让。至于磁床、磁灯，又近日之新兴也。"

上文这个"曹织部子清"即系大文豪曹雪芹之祖父曹寅。曹寅少时是玄烨的侍卫和伴读，清宫内档有曹父《江宁织造进物单》，"康熙二年，曹玺（曹寅之父）任江宁理事官，进呈单内，'……宋磁菱花瓶一座，窑变葫芦瓶一座，哥窑花插一座，定窑水注一个，窑变水注一个。'"

康熙许谨斋《郎窑行，戏呈紫衡中呈》诗曰，"宣成窑器夸前朝，收藏价比好琳高；元精融冶三百载，迩来杰出推郎窑。郎窑本以中呈名，中丞嗜古衡鉴精；……"（《许谨斋诗稿，癸巳年稿》康熙五十二年，即1713年)，又称，"新来陶器仿前朝，混入成宣价更高，占断江南有开府，熊窑端不及郎窑。"康熙、雍正间，程哲《窑器说》言，"近复郎窑为贵，紫垣中丞公开府西江时所造也。仿古暗合，与真无二，其摹成、宣釉水、颜色、橘皮、棕眼、款字酷肖，极难辨别。"

此外，也有一些学者主张郎窑不属于官窑的行列。如著名的陶瓷学者汪庆正先生在其文章《景德镇康熙瓷》（见上海古籍出版社汪庆正著《中国陶瓷钱币碑帖研究》）中认为郎窑并不属于官窑（如此，更非御窑矣）。文曰，"关于郎窑的性质也还存在着问题……同时也说明了郎廷极监制的仿明代宣德、成化器，在市场上充作真宣德、真成化器在买卖，那么这些郎窑器，第一不是落康熙本款，第二是并非为进贡北京而定制的贡品，而是可以在市场流通的非官窑器。因此，郎窑的性质并不是官窑，而只是郎廷极在江西巡抚任上公余之暇，在景德镇按本人的设计烧制的一批非官窑器，由此可以解释，为什么精致的郎窑红器都不落官款。"

笔者不以为然。首先，郎窑的颜色釉和熊窑的颜色釉瓷器在台北和北京故宫博物院俱有清宫旧藏，这应该可以说明，即便文献并无两窑上贡的记载，无论是郎窑还是熊窑，我们是无法排除两窑一定是没有贡入内廷的。

其次，《清史稿》将郎窑以及其余工部（如藏应选等）及内务府司官（如徐廷弼、年希尧、唐英等）并列记录，"明以中官督造，后改巡道，督府佐司其事，清初因之。顺治中，巡抚郎廷佐所督造，精美有名，世称郎窑。其后御窑兴工，每命工部或内务府司官往，专任其事。"虽然，《清史稿》将郎廷佐和郎廷极两堂兄弟赌窑事迹相混淆，然而文中郎窑与御窑一起记录说明郎窑绝非普通的窑厂。

再则，历史上官窑本就有在市场流通的情况。早在南宋年间，周密的《武林旧事》便抄录了绍兴二十一年（1151 年）张俊进贡给宋高宗赵构的一份礼单，其中汝瓷有十六件。故此，我们不能单纯去认为这些在市面流通的瓷器就一定不属于官窑。

至于不落官款的原因，乾隆四十八年的《浮梁县志》的"康熙十六年邑令张齐仲禁书圣贤和年号"以及康熙三十八年七月立的《奉宪永禁碑》的"禁止"（圣贤字迹、国号）内容都可以说明，康熙年间官窑瓷器不书官款年号其实是再正常不过的事情。

其实，在《浮梁县志》和《景德镇陶录》中，不单郎窑没有什么记载，近年来被学者们确认为官窑的熊窑同样也没有记载。

十、熊窑的问题

关于熊窑的文献记载比较稀少，人们对熊窑并不太熟悉，甚至误解。如清末寂园叟《陶雅》以为"吴音读雍如熊，遂目粉彩为熊窑"。也有人以为熊窑生产雍正民窑粉彩。总之，过去，绝大多数人认为熊窑属于雍正时期的窑口。

养心殿造办处雍正年档案也有一些零星的记录，清宫内务府造办处雍正档案记，"雍正元年十二月十七日，怡亲王交宜兴挂釉大乳炉一座，内有铜香模一分。王谕此炉系熊窑的，配做紫檀木座盖"；"雍正四年三月十一日，圆明园送来……熊窑双管扁瓶一件，熊窑梅椿笔架一件，熊窑小双管瓶二件，熊窑海棠洗一件……熊窑冰裂纹圆笔洗一件。"这些瓷器大多属于精细的小件文房用具，均为单色釉产品，这和康熙中后期御厂之郎窑作品相似，郎窑也以单色釉闻名，如豇豆红、郎红、郎绿、祭红等。

乾隆档案江西条又记，"乾隆三年八月初八日，七品首领萨木哈来说、太监胡世杰交熊窑笔抻一件。传旨：照此笔抻尺寸大小，着唐英照样烧造青花白地一件。钦此"；"乾隆三年九月初八日，七品首领萨木哈来说，太监毛团交……熊窑纸槌瓶一件。"

然而，造办处档案并未说明这些熊窑作品的生产年份，最早的记载也仅是雍正元年。许谨斋的《癸巳年稿》（1713 年）和刘廷玑的《在园杂志》（1715 年刻印刊行）均记录了熊窑。

《癸巳年稿》称，"新来陶器仿前朝，混入成宣价更高，占断江南有开府，熊窑端不及郎窑。"，从行文来看，1712 年，即康熙五十二年，郎廷极已经由两江总督擢升漕运总督了，且不久逝于任上，次年，许谨斋即写下年稿，则证明熊窑至少在 1713 年业已存在，许氏还对两窑进行比较，认为郎窑胜于熊窑。

《在园杂志》则言，"后有人送四只，云是郎窑，与真成毫发不爽，诚可谓巧夺天工矣。磁器之在国朝，淘足凌驾成宣，可与官、哥、汝、定媲美，更有熊窑，亦不多让。至于磁床、磁灯，又近日之新兴也。"

《在园杂志》作于1715年，其行文有三类物品，即郎窑、熊窑、瓷床瓷灯。首先可以基本确定时间的是瓷床瓷灯，近日新兴表明其生产时间应该为1715年之前的不久。既然有"近日新兴"四字，"亦不多让于"郎窑的熊窑以及郎窑本身均应当远在新兴的瓷床瓷灯之前。郎窑的时间是确定的，就是郎氏任职江西巡抚的时间，即康熙四十四年（1705年）至五十一年（1712年）。可是，基本确定时间的瓷床瓷灯其实与郎窑最后的生产时间并不久远，仅有三年的间隔，熊窑则在1712～1715年之间。

十一、安　窑

于康熙一朝，郎窑和熊窑之后景德镇瓷器烧造的情况，文献罕有记载。雍正三年四月初三日常德寿递上的《查讯安尚义烧造瓷器折》透露了康熙末年安尚义之子差人在景德镇烧造瓷器进京的情况。

"江西布政使奴才常德寿谨奏，写据实奏明事，窃奴才前恭请训旨蒙：皇上面谕：着访查安尚义在景德镇烧磁有无招摇等因，钦此。奴才到任之后，遵旨密委经历王联劳至景德镇地方细查。据该员回称：安尚义之子现在扬州行盐，自康熙五十九年起，差伊家人马士弘、杨宗，伙计俞登朝三人，每年用银九千两，在景德镇置买材料，雇工烧磁。所烧磁器尽行载到扬州转送进京。历年以来所用材料以及工匠价值，俱预行给发，并无短少，亦无招摇生事等语。奴才犹恐所访未实，又调浮梁县知县吴邦基到省，细加面询，据称安姓家人，在镇烧磁，从前未知确实，自邦基到任，三年以来，并无招摇生事克扣窑户，亦无片纸到官，甚属安静等因。出具印结存案，为此据实缮折奏以阅。朱批：知道了。"

安尚义原为朝鲜族人，自朝鲜入京师，系康熙权臣明珠之家奴，安氏及其子安岐替明珠贩盐，拥资数百万。安岐字仪周，号麓村，清初最著名的鉴藏家。明珠子揆叙在胤禛与胤禩、胤禵斗争中支持胤禵，安氏家族也支持后者。也基于此点关系，雍正为难安氏就不奇怪了。雍正五年三月初九日，年希尧奏折雍正朱批曰："马士弘等不曾归并一事、磨坯房等事……令其北上回京……。"

从常德寿的奏折可知，安尚义之子于康熙五十九年开始派遣家人于景德镇烧造瓷器。安氏所督之窑是否御窑，我们至今尚无直接的证据。只是，安氏所督之窑所费金银颇多，奏折中记载了烧造所需之钱粮，达九千两白银之巨。至于此前的藏窑、郎窑、熊窑所需钱粮，文献仅记"正项钱粮"，每岁于进京后由工部奏报核销；至于运输之官费，则不可定，即是实报实销。如此，我们只好去和雍正、乾隆御厂烧造费用去进行比较。

乾隆四年正月二十日，唐英《奏请改由九江关动支银两经办陶务折》记，"窃照江西窑厂烧造瓷器，于淮关赢余内每年留办公银两万两，以为窑工并办差费用。奴才前于乾隆三年十一月内循照往例，奏请四年分窑工仍在淮关办公银两内动支。经内大臣（即内务府大臣）议复，每年于淮关留存银内支领一万两，以为烧瓷之用。如有不敷，再行奏请添支等因，奏淮行知在案。"

唐英在乾隆六年十一月初一的《遵旨呈报历年动支钱粮及陶务清册折》言，"……自雍正六年出差江西烧造瓷器，至雍正十三年……计烧造所费，岁不过八千余两……"

唐英《瓷务事宜示谕稿序》，"予于雍正六年，奉差督陶江右……迄雍正十三年，计费帑金数万两……不下三四十万件……"

唐英《陶成纪事碑记》，"计开，烧造各色条款：一、岁用淮安板闸关钱粮八千两……"

此外，由于国库空虚，至清代嘉庆以后，逐渐由五千两减至三千两。

康熙、雍正之交，安氏督陶岁费九千两银；雍正唐英之七年间，费数万两银，或岁费八千两银。

从上面的数字来对比，在朝廷钱库尚不充裕，且物价更低的康熙朝，岁用九千两银烧造瓷器远比雍正、乾隆唐英之岁用八千余两银要昂贵的多。故此，笔者以为，这样庞大的烧造任务应当属于官府行为，安氏所督之窑为御窑的可能性极高。

如果安氏所造属于御器，那么，"安窑"就是继"熊窑"之后的御窑，至少在雍正三年，"安窑"仍在烧造，由于安尚义之子，即安岐在扬州行盐，故景德镇所造之瓷器送至扬州安岐处，然后转运进京，这和雍正四年之后的年窑一样，瓷器送至淮安年希尧处，再行转运进京。

当然，折并没有确凿的证据可以证实安氏之窑为御窑。可是，在清宫内档尚未公布之前，人们同样并不认识熊窑，一直以为熊窑仅是雍正年间烧造粉彩的民窑，而不是今天所确认的以单色釉著称的康熙官窑。或许，将来人们或也能找到安窑真正的身份。

十二、清初瓷器上的版画题材

版画采自历史事迹、神话传说。明代中期以来，版画获得空前的发展，许多著名书画家直接参与版画的创作、绘画和制版，赋予版画更多的文人风格。优秀的版画是景德镇画师绝佳的临摹题材，这也是明末清初瓷画艺术获得空前发展的重要因素。

明代许潮杂剧《武陵春》

顺治青花山东图筒瓶

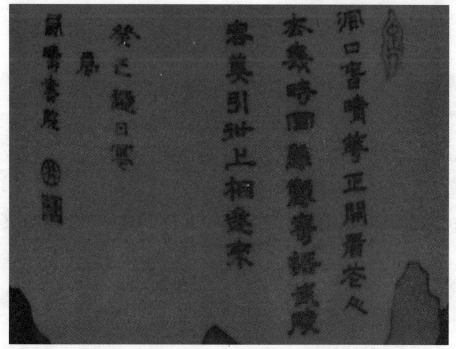

唐代陈羽《伏翼西洞送夏方庆》，"洞里春晴花正开，看花出洞（人去）几时回。殷勤好去（寄语）武陵客，莫引世人相逐来。"癸巳（1653年）秋日写为西畴书院。

《岳阳楼》，杂剧，元马致远。
岳阳楼有老柳、白梅二精作祟，
吕洞宾三过岳阳楼，度化柳树
精和白梅花精成仙。

《城南柳》，杂剧，元末明初谷
子敬

顺治青花五彩岳阳楼罐

三醉岳阳人不识，朗吟飞过洞
庭湖

元代乔吉《杜牧之诗酒扬州梦》

唐杜牧《遣怀》，"十年一觉扬州梦，赢得青楼薄幸名"

明叶宪祖《夭桃纨扇》；明汤显祖《牡丹亭》均有此场景。

顺治青花柳梦梅图盘

八仙赴蟠桃盛宴，向王母娘娘祝贺　　　　　　八仙向南极仙翁祝寿

顺治青花五彩八仙寿星图碗

苏子瞻泛月游赤壁

康熙青花泛月游赤壁笔筒

群仙庆寿有两种题材，一为八仙向南极仙翁祝寿；二为八仙赴蟠桃盛宴，向王母娘娘祝贺。

康熙五彩西厢图盘

元代关汉卿《十美之一杜蕊娘
智赏金钱池》

元代王实甫《崔莺莺待月西厢
记》

《崔莺莺待月西厢记》之《惊艳》章节

顺治青花人物图瓶

顺治青花仕女图盘

康熙五彩《春词》仕女图花口碗

　　康熙五彩《春词》仕女图花口碗，北宋魏夫人曾有《春词》，寄《卷珠帘》"记得未时春未暮，执手攀花，袖染花梢露。暗卜春心共花语，争寻双朵争先去。多情因甚相辜负？有轻拆轻离，向谁分诉？泪湿海棠花枝处，东君空把奴分付。"

顺治青花钱塘梦图盘

　　顺治青花苏小小《蝶恋花》图盘，底款为顺治仿嘉靖六字楷书款，盘心书"歌罢彩云无觅处，梦回明月生南浦"，款字为楷体，然隶味颇重，其"明"字如底款一般。原词为宋苏小小之《蝶恋花》，采自明·冯梦龙第八卷 崔待诏生死冤家（宋人小说作《碾玉观音》），"妾本钱塘江上住，花开花落，不管流年度。燕子衔将春色去，纱窗几阵黄梅雨。斜插犀梳云半吐，檀板轻敲，唱彻《黄金缕》。歌罢彩云无觅处，梦回明月生南浦。"

李云英风送梧桐叶

顺治青花五彩李云英寻夫图筒式瓶

结　语

　　近年来，国内、外学者十分关注明末清初瓷器的探究，国外学者比较早地对明末清初瓷器进行系统的断代研究，并且收获了一批具有断代意义的纪年瓷器。反之，由于"文化大革命"等原因，国内学者在这方面的研究明显要迟很多，一些崇祯和顺治时期精细的瓷器被划入雍正时期。值得庆幸的是，"学术无国界"的观念促进了国内外学术的交流和广泛协作。同时，考古工作的卓越成就也使得文物断代学走上新的台阶。由于明末、清初的瓷器本来就有很多相同的因素，在明末清初的瓷器断代上仍然很多工作要去做。笔者在平日实物鉴定之余，对景德镇明末清初的瓷器烧造情况进行考据，并冀望本文能得到各方学者勘正。

唐代瓷器生产与唐代社会

陈　扬（国家文物进出境审核天津管理处）

　　唐代是我国历史上的一个重要时期，无论物质基础还是上层建筑都发展到一定高度。瓷器生产在唐代呈现出一片繁荣景象，生产区域不断扩大，不再局限于以越窑为中心的江南地区；北方的白瓷生产异军突起，形成自身独特的风格；长江中下游的彩绘瓷也独具一格。瓷器的品种在唐代也大大丰富，很多新创烧的品种都诞生于唐代，例如花釉瓷、绞胎瓷。同时烧瓷工艺和装饰手法也有新的发展，突破了唐以前以单纯釉色取胜的特点，釉下彩绘的大量应用，同时配合模印贴花等装饰技法，使得瓷器装饰更加丰富多彩。

一、南青北白格局的形成

1. 江南制瓷业的继续辉煌

　　中国瓷器在早期的发展过程中呈现出南北不均衡的特点，原始青瓷产生于经济富庶的吴越地区，这也决定了南方瓷器的发展速度快于北方。江南制瓷业发展到魏晋时期迎来了一个小的高峰，尤其是以越窑为中心的青瓷生产，上虞曹娥江两岸窑址的发掘和魏晋墓葬出土的各类瓷器制作相当精美。唐代南方制瓷业就是在这个背景下发展起来，先进的制瓷工艺和优良的制瓷原料推动唐代江南瓷业生产继续辉煌。

　　唐代南方的瓷业生产主要是集中在长江流域沿岸，目前业已发现的有浙江的越窑、湖南的长沙窑和岳州窑、安徽的寿州窑、江西的洪州窑、四川的邛崃窑等，每个窑口都有若干处窑址烧造。长江流域的诸多窑口虽都以烧造青瓷为主，但是不同地区仍有其自身特点，与当地民间风俗和审美习惯密切相关。

　　唐代越窑沿袭魏晋以来的传统，仍以釉色取胜，胎质细腻，釉层薄而均匀，少数有划花装饰。发展到晚唐，越窑青瓷制作非常精美而且大量外销，并生产出文献所题"秘色瓷"，其釉色古人形容为"千峰翠色"，秘色瓷的出现标志着越窑生产达到了顶峰。越窑的产品与魏晋器型一脉相承，多见盘口壶、执壶（图一）、水盂、唾盂、盖盒、盏托等。最具特点的是有自铭"罂"的器物，多作为墓志使用，器型与盘口壶有相似之处，可能是由此发展演变过来。（图二，另见彩版二）

图一　越窑青釉瓜棱壶，故宫博物院藏

图二　唐元和十四年墓，嵊州市出土，自名为罂，越窑四系盘龙罂，浙江省博物馆藏

　　湖南的长沙窑和岳州窑，二者不论造型还是化学成分都十分相似[①]，区别在于前者并不见于文献记载，后者则在唐人陆羽的《茶经》中有"碗，越州上，鼎州次，婺州次，岳州次，寿州、洪州次"之说。岳州窑早年的窑址发掘遗物堆积较厚，器皿以碗、盘为主，还有壶、罐、瓶等[②]。而对长沙窑进行发掘的收获是唐代瓷窑中所罕见的。遗物数量巨大，器型富于变化，其中口、腹、流等部位有数十种变化，随形组合。长沙窑的装饰技法也很丰富，为其他窑口所不见，以釉下彩绘和模印贴花最为特色，而且这两种技法常常相互结合，营造出一种不同于汉文化审美传统的风格，这与长沙窑产品的大量外销密切相关，在长沙窑窑址发掘过程中也发现了胡人形象的彩绘纹饰。（图三）此外，长沙窑的瓷塑也比较多见。（图四）从目前考古发掘看，长沙窑和四川邛崃窑的关系相当密切，无论从褐绿彩的装饰风格还是瓷塑的流行都有一定的相似性，因此也有学

者认为长沙窑的发展是源于邛崃窑③。

 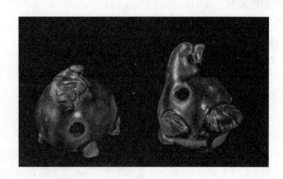

图三　长沙窑窑址出土　　　　　图四　口哨，长沙窑窑址出土

寿州窑在唐代主要生产黄釉瓷器，这也与陆羽的《茶经》所记载"寿州瓷黄"不谋而合，窑址在淮南市上窑镇，器物以碗、注壶为主。其余寿州窑出土物大多在安徽省境内，而且也未发现晚于唐代的产品，可见寿州窑烧造时间较短，只是唐代名噪一时的窑口。

洪州窑是个历史悠久的窑口，烧瓷时间始于东汉晚期甚至更早，一直延续到晚唐④，南朝是它的兴盛时期，发展至唐已经开始走向衰落。唐代洪州窑的瓷器质地比较粗糙，《茶经》提到"洪州瓷褐，茶色黑，悉不宜茶"。五代时期占有资源优势的景德镇湖田窑开始发展，至此洪州窑正式退出历史舞台。

2. 以邢窑为代表的北方白瓷的崛起

北方白瓷的生产可以上溯到北齐末年，以范粹（575 年）墓出土的一批白瓷为代表，但是这批白瓷釉色都是白中闪黄或者泛青，体现了白瓷的原始性。至唐代，邢窑已经能生产出"类银类雪"的白釉瓷器，胎釉均洁白细腻，少有装饰。邢窑一般烧造粗瓷和细瓷两种，器型主要有碗、盘、壶、砚、盏托、粉盒、小瓷俑等，碗、盘常常做八瓣形或者碗壁凸起棱线，呈海棠形碗，邢窑除了白瓷以外还兼烧黑釉、黄釉、三彩器。目前还见到有碗底刻有"盈"字款的残片⑤（图五），与此同时，西安的大明宫遗址、青龙寺遗址也发现了带有"盈"字款的白釉瓷器⑥，有学者考证"盈"字与唐代宫廷所设储存珍宝奇货的"百宝大盈库"有关。所谓"百宝大盈库"是唐开元年间皇帝的私库，是主要用来储存奇珍异宝和赋税盈余的宝库⑦。因此，可以推断邢窑所烧带"盈"字款的器物是专门为皇室烧造的贡瓷。

河南巩县窑不仅是唐代最大的烧造三彩器的窑口，而且生产的白瓷也在当时受到关注。但巩县窑烧造精细白瓷的时间较短，大致在初唐武周末期至玄宗开元之间，开元、天宝以后则逐渐衰落。巩县窑瓷器的类型与邢窑基本一致，多见碗、壶、瓶等。根据《国史补》、《元和郡县图志》、《新唐书·地理志》记载，河南生产白瓷向长安进贡，同时，西安唐长安城遗址和大明宫遗址也确实发现了巩县窑白瓷，佐证了文献的记载。

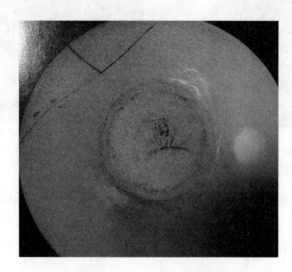

图五　邢窑"盈"字款，邢窑窑址出土

除此之外，北方生产白瓷的还有山西浑源窑、平定窑等。山西是古代制瓷业的发达地区，窑口众多，烧瓷的品种比较多样，基本上以白釉、黑釉、褐釉为主，带有朴实的民风，由于瓷土原料和交通所限，生产的白瓷无法与临近的邢窑相媲美，因此大多生产粗瓷，以供当时平民日常使用。

发展至唐末，邢窑趋于衰落，河北的另一白瓷名窑定窑开始发展起来。晚唐时期，定窑的唐代遗址已经可以生产出相当成熟的白瓷，器型较邢窑更加丰富，而且更具世俗化的气息。

3. 名窑概念的出现

魏晋南北朝时期，瓷器属于一种新型产品，虽然在江南地区和两湖地区都开始立窑烧造，但是器形往往多来自于汉代的陶质、铜质产品，实用性较差，很多产品都只作为明器实用。而且文献上也没有此时制瓷状况的相关记载，对这段时间瓷器发展的了解主要通过考古发掘。瓷器发展到唐代，已经成为人们日常生活中所不可缺少的物品，唐人李肇提到"丝布为衣，麻布为囊，毡帽为盖，革皮为带，内丘白瓷瓯、端溪紫石砚，天下无贵贱通用之"⑧。瓷器生产数量增多，烧瓷的区域也在不断扩大，因此名窑的概念在唐代开始出现。名噪一时的越窑和邢窑瓷器成为文人们竞相歌颂的对象，唐代著名诗人皮日休《茶瓯》诗中提到：邢客与越人，皆能造瓷器，圆似月魂堕，轻如云魄起⑨。

综上所述，唐代的瓷器生产已经非常繁荣，产量大而且种类多，唐代瓷器较前有以下几个显著特点：第一，社会化。唐代瓷器的生产已经不再局限于南方，北方白瓷生产开始进入了繁盛阶段，窑口遍布于河南、河北、陕西、山西地区。唐代瓷器种类以碗、盘、壶、盖盒（图六）、枕、小瓷塑等为主，实用性较强，一改早期瓷器多作为明器使用、用途神秘的特点，而且瓷器已经进入社会大众的生活当中；第二，世界化。唐代瓷器已经开始大量销往国外，唐代仍然沿用汉代的丝绸之路，对外贸易往来频繁，长安、洛阳是国际化的大都市，外商云集，《旧唐书·邓景山传》记载："神功至扬州，大掠居人资产，鞭笞发掘略尽，商胡大食、波斯等商旅死者数千人"。⑩同时中国的珍贵物品也大量销往国外。晚唐开始，唐代的对外贸易重心移至海路，广州、明州、泉州港成为重要的港口，海上运输与陆上运输相比，具有行驶平稳、载重量大等优势，因而对于瓷器出口贸易而言，海上运输更为适宜；第三，两极分化。唐代的瓷器生产已经有了明显的粗精之分，很多窑口都生产贡瓷，法门寺地宫出土的越窑秘色瓷，属于皇家用瓷，釉色温润匀净，相当精美。

图六　越窑盖盒（故宫博物院藏）

二、瓷器与唐代社会生活

1. 饮茶风尚

中国的饮茶风俗历史久远，先秦时代的文献中就有关于茶的记载，《神农·食经》有云："茶茗久服，令人有力、悦志"。唐人的饮茶之风尤盛，"古人亦饮茶耳，但不如今溺之甚，穷日尽夜，殆成风俗，始于中地，流于塞外"⑪。晚唐人陆羽著《茶经》可

以说是中国茶文化史上第一部集大成之作，通过《茶经》对饮茶用具的介绍可以看出
瓷器在饮茶过程中的广泛应用，尤以茶碗为例，"越州瓷、岳瓷皆青，青则益茶，茶作
白红之色。邢州瓷白，茶色红；寿州瓷黄，茶色紫；洪州瓷褐，茶色黑，悉不宜茶"。
陆羽认为青瓷最适于饮茶，通过法门寺地宫出土的一整套皇家最高级别的金银器茶具来
看，茶碗使用的是越窑"秘色瓷"，这同陆羽所记载相一致。然而，民间品茗则无法达
到皇家标准，但是瓷茶碗仍旧是广受欢迎。玉璧底碗是唐代最典型的一种碗，南北方各
个窑口，不论青瓷还是白瓷，都大量生产这种碗，成为当时的一种流行风尚。白居易
《睡后茶兴忆杨同州》诗中提到："白瓷瓯甚洁，红炉炭方炽"[12]。可见，白瓷亦是很受
欢迎的饮茶用具，邢窑盛产的唇口玉璧底碗也应是茶碗的一种。（图七）

图七　邢窑碗

2. 厚葬之风

厚葬是中国传统文化的一个重要内容，孔子认为："生，事之以礼；死，葬之以
礼，祭之以礼"，从某种意义上说这种传统一直延续到今天。唐代也是厚葬制度盛行的
一个时期，"王公百官，竞为厚葬，偶人象马，雕饰如生，徒以炫耀路人，本不因心致
礼，更相煽动，破产倾资，风俗流行，下兼士庶，若无禁制，奢侈日增……"[13]。唐代
社会经济发达，尤其初唐至盛唐时期，国力强盛。而安史之乱以后，经济受到重创，厚
葬风气也开始减弱，随葬物品锐减，而且质地粗糙。唐代厚葬之风的盛行也促进了瓷器
的生产，唐代随葬瓷器可以分为两类：第一类是生活用器，墓葬中出土的各类瓷执壶、
熏炉、灯、罐、盘、唾盂、粉盒，都有可能是墓主人生前所用。河北衡水市出土典型的
唐代邢窑白釉净瓶、白釉玉璧底碗，黄釉执壶，同时伴出一件青石釜，釜底留有黑色烟
炱痕迹，应为墓主人生前实用器[14]，因此同时出土的其他器物亦有可能是墓主生前所用

之物。第二类是明器，瓷明器多见于初唐和晚唐的墓葬中。生活用器的器型亦有专门为陪葬所生产，西安枣园唐墓出土一件执壶，圆锥短流并且流口被釉堵塞，而且该件器物高仅有 5 厘米[15]。可见，这类器物无实用价值，专门用作陪葬明器。无独有偶，西安南郊茅坡村也发现了类似的酱釉执壶，高也只有 5.2 厘米，而且器物有捏制的痕迹，实用性不大[16]。（图八）洛阳北郊晚唐墓出土的执壶尺寸更小，高仅有 0.6 厘米，腹壁三道瓦楞纹[17]，应该是纯粹的陪葬明器。这种明器在晚唐比较多见，小件器物制作工艺简单，省时省料，与唐末厚葬风气的衰退有一定关系。除此以外，唐代瓷明器还有俑类和家禽、居室用具模型，这类随葬明器在中原地区以陶质彩绘为主，但是在个别地区也出现了精美的瓷器产品。以四川地区和湖南地区的唐墓最为典型[18]，时代都在初唐，根据随葬品的规模和数量，墓主人应该都是五品以上的官吏，随葬品的种类也与同时期其他地区的唐墓基本一致，俑类有镇墓兽、十二生肖俑、武士俑、文吏俑、侍俑、乐舞俑、人首鸟身俑等，禽畜模型有牛、马、骆驼、鸡等，居室模型有磨、灶、几案、榻、围棋盘等，时代面貌较一致。（图九~图十五）而且这三座墓葬出土的青瓷器均胎质洁白细腻、釉色淡青或者黄绿，釉面玻璃质感强，器表有细碎的开片，很可能均为同一窑口生产，即湖南省的岳州窑或者长沙窑，瓷明器在这些地区的流行应与当地瓷器生产的繁荣和民间习俗有关。

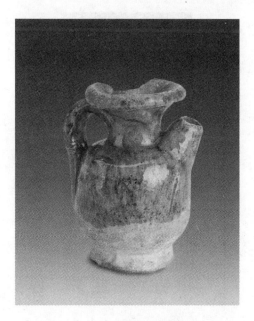

图八　西安茅坡村唐墓出土

图九　桃花山唐墓，镇墓兽

图十　桃花山唐墓，十二生肖
俑之牛俑

图十一　桃花山唐
墓，女侍俑

图十二　桃花山唐墓，乐俑

图十三　桃花山唐
墓，胡人俑

图十四　桃花山唐墓，人首鸟身　　　图十五　万县唐墓，瓷马

3. 对外贸易发达

唐代是我国历史上对外贸易相当发达的一个时期，仅以广州港为例，每年往来的外国货船就有四千余艘。贞观十七年（643 年），太宗诏谕广州、泉州、扬州置三路"市舶司"，派宦官充任市舶官员，专门负责海外贸易的管理和对舶商的征税事宜，此为我国海关的起源。海上对外贸易的发展促进了唐代瓷器的生产，瓷器通过这条海上"陶瓷之路"大量的运往世界各国。我国的近邻日本和朝鲜出土我国唐代瓷器数量巨大，以三彩、青瓷，彩绘瓷、白瓷为主。越窑青瓷已在日本五十处遗址中被发现[19]，器形有三足腹、盒子、碗、灯碗、唾壶、砚台等，以碗类居多。埃及的福斯塔特遗址，13 世纪初成为废墟，考古学家在这里发现了很多中国陶瓷碎片，其中唐代瓷片中有唐三彩、邢窑白瓷、越窑青瓷、黄褐釉瓷和长沙窑瓷，其中越窑青瓷数目最多[20]。位于伊朗东北部的内沙布尔，同样是历史上毁在战火中的城市，由于是沟通中亚与西亚贸易的重要地区，因此这里的经济和文化也相当活跃，发现中国的唐代瓷器主要有越窑和长沙窑瓷器，特别值得注意的是发现附贴花纹装饰的长沙窑细颈壶上部和绘有鸟类的盘子残器[21]。在巴基斯坦也发现了晚唐时期的越窑水注和长沙窑黄褐釉绿彩花卉大碗。除此以外，在广大的东南亚地区，印度尼西亚、泰国、菲律宾和斯里兰卡同样发现了中国精美的长沙窑瓷器，以贴花彩绘瓷为主[22]，1998 年在印尼出土的"黑石号"唐代沉船，船上 5 万多件长沙窑瓷器，有许多由于妥善的包装在陶瓮里，完美如新。由此可见，在唐代文献中不见记载的长沙窑，主要生产外销瓷，而且销路甚广，足迹遍及整个亚洲地区。

三、瓷器与唐代社会文化

1. 瓷器与民间文学

中国的古典文学尤其是诗歌在唐代发展到了巅峰阶段，唐代多元的文化构成和音韵学的成熟促成了不同的诗歌流派的产生和盛行。这样的文化背景也与瓷器生产相结合，构成了"诗"与"瓷"的文化共合体，使得物质文化领域和精神文化领域两大最具中国特质的元素在唐代完美地结合在了一起。这主要体现在名不见经传的长沙窑瓷器上，诗文丰富了长沙窑的装饰艺术的同时，也让作为民间工艺的长沙窑瓷器在深蕴哲学精神和文化内涵的诗学意境里实现了雅俗共赏，提升了自身的文化品位，使得我们充分领略了古代中国民间将生活与艺术巧妙融合的民俗文化。

长沙窑的诗文装饰兴起于中唐时期，釉下书写，上釉高温一次烧成，字呈黑褐色，多书于壶的腹部，也有少量书写在枕面和碗、碟的内底。长沙窑的诗文大多表达的是个人情感，时而感伤失意，时而温婉深情，与中唐以后孤寂清逸、悲怨感伤的文人诗风相切合，体现了相同的时代背景。长沙窑的诗文装饰大部分出自民间原创，少数可以在《全唐诗》中找到相同或者相似的诗句，长沙窑的诗文主要可以概括为：离愁、劝诫、警示。如"夜夜挂长钩，朝朝望楚楼。可怜孤月夜，沧照客心愁。"、"孤竹生南街，安根本自危。每蒙冬日照，常被被风吹。"（图十六）此外，诗文中还有一些关于瓷器买卖的内容，"买人心惆怅，卖人心不安。题诗安瓶上，将与买人看。"（图十七）这种用以迎合消费心理的，类似广告词的诗文在宋元以后更多的应用于瓷器上。

图十六　长沙窑窑址
出土

图十七　长沙窑窑址出土

2. 瓷文具的生产

　　除了诗歌以外，唐代的书法艺术也达到了一个高峰，著名美学家李泽厚先生说："……而书法和诗歌却同在唐代达到了无可再现的高峰，既是这个时期最普及的艺术，又是这个时期最成熟的艺术。正如工艺和赋之于汉，雕塑、骈体之于六朝，绘画词曲之于宋元……"[23]。在这样的背景下，唐代瓷质文房用具生产较前代有了明显的增多，巩县窑、越窑、长沙窑、邛崃窑、都烧制文具，以砚、水注较为常见。四川邛崃窑以生产小件器具闻名，其中文具也非常多见，水注造型别致，有鸳鸯形、莲花形，人形，而且多施彩釉，此外，还有素胎笔格、砚、笔洗[24]，制作大多小巧可爱，别具匠心。

　　长沙窑也烧造类似邛崃窑的小件文具，这两个窑口有十分相似的生产性质，因此烧造的器物也十分类似。两者之内在关联这里不多作讨论，仅从文具产品来看，器形和装饰技法十分相似，以水注、笔舔、镇纸、砚台多见，其中水注形象最丰富，有壶形、扁腹形，龟形，猪形、狗形、虎形等动物形状，十分俏皮可爱，（图十八）亦多施彩釉。镇纸多做动物造型，下附一底板，有狮、虎、豹、龟、蛙[25]，狮子昂首挺胸或者对狮相戏。邢窑晚唐时期也生产狮子形象的镇纸，形象威猛，张口吐舌。

图十八　狮形水滴，长沙窑窑址出土

　　另外，唐代继承南朝的传统，继续生产多足砚。有白釉、青釉砚，足比前代更多，有的达 28 足。砚面突起，四周围以深凹的水槽，即文献所载的辟雍砚。辟雍本为西周天子所设大学，校址圆形，四周围以水池，形状如壁，故此得名。（图十九）还有风字砚也是唐代典型的产品，以形似汉字风而得名，多个窑口都有生产。

　　总之，瓷文具的生产在唐代迎来了一个小高峰，文化的高度发达必然对与其相关的用具

图十九　辟雍砚，故宫博物院藏

生产有所要求和刺激，而且唐代的文人学士们喜爱游艺书法，陶冶性情，必然对文房用具的审美情趣方面有所追求，于是，各类风格迥异的文房用具便应运而生。

四、结　语

　　唐代是物质文明高度发达的时期，国力强盛，物资丰富，强大的经济基础推动了手工业包括瓷器制造业的发展。纵观唐代瓷器生产状况，可谓百花齐放，官民共举，不仅有烧造贡瓷的邢窑、越窑，也有带有朴实民风的长沙窑、邛崃窑，上至达官贵人，下至平民百姓都与瓷器使用密不可分，而且唐代瓷器的使用已经渗透到生活的每个细节中，喝酒品茗，赏玩，乃至丧葬用品都与瓷器有关。同时，唐代兼容并包的文化氛围也丰富了瓷器的品种和装饰手法，大量西域文化因素被移植到瓷器上，凤头壶、龙首杯这些具有异域风情的新器型顺势而生，胡人形象出现在众多瓷器装饰上。在唐代大一统的局势下，各地瓷窑也开始了技术上的相互借鉴和模仿，同一窑口生产的品种不再拘泥于一类，为宋代瓷器的百花齐放奠定了基础。

注　释

① 长沙窑课题组：《长沙窑》，紫禁城出版社，1996 年，第 222 页。

② 中国硅酸盐学会编：《中国陶瓷史》，文物出版社，2004 年，第 198 页。

③ 张天琚：《关于"邛窑和长沙窑关系"争论的若干问题》，《东方博物》，2005 年第 3 期。

④ 江西省文物考古研究所等：《江西丰城洪州窑遗址调查报告》，《南方文物》，1995 年第 2 期。

⑤ 贾忠敏、贾永禄：《河北省内丘县邢窑调查简报》，《文物》，1987 年第 9 期。

⑥ 翟春玲、王长启：《青龙寺遗址出土"盈"字款珍贵白瓷器》，《考古与文物》，1997 年第 6 期；王长启：《西安市出土"翰林"、"盈"字款邢窑白瓷罐》，《文物》，2000 年第 4 期。

⑦ 陆明华：《邢窑"盈"字以及定窑"易定"考》，《上海博物馆集刊》，1987 年第 4 期。

⑧ 【唐】李肇：《唐国史补》卷下，上海古籍出版社，1979 年，第 60 页。

⑨ 【清】彭定求等点校：《全唐诗》卷六百十一，中华书局，1960 年，第 7055 页。

⑩ 【后晋】沈昫：《旧唐书·列传第六十》卷一百一十四，中华书局，1975 年，第 3313 页。

⑪ 【唐】封演撰，赵贞信校注：《封氏闻见记校注》，中华书局，2005 年，第 52 页。

⑫ 【清】彭定求等点校：《全唐诗》卷四百五十三，中华书局，1960 年，第 5126 页。

⑬ 【宋】王溥：《唐会要》卷三十八，中华书局，1955 年，第 692 页。

⑭ 衡水市文物管理处：《河北衡水汇龙中学汉唐墓葬发掘简报》，《文物春秋》，2004 年第 2 期。

⑮ 陕西省考古研究所：《西安西郊枣园唐墓清理简报》，《文博》，2001 年第 2 期。

⑯ 西安市文物保护考古所：《西安市南郊茅坡村发现一座唐墓》，《文物》，2004 年第 9 期。

⑰ 洛阳文物工作队：《洛阳北郊清理的一座晚唐墓》，《考古与文物》，1998 年第 6 期。

⑱ 湖南省博物馆：《湖南长沙咸嘉湖唐墓发掘简报》，《考古》，1980 年第 6 期；岳阳市文物考古研究所：《湖南岳阳桃花山唐墓》，《文物》，2006 年第 11 期；四川省博物馆：《四川万县唐墓》，《考古学报》，1980 年第 4 期。

⑲　三上次男：《从陶瓷贸易看中日文化的友好交流》，《社会科学战线》，1980 年第 1 期。

⑳　三上次男著、胡德芬译：《陶瓷之路——东西文明接触点的探索》，天津人民出版社，1983 年，第 23 页。

㉑　同上，第 157 – 158 页。

㉒　长沙窑课题组：《长沙窑》，紫禁城出版社，1996 年，第 212 – 215 页。

㉓　李泽厚：《盛唐之音——关于中国古典文艺的札记之一》，《文艺理论研究》，1980 年第 1 期。

㉔　魏尧西：《邛窑》；陈丽琼：《邛窑新探》，《四川古陶瓷研究》（一），四川省社会科学院出版社，1984 年。

㉕　长沙市文物考古研究所：《湖南望城县长沙窑 1999 年发掘简报》，《考古》，2003 年第 5 期。

探俗觅风分家纸

鲁　方（广东省文物鉴定站）

今年返乡小住，一日，母亲拿出一只榆木方盒予我。木盒约 4×5×18 厘米，盒壁平滑轻薄，盒上沿一侧开一道小缝，盒盖可沿缝开合，颇为简巧。盒内存有折叠稿纸若干，逐件拆阅，一张 1951 年"土地房产所有证"，一张 1954 年"买房基文契"，最后一张是曾祖所留"分家纸"，母亲见我看得仔细，便解释道："这是你太公做的'分家纸'，原先留给你爷爷，你爷爷奶奶走得早，我嫁过来后无意中找到的。"

展开分家纸，逐字辩读，懵懂之处甚多。恰偷闲在家，不懂之处请教母亲和邻友乡老。虽仍存迷惑，但对分家纸之渊源兴趣不减，借此试分析分家乡俗及与之相关问题。

一、曾祖分家纸

曾祖鲁传金，籍安徽当涂，于 1944 年 10 月制分家纸，将其田地房产家什"均分"三子，祖父家财是其长子。

分家纸纵 48 厘米横 37.5 厘米，保存状况较差，左下角缺一块，折痕处纸破字残，所用纸张材质软薄，呈淡黄色，专用名称"黄裱纸"，乡人称之为"百姓纸"，民间传说东汉蔡伦之弟学造纸不成，所造之纸色黄质糙，多用来做阴司纸（冥钞）和祭祀冥器，并流行至今[①]。在那个年代，乡村普通百姓家中少有文房用纸，百姓纸却是常备。

分家纸左侧有一列墨迹，或为骑缝字；曾祖育有三子，家分三份，故此"分家纸"应为一式多份，至少三份，除骑缝字外共 501 字，可认 496 字，摘录如下：

"立遗嘱字人鲁传金，今因桑榆暮景精神怠倦，家务纷繁难以料理，所生三子长子家财次子家生俱已成人长大婚完娶配，三子家发尚未完婚□□邀请

亲族本家通同商议选择吉日，将身续置民田地房产家伙什物等项搨搭均分，毋得争长较短。所有草房六间、山地六块，三肱均分；有一小稻场三人公用，又大麦塘田二丘计弓口三分，东窖一口，傍有板坝一条，鸡早坟板梗一条归□□□生活之用，死后留与三子家发。家分之后，务要男勤女俭，上遵祖父之业下联手足之情，至于我将来终身费

亦同均派，不得推诿，今欲有凭立此遗嘱为据。中华民国三十三年十月吉日。

计开：

中进草房二间，伙路向南，每月十八日碾米；山二块在刘村山，一块东至本姓坟山西至本姓坟山为界，南至王姓坟山北至本姓坟山；一块东至本姓坟山西至谷姓田为界，南至本姓坟山北至本姓坟山为界——家财执业。

前进草房二间，伙路向南，每月十八日粪草；刘村山二块，一块东至大路西至本姓坟山为界，南至小塘北至唐姓坟山；一块东至本姓坟山西至王姓坟山为界，南至小塘北至本姓坟山——家生执业。

后进草屋二间，伙路向南，豆腐家伙一件，每月十八日碾米；山一块在村东北，东至大路西至杨姓坟山为界，南至小塘北至大路；山一块在村西北方，东至夏姓田西至山埂为界，南至何姓山北至唐姓坟山——家发执业。

立遗嘱字人父鲁传金（十）

凭本家 广富（十）明高（十）明顺（押）明生（十）

舅 张国发（押）

村邻 孙燕暹

代笔 孙纯浦（押）"

曾祖分家纸，涉及人名11个：父子4人，父鲁传金，子家财、家生、家发。公证7人，其中族老4人，据鲁氏辈序"正大光明，传家瑞成"推算，鲁广富是鲁传金祖辈，鲁明高、明顺、明生是其父辈；近亲1人，舅亲张国发；村邻1人，孙燕暹；代笔先生1人，孙纯浦。除3子外，其余8人均有画押。

涉及家产：草房6间，山田6块，小稻场1块，大麦塘田2丘弓（旧时计量土地单位，1弓等同五尺）口三分，东窖1只，板埂2条，豆腐家伙1套。小稻场，用于晒稻谷的平坦场地；东窖，即位于村东的茅坑，约两米见方的平地上挖一深坑，四周用稻草盖一个倒置漏斗形遮雨挡光棚；板埂，河旁水边或山田之间稍稍高起的土堤（分隔带），宽2尺至6尺，长不等，可种植少量果蔬；豆腐家伙，即豆腐制作工具。

二、分家乡俗

分家纸源自"分家"，曾祖分家纸可大略为今人提供一个平民百姓式的分家场景。秋收后的某天，曾祖邀请族老、近亲、村邻、老先生来家中吃"商量饭"。刚撤酒席，曾祖母又端出日前炒好的葵花子、花生、蚕豆，放在桌上供亲友零食。亲友边吃边议，根据均分原则，经过认真细致的讨论，最终将房田家伙什物等家产均分三份；请老先生执笔"做纸"（拟写契文）；诵读无疑后由参议、公证亲友逐一画押；亲友们再三嘱咐三子分家之后愈加孝顺父母，"男勤女俭，上尊祖父之业，下联手足之情"；事毕，曾祖谢送亲友，亦不忘另给执笔老先生谢礼（水酒或秋收年货）。分家程序大概就是这样了。

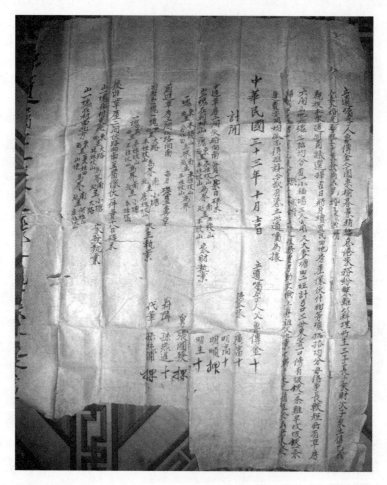

图一　分家纸

关于分家记载的文献较多，如《汉书·陆贾传》、《晋书·石苞、石崇传》、《后汉书·许荆传》、《后汉书·独行列传》、《旧唐书·姚崇传》、《学海类编·温氏母训》等颇多涉及，自两汉起，诸子均分制已是社会普遍认同的习惯原则②，即生育儿子便需均分几份。在元代，统治阶级以法律形式明确，妻所生子平分财产；允许妾所生子参加分配，"同亲过继男与庶生子均分家财"；没有妾的名分的奴婢生的儿子也可以分得一部分财产，但少于嫡生子③。均分是仁义所需，也是社会、家庭和谐稳定的基础。

然而，实物均分不等同数字均分，譬如几块田地，可能因为大小形状、离家远近、灌溉难易等原因，没有绝对均分之法；而房屋可能因采光、朝向等原因也不可均分，通常由参议长辈协商，通过好差搭配方式来解决，如好田配差房。世事没有绝对，公平均衡是相对的，晚辈多会遵从分配结果，但遇锱铢必较之流，只有抓阄一途。

如若分家时，儿子均已完婚，分家结果较为通澈；反之，分家时会一定程度上偏向未婚子，尤其未婚幼子，因须顾虑幼子将来婚娶费用，如曾祖分家，将东窨、板埂、豆腐家伙等单独留与未婚三子家发。

分家是家庭重大事件，共议公证是公平均衡的前提和保障，避免因家长个人喜好而作出有违公平的决定，亦避免日后子媳反悔不从或争议不休。参议、公证人员有三种：一是族中辈分高、年纪大、威望盛的本家人，如曾祖分家纸中，所列族人属拟分家家长的祖辈或父辈。二是近亲，按照乡俗，亲戚按其重要性有固定排序，舅亲第一，姑亲次之，姨亲最末，在年节婚丧等宴会场合需按序就座④。分家纸中只有一位亲戚代表，即分家兄弟的母舅张国发，原由便是乡约赋予母舅在所有亲戚中具有最大分量的话语权，又云"母舅看外甥，个个一样亲"。三是村邻乡绅，需年长正派、德高望重。若族中无人精通笔墨，应专请老先生（秀才）"做纸"，如曾祖分家纸中"代笔孙纯溥"，便是私塾老先生，闻名遐迩，应归入第三种参与人员。商议分家时三种人员共同协商、公证。

受邀亲友除母舅不得选择外，其余均为年长德高望重之辈，通常同辈或晚辈没有话语权，上不得台面列不上纸，辈分最低的便是新户主母舅，可见乡约极为"尊老敬贤"。可惜当时诸参议公证亲友年岁太高，在父亲懂事之前竟都先后走了，现在理清关系殊为不易。

不曾想，母亲随意中透露出惊人信息："请族里、村里的老辈过来商量分家，一是老辈能震得住小辈，防止小辈争议反悔；二是敬重优待他们，算是拉拢感情。那时家境中上人家也吃不饱饭，大多数人一年到头饥肠辘辘，而为分家准备的'商量饭'是难得大餐，过年也比不上，他们都愿意来，甚至有人先在家少吃一两顿再来的⑤。年轻人、女人都靠不上边，自家的子孙小孩也就捧个碗蹲在地上扒口饭。最后事主给'做纸'先生一点谢礼，那是应该的，但也拿不出贵重东西，差不多也就是田地收上来的豆子、芝麻、山芋粉。"不知母亲所说的情况和曾祖分家时有几分相似，毕竟曾祖分家比母亲出生早十几年，好在乡俗不是一朝一夕形成，亦非三年五载能彻底改变的。

"商量饭"后公证分家，专为均分重要家产，特指房屋田地。因房屋田地大小多少，亲邻皆知，无需现场丈量，采用好差多寡搭配方法。至于小件家产，如桌柜椅凳锅碗瓢盆和农作工具，也需均分。数量上能均分的要均分，如椅凳、碗筷。其他如供桌、餐桌等多为一户一套，无法均分，家境好的家长可预先置办好，使新户户均一套；家境差的只能摊分，类似一家得供桌一家得餐桌，由新家长自己寻机配齐。这些相对于房屋田地，不值一提，没有必要烦劳众亲友协商公证，故不曾录入分家纸。

分家后赡养事宜亦在分家时一并协商好。曾祖分家纸"每月十八日碾米"、"每月十八日粪草"便指赡养之事。"碾米"，意指用石碾⑥将稻谷碾成米后供给父母。旧时，米是靠石碾碾出来的，一个村庄共用一个米碾，一次可碾一百多斤稻谷，需小半天工夫。"粪草"，"粪"指挑粪桶，旧时没有自动冲水马桶，屋旁设茅坑，屋内有尿桶和马桶，隔三差五便需将室内桶中尿粪倒入茅坑，茅坑虽大，久满自溢，亦需用粪桶挑去肥田；"草"指提供柴草，用于烧灶。分家纸明确长子和三子"碾米"，二子"粪草"，注明时间为每月十八日，却没有写"量"，细细想来颇含深意：一，老人自用，仅生活所需，不求过量米柴；二，有惯例乡俗参照，如每个老人每月20斤至40斤粮食；三，得遇丰收年老少欢喜，若逢兵燹灾荒，无人能保证"量"。因此"量"不必明确，但凡人子，应当勿使父母二老的伙食标准低于妻儿。碾米、挑粪、砍柴割草这三件事，均属体力活，无一不是与"食"密切相关，民以食为天，食是天大的事，也似乎是老人对壮年儿子的唯一要求。所谓"养儿防老"，大概就是这样了，仅是等年老体衰时有份口粮而已。

通常情况下，如果幼子未婚，分家后父母仍与幼子同住同作同食，在幼子婚事落定婚娶之前，父母多会另盖一矮小简陋草屋自住，谓之"烧小锅"。若父母长寿，如到七八十岁时，身体衰弱以至生活难以自理，特别是视力和听力严重衰弱，儿子需供饭（即将老人接到家中供养），常一家一月轮流。

三、分家析产标识

在乡村，逢婚寿礼庆，正日及前后一日亲友和族人齐聚一堂同餐共庆，事主须向亲近的兄弟叔伯借桌椅碗筷，事后再挨家送还。为防止差错，如借走新的还来旧的、借走好的还来差的，人们多在自家的碗碟上面或底面刻一个标志，所刻标识多是户主姓名的第三字，前两个字表示家族姓氏和辈分，不具特殊性，第三个字才是具有标识意义的名⑦。对自有财产进行标记，可追溯到奴隶社会。在奴隶社会，奴隶是奴隶主的私有财产，是会说话的高级牲畜，可被任意买卖、转让、抵押、殉杀，奴隶主为防止奴隶逃跑，给奴隶身上或脸上烙刺特殊印记，如同人们给牲畜打烙印以防丢失。类似标识在瓷器上应用比较广泛，如官府定烧瓷、外销纹章瓷，而普通百姓多买来成品再绘刻标识，早期多笔绘，自清初开始大量出现凿刻标识，这种标识不易洗磨剥落，但对瓷器质量有较高要求，如若胎泥洗练不够精细、胎釉烧结程度不够高，在凿刻时可能炸釉或断裂，而清三代瓷器在工艺上处于陶瓷史上顶峰状态，为刻字的流行提供了必要的物质条件。

出于同样的原因，分家后，新户主多会给自己所分物品刻上专属标识，多见在碗碟上，桌凳上偶有。每分一次家，便多刻一个字，这些加刻的字，因分家而起，是分家家产专属标识。如图二所示，乾隆青花五蝠捧寿纹碟，碟面刻有五个字，"海"、"春（?）"、"裕"、"曼（?）"、"经"，字的写法、大小、深浅不一，显然不是同一个人刻写的，应由五个人、每人一字刻成，现在无法查证五个字的先后次序，但能肯定第一个字是由第一任家长刻成，之后每分一次家便由新家长加刻一个字，推知，这个刻了五个字的青花瓷碟至少历经五代家长四次分家。

这些凿刻的分家析产标识，虽然对瓷器釉面造成一定的破坏，但不应被看成器物瑕疵，因为它们蕴含深厚的社会文化内涵。如，这只青花碟，只是一件乾隆年代寻常的景德镇民窑产品，简单的青花彩装饰、大众化的吉祥纹饰、常见的豆腐干款、普通的尺寸，因五个各具特色的后刻字，具有非凡的历史文化价值，是研究古人生活习俗的珍贵实物资料。

图二　乾隆青花五蝠捧寿纹碟

四、分家原因

曾祖分家原因，分家纸上以"因桑榆暮景精神怠倦"为由，并含蓄地表述长子次子"俱已成人长大婚完娶配"，若单纯因家长年老体衰不能操持家务，长大成人的儿子可以帮助父亲料理家事，细心揣摩，隐约可见字面下的隐晦苦涩。

若是结婚是分家的触发原因，我们可从大量历史文献、民间传说、身边故事、街坊八卦归纳出分家的深层次原因——大家庭内部的两类新生矛盾。一是以婆媳矛盾为代表的两代人之间的矛盾，包括父子、母子矛盾，属于"代沟矛盾"；二是以妯娌矛盾为代表的小辈之间的矛盾，包括兄弟、姑嫂矛盾，属于共生体系中竞争性矛盾。

婆媳关系，是所有家庭成员关系中最有趣、复杂、难处的关系，婆是曾经的媳，媳也是未来的婆，常言"多年的媳妇熬成婆"，媳妇被她的婆熬成婆后，会以婆的身份熬她的媳妇，直至媳妇也成婆。婆媳身份的共同点很多，同是女人，同是嫁作人妇，同是相夫教子，同是抢了别人的儿子以及自己的儿子被人抢，只是因为身份时差的原因，立场对立，矛盾难调。婆媳矛盾，有互为忌妒的根源，婆婆忌妒媳妇是儿子的亲密伴侣（结婚前儿子可能对母亲百依百顺，结婚后儿子会顾虑媳妇的立场），媳妇忌妒婆婆是丈夫心中无法取代的女人（妻子可以另娶，母亲却是唯一的）。婆媳之间有难除的隔阂，婆婆可能会记住自己当小媳妇时所受委屈和所学规矩，潜意识下再次施加到媳妇身上，而小媳妇多会从一开始对婆婆持恐惧和不信任态度。矛盾的根源是两代人人生经历、生活习惯、思想态度、处世方法等方面的代沟。千百年来，因婆媳矛盾发生的家庭悲剧，数不胜数，陆游和唐婉便深受其害，抑郁终身。

妯娌，两个新加入家庭成员，竞争激烈，生活中有许多明争暗斗的题材。哪个勤快？哪个孝敬父母？甚至哪个贤淑俏丽？哪个娘家有权势？比完自身，仍要比丈夫和孩子。名著《红楼梦》中对妯娌斗法有深刻描述，瑶族山歌有一句"兄弟和气家庭顺，妯娌和气家不分"想从正面劝导民众。

婆媳、妯娌矛盾是常见并有代表性的，但父子、母子、兄弟、姑嫂之间的矛盾未必能够忽略。代沟矛盾和竞争性矛盾，常人难以逃避，除非性格都宽厚平和，能忍让克制。

儿子婚娶、新人嫁入之后，不可避免产生新的摩擦，或激发旧矛盾或诱发新矛盾，分家以保持距离不失为良策。此外，分家或有其他的原因，例如，儿女大了，长辈懒得再管小辈，操劳了几十年想歇一歇、享享清福，分家以求清静。

五、分家与遗嘱

遗嘱，指人在生前或临死时留给后人的书面或口头的嘱咐。特指遗嘱人生前对遗产所作的处分到其死亡时才发生效力的一种法律行为。从民法角度上看，现代遗嘱具有以下几个特征：

1. 遗嘱是单方法律行为，其后果是可以预期。

2. 遗嘱人必须具备完全民事行为能力，限制行为能力人和无民事行为能力人不能设立遗嘱。

3. 设立遗嘱不能进行代理。遗嘱内容必须是遗嘱人的真实意思表示，应由遗嘱人本人亲自作出，不能由他人代理。如是代书遗嘱，也必须由本人在遗嘱上签名，并要有两个以上见证人当场见证。

4. 危急情况下可用口头形式，须有两个以上见证人在场见证。

5. 遗嘱是在遗嘱人死亡时才发生法律效力，遗嘱人生前可以加以变更、撤销。

对照这几个特征，分家和遗嘱的同异不言而喻。

从内容和形式上看，分家和遗嘱本质类同，即关乎继承，有相似的目的、功效和公证条件；但两者之间差异不容忽视：

其一，分家纸即时生效，而遗嘱必须等到立遗嘱人死亡生效，这一点最为关键。

其二，分家纸侧重分家，触发原因是某个儿子结婚成家，另立门户，分得一部分家产使之能独立成家立业，没有结婚的儿女则仍与父母共同生活；独子家庭不需分家。而遗嘱是遗嘱人作出的对其所有财产在其死亡后的分配决定。简言之，分家是大家庭的解体，换来几个小家的诞生；遗嘱是因某人的死亡，生前所有财产的再分配。

其三，旧时女子"未嫁从父、既嫁从夫、夫死从子"⑧，在法律上不具有财产所有权⑨，故女子通常不参与分家，只有儿子才有分家继业的权力。遗嘱则不然。

其四，如果家长为保持或控制家庭经济的现状，当某子成家，只分小部分家业供其营生，因此可能会分家析产多次，每张分家纸的效力都是相同的，即一旦签证，分给某子的家产一般不能收回。而遗嘱，本人可以更改或撤销，有效的只有一份，即最后一份。

其五，遗嘱是当事人本人的真实意愿表达，由本人做出决定。而分家须综合族人亲邻多方意见，力求均衡，避免因分家不均而生怨失和；如户主遭遇意外不能主持分家，众族人亲邻亦可共同协商、公证分家。

曾祖分家纸虽以"立遗嘱字"开头，但根据实际情况和乡俗，分家纸这一名称确切无疑。只是一纸遗嘱似有取代传统分家习俗的趋势。

六、结　语

"分家"自古有之，俗言"树大分权，子大分家"。按照恩格斯的观点[10]，早期的以狩猎和采集为主的社会是财产公有制和群婚制的社会，社会财富仅有维持生存需要的食物，属于"无家无产"；在之后的母系血统制度和母权制社会，出现对偶家庭，除了简单的住房、衣物、生产工具、武器外，几乎没有剩余财富，属于"有家无产"；直到家庭外生产超过家庭内生产，社会剩余财富大量出现并累积，随之私有制萌起、男性取得支配地位，实现"有家有产"，从此，"分家析产"有了必要。分家析产是继承的一种形式，是社会关系中的重要内容，继承则是人类社会得以存在、维系和发展的基础，是人类文明传承的主要方式。在中华大地上下几千年岁月里，纵横几千里沃土上，分家析产以各种形式进行者、传承着，随时境、地域、家族、贫富条件、社会变革而迁异。

从本质上看，宏观上经济基础决定着分家方式，而微观下家庭财产的累积（获取）方法决定着分家方式。秦汉之后，最高权力掌控者帝王，不需分家，因为继承人只能一个，没有继承权的众多王子王孙不可分享独立平等的政治、军事财产权利，只能分得少许（相对于总量）供其安逸享乐的食邑。门阀世家虽不及皇家残酷森严，直系旁系之间常有云泥之别，大多数家族财富只在家主之间传承，其他族人不得不依附家主生存。在剥削制度下，统治阶级标榜的道德主要用来教化、约束被统治阶级，他们自己却不必理会。

而广大庶民，包括基层官吏、农民、小地主、手工业者、小商贾，占据人口总数的绝大部分，只能享有少数社会财富，自汉武帝独尊儒术以来，他们接受并传承家庭伦理观念，大都凭微薄的家产坚守着儒家的仁义、礼让、孝悌，曾祖可作为一个现实代表。在诸子均分制原则基础上，他们为适应社会发展而不断调整分家习俗，使各地逐渐形成一套具有地方特色的分家习俗和具体操作办法。在此不能不提，在广东潮汕地区，分家时几兄弟中谁先生育男孩，即长孙，可多分得一份家产，名曰"子孙田"，作为对"有后"的褒奖，在旧时土地私有制下，长孙意义非凡，表示香火不断，"有后"向来在传统孝道中占据极重要意义。

而今，在计划生育政策强制推动下，独生子女渐成主流；物质文化生活悄然改变，丁克现象日渐流行……面对着传统道德习俗遭受多元思想日益严峻的围剿，世人不得不由衷感慨——"三千年未有之变局，三千年未有之强敌"——正如李鸿章看到西方自由主义挑战传统中国时所感。不难预见，长此以往各地分家风俗离作古将不远矣。

譬如，用猪油炒菜，孩提时自以为理所当然，然离开家乡却难再见，如今更因所谓胆固醇、高血脂、增肥问题，猪油绝少用于炒菜，特有的腻香只能残存于经历者记忆深处。幸有《留青日札》，让将来即便从未尝过猪油炒菜的徽人知晓，早在明代万历，"惟徽州人四时皆食之"⑪。

先人远去，风俗嬗变，唯尺素遗芬。曾祖分家纸展现皖南一隅之分家约俗，虽沧海一粟却不失代表性，笔者不揣浅陋，略陈管见以志之。

注 释

① "百姓纸"主要用于出殡或祭祀，出殡时一路散纸，谓之"买路钱"；祭祀时焚烧百姓纸或用百姓纸折叠的元宝便是送钱财给死者鬼魂在阴曹地府使用。时至今日乡村市场出现多国冥币和冥通银行信用卡，百姓纸仍不可或缺。

② 栾成显：《诸子均分制与家庭经济变动——〈乾隆黟县胡氏阄书汇录〉研究》，《中国史研究》2006年第4期；汪兵：《诸子均分与遗产继承——中西古代家产继承制起源与性质比较》，《天津师范大学学报》，2005年第6期。

③ 元律文《诸子均分财产》、《同宗过继男与庶生子均分家财》，见于《元典章》卷19《户部卷之五·家财》。

④ 乡俗约定：舅亲最重要，通常会占据第1席位，仅在男子婚娶期间有特殊规定：结婚大礼前一日晚宴由舅舅占据第1席，大礼当日午宴由姑父占据第1席，大礼当日晚宴由送亲队伍中身份最尊敬的"新亲"（通常是新娘父亲）占据第1席，大礼第二日由族望最高的本族亲人占据1席。

⑤ 旧时贫困人家长年挣扎在温饱线上，即便逢年过节几碟荤菜自家人多吃不上，亲戚来拜年时才端出来，客人也绝少大吃，多吃碗饭便心满意足，那时不求吃好，吃多一点都自觉难为情，直到过了元宵自家人才能吃，但那时菜也差不多没了，每次客人吃一点，加热次数太多，剩下的也蒸化了，普通家庭情况也相差无几。

⑥ 石碾由碾槽、碾砣和碾架三部分组成。碾槽由若干节成弧形的石槽连接成一个大圆圈，碾砣是用坚石打磨成车轮状的两个石盘构成，然后靠碾架固定分前后嵌在碾槽里，碾架由一根粗壮的直木从碾圈的中心牵出，控制碾砣始终绕着碾槽运转，碾砣由人驱使牛或驴来拉动，碾砣在碾槽里不断地磨碾稻谷，直到壳破米出糠成细粉才是碾熟。

⑦ 直到20世纪80年代，在农村仍可见人们在自家碗碟上凿刻家产标识。

⑧ 《仪礼·丧服·子夏传》："妇人有三从之义，无专用之道。故未嫁从父，既嫁从夫，夫死从子。"

⑨ 《礼记·内则》："子妇无私货，无私畜，无私器，不敢私假，不敢私与。"但也有些朝代（如唐代）比较开放或宽松，允许女性有一定的财产所有权（甚至财产分割权），尤其是嫁妆财产所有权。

⑩ 恩格斯：《家庭、私有制和国家的起源》。

⑪ 明田艺蘅《留青日札》卷二十六《七件事》载："香油贵时，则熬猪油而食之，惟徽州人四时皆食之。深山穷谷，近如于潜、昌化一路，不能得油，则取饭锅米汤以炒菜，名曰米油，其穷甚矣。"

玉簪琐谈

何　锋（广东省文物鉴定站）

中国古代玉器历史悠久，品类繁多，从新石器时代绵延至今，已有 8000 年历史，要全面了解古代玉器，首先要进行综合性分析，而综合性分析最终离不开对具体器物的研究，因为这是对玉器最直接、最基础、最感性的认识，本文拟就玉器饰品中最常见的玉簪，结合出土实物以及文献和传世品，从用途、造型、纹饰、工艺等方面加以整理和归纳，梳理出玉簪的发展脉络，从而加深对整个中国古代玉器的了解和认识。

一、簪的别称、用途和质地

簪，古时称"笄"，秦汉时才称"簪"。刘熙《释名·释首饰》云："簪，建也，所以建冠于发也。"簪又称为"先、箄簪、搔头"等。《说文解字·先部》云："先，首笄也。……簪俗（作）先。"《周易象辞》卷六则作进一步解释："簪，首笄也，象人首加物束发之形，以竹为之，俗遂从竹。"

"箄"、"簝"通"簪"。《广雅·释器》："箄谓之簪。"清代厉荃《事物异名录》卷十六又载："箄，谓之簪，亦作簝。"南朝刘孝威《妾薄命篇》："玉簝久落鬓，罗衣长挂屏。"句中玉簝即指玉簪。

"搔头"名称始见于汉，据刘歆《西京杂记》卷二载："（汉）武帝过李夫人，就取玉簪搔头，自此后宫人搔头皆用玉，玉价倍贵焉。"后人则用搔头借代发簪。如唐代白居易《采莲曲》中有云："逢郎欲语低头笑，碧玉搔头落水中。"句中碧玉搔头即指碧玉簪。

簪一般由簪首（又称帽、头）和簪身组成，簪身尾部多呈尖锥状。簪的别称较多，为了叙述方便，下文除引言外，均作"簪"。

簪最早的用途，据《仪礼要义》卷三十五云："凡笄有二种，一是安发之笄，男子妇人俱有"，即把头发束起来挽成发髻，然后用簪贯穿发髻使发髻不散。男子、妇人都可使用，此种用途的发簪已为大量的出土实物所证实。"一是为冠笄，皮弁笄爵弁笄，惟男子有而妇人无也。"即将冠戴在已束好的发髻上，用簪从冠旁的孔中横贯发中，再由另一旁的孔中穿出，把冠牢固于发髻上。这种固冠簪见于江苏吴县金山天平①出土的白玉莲花冠和碧玉簪（见图一）。而"惟男子有而妇人无也"的说法则不尽然，从宋代开始也有妇人戴冠和使用冠簪。

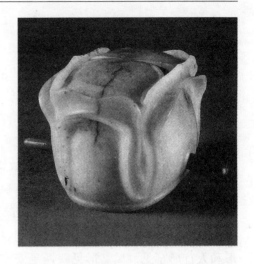

图一

簪除了用来固冠和安发之外，还用于仪礼和装饰。仪礼上的用簪，在《周礼注疏》有载："弁师掌王之五冕……（衮冕）五采缫十有二，就皆五彩玉十有二，玉笄朱纮。"又云："追师掌王后之首服，为副、编、次，追衡笄。"郑玄注曰："追犹治也，王后之衡笄皆以玉为之"。规定周天子和王后在重要的仪式上所戴的冠冕和首服均用玉簪。

吉礼和丧礼上所用的簪也有严格规定，如《仪礼要义》等记载，行吉礼时，天子、诸侯及后妃命妇用玉簪，大夫及其夫人用象牙簪。服丧时男子用桑木发簪，形制较普通发簪为长；妇女则用理木、榛木发簪。未嫁女子为父服丧用箬竹发簪；为母服丧则用白理木发簪。

此外，古代女子还有行"笄礼"的仪式。《仪礼·士昏礼》载"女子许嫁，笄而醴之"郑玄注曰："许嫁，已受纳征礼也，笄女之礼犹冠男也，使主妇女宾执其礼"。女孩年满15岁，就要举行"笄礼"，仪式由主妇和女宾主持，即将女孩的丫角髻改梳成发髻，在髻上插簪，标志女孩已经成年，具备出嫁的资格，故又有"及笄"之称。

簪的质地丰富多样，主要有竹、木、陶、石、骨、牙、角、玉、琉璃、琥珀、金、银、铜、铁等。竹、木簪是发簪的最早形式，由于竹、木难于保存，所以现在见到的竹簪、木簪，大多出于战国后的墓葬中；石、陶、骨、铜簪汉以前较多，汉以后逐渐式微；金银簪则从唐代开始盛行；牙、角、琉璃、琥珀、铁簪相对较少；玳瑁簪和犀角簪极其稀有，多见于文献记载，如《后汉书·舆服志》："（太皇太后、皇太后）簪以瑇瑁为摛，长一尺……左右一横簪之，以安蔮结。"瑇瑁即玳瑁。《格致镜原》云："汉班固与弟超书，今遗仲升瑇瑁、黑犀簪。"玉簪则最为珍贵，是身份尊贵的象征。

二、玉簪的造型、纹饰和工艺

玉簪，又称为"琼簪"、"玉搔头"。《南史·崔祖思传》曰："琼簪玉笋，碎以为尘。"琼，泛指美玉。"玉搔头"前文已有介绍，不再赘言。据目前考古发掘资料，玉簪最早见于新石器时代遗址，分布于黑龙江、山西、山东、陕西、安徽、江苏、湖北、湖南、广东等省，分布范围很广，出土数量较多。从造型和纹饰上来看，大致可分为两大类：一类为简洁形，即整器不加纹饰，簪首多为平顶，簪身有圆柱形、菱形、方形、扁平形等，线条规整流畅，通体琢磨精良，抛光圆润。代表器形有湖南澧县孙家岗遗址14号墓②出土的白玉簪和陕西武功县游凤出土的墨玉簪③。一类为丰富形，造型美观，纹饰精美，此类玉簪占的比例较大。纹饰主要体现在簪首的雕琢上，分为几式：

1式：簪首为动物造型，主要有鹰、凤鸟、人首等。其中又以鹰形为多，如湖北省肖家屋脊遗址④（见图二）、荆州市马山镇枣林岗遗址⑤和陕西神木县石峁遗址⑥均有出土。鹰为圆雕，立状，钩喙，侧目，长翅收合斜交于背部，中部有穿孔。凤鸟形和人首形罕见，凤鸟形见陕西延安市芦山峁遗址⑦（见图三），碧玉，簪首透雕一抽象凤鸟，凤鸟立于边带凸棱的圆面上，圆面下琢一段螺纹，螺纹往下逐渐变细。通体抛光。人首形见山东临朐县西朱封遗址202号墓⑧，簪首透雕一变形人首，长发向后卷曲，头顶为圆柱形冠状物，圆柱上琢二道凸棱，簪首与簪身相连处和簪身各浅浮雕一人首像。

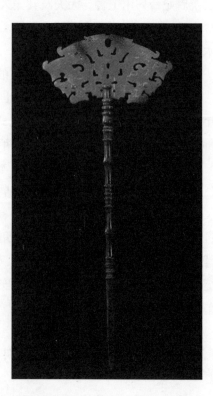

图二　　　　　　　　　　图三　　　　　　　　　　图五

　　2 式：簪首为螺帽形，簪身呈圆柱状，一端尖钝。孙家岗遗址 33 号墓⑨和肖家屋脊遗址有出土。

　　3 式：簪首呈榫状，簪身有圆柱形、扁平形，或素身或有纹饰。以广东韶关马坝石峡遗址⑩（见图四）、孙家岗遗址和肖家屋脊遗址出土为代表。

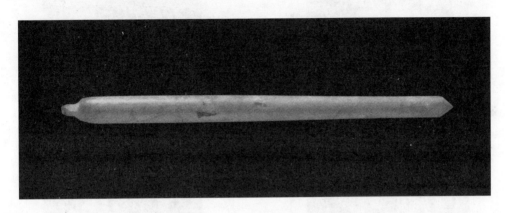

图四

　　4 式：镶嵌式，临朐县西朱封遗址⑪（见图五）和襄汾县陶寺遗址 2023 号墓⑫有出土。其中以朱封遗址出土的最为精美。簪首为乳白色扇面形玉件，簪身为墨绿色竹节纹尖锥形玉，簪首与簪身有榫口相接。扇面形玉件剖成片状，采用透雕和线刻技法，雕琢成镂空的兽面纹，并施以阴刻细线，在正反两面的左右，各镶嵌两颗圆形的绿松石。

　　史前出土的玉簪，分属于仰韶文化、大汶口文化、凌家滩文化、良渚文化、石家河文化、龙山文化、陶寺文化和石峡文化等，墓葬规格较高，说明使用者身份尊贵，有可能是部落首领、酋长、巫师等，其用途既用于安发，也兼具象征身份。从选材来观察，史前先民们不但能识别和区分玉、石，而且掌握了相当高水平的琢玉工艺，已能熟练运用线刻、减地、透雕、浅浮雕、碾磨、抛光等多种技法，并结合片雕、圆雕、镶嵌等手段展现出史前玉器丰富多彩的面貌，特别是镶嵌式的玉簪，造型别致，琢磨精美，充分显示了先民们高超的艺术构思和娴熟的工艺技巧。

　　夏商周时期，由于统治阶级对玉的高度占有，所以出土玉器相对集中，特别是商代晚期，数量激增，仅妇好墓⑬就出土玉簪 20 多件，现分几式介绍如下：

　　1 式（标本 1323，523，529）：素身，簪身有圆锥形、扁平形，皆从上往下收窄，端尖锐，平顶为多，也有榫形顶。相似器形见殷墟 18 号墓⑭。

　　2 式（标本 931）：簪首呈薄片状，用双钩阴线雕出抽象鸟纹，喙内钩，"臣"字眼，尾部上卷，簪身呈扁平长条形。相似器形见殷墟奴隶祭祀坑⑮（见图六）。

　　3 式（标本 524）：顶端两侧各雕一跪状人，戴高冠，簪身扁圆长条形，上雕竹节纹。尖已残，靠顶端处有一小孔。

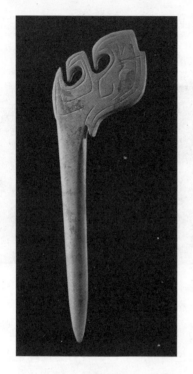 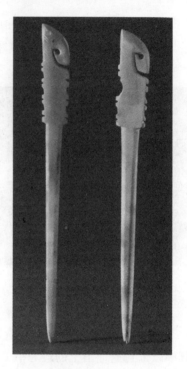

图六　　　　　　　　　　　　　　　图七

此外，其他商代墓葬出土与上述形制不同的玉簪还有：

1式：簪首薄片状，较长，顶一侧呈弧形，似卷云纹，其下雕齿状凸棱三对，另一侧顶部表面雕"人"字纹两组，其下雕齿状凸棱四对。簪身扁圆，上粗下细，末端较圆呈尖状。殷墟18号墓出土（见图七）。

2式（标本R1303）：簪首为鹦鹉形，喙内钩，圆凸眼，齿状瓠菱形立冠，挺胸，合翅，垂尾，爪向前伸，眼、翅、尾、爪的纹饰皆用双钩阴线，惜簪身残缺。侯家庄1001号大墓[16]出土。

3式（标本R1520）：簪上部如纽形，顶椭圆中拱，两侧及顶各有小平面，顶下细腰形颈，上下各阴弦一周。颈下簪身，上粗下细呈圆柱形，尖端钝圆。侯家庄1001号大墓出土。

西周玉簪，在河南省鹿邑县、三门峡市，山东省济阳市，陕西省长安县、扶风县、甘肃灵台县等墓葬有出土。玉簪以素身为多，也有雕琢精致的，如陕西长安县张家坡墓[17]（标本M129: 01）（见图八）出土的簪首（簪身已佚），玉呈绿褐色，为一圆雕小鸟，作蹲伏状，尖喙，圆眼，双翅向后，以卷云纹及平行凸棱代表羽翅，短尾下垂，双爪前伸，两爪之间有一小穿孔，底部有一圆枘，以备纳榫，并由穿孔以销固定。

　　夏代至商代早期，出土的玉簪很少，以商代晚期至西周出土为多，说明玉器的生产已由史前的分散走向集中，并专为王室服务。雕琢工艺有了新的发展，造型和纹饰较为抽象，带有神秘感，具有象征性和装饰性的特点。喜用双钩阴线构图，线条圆转流畅，注重细部的加工，碾磨合抛光精良。

图八

　　春秋战国时期的玉簪主要出土于河南省淅川县、三门峡市、叶县旧县，山西省翼城县和曲沃县，湖北省马山镇，山西省长治市等，其中以河南淅川下寺一号墓[18]（标本 M1：13）（见图九）和山西省长治市分水岭 270 号墓[19]出土的玉簪（见图十）最为精美。前者玉质呈青色，有透明感。簪身呈圆柱形，下端较细，中部有穿孔，簪首用骨雕琢并饰云雷纹；后者簪身为白玉，尖锥状，素身，簪首用青玉透雕成蟠螭，镶嵌于簪身上。

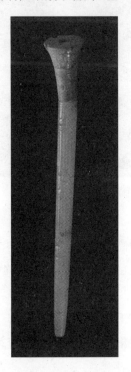

图九

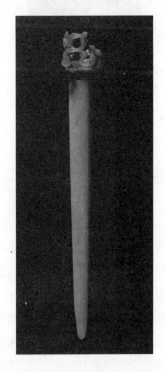

图十

　　春秋战国的玉器，由于受儒家思想"君子比德于玉"，"君子无故玉不去身"的影响，玉器的功能发生变化，由原来专门为神服务逐步走向为人服务，人们对于玉器的质地、造型、纹饰和工艺要求更高，所以这一时期的玉簪，多用质地优良的和田玉，工艺上除继承商周的传统外，出现了崭新的面貌，

　　运用隐起、浅浮雕、透雕、镶嵌等技法，将颜色不同或质地相异的材料组成一体，具有立意新颖，精致灵巧的特点，体现了这一时期着重表现人性的审美需求。

图十一

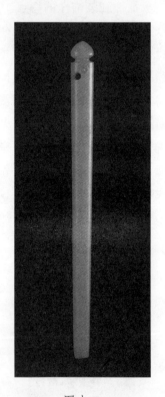

图十二

　　两汉至南北朝玉簪的出土数量较少，主要有河南省洛阳市，河北省保定市，山东省济宁市和青海省西宁市，出土的玉簪多为素身，有纹饰的以中山靖王刘胜墓[20]出土最为精美（见图十一）。白玉，簪首较长，透雕凤鸟卷云纹，凤鸟喙内钩，圆眼，凤身与卷云纹相互交错。簪身断裂，用阴刻线饰卷云纹，末端已残。整器玲珑剔透，线条流畅，富于流动感，与以往的玉簪造型相异，体现了汉代玉器不拘泥于形式，讲究神韵、动态的审美情趣，尤其是镂空技术，比战国更趋完美。

　　隋唐两代，是我国封建社会的鼎盛的时期，特别是唐代，政治安定，经济繁荣，文化艺术高度发展，玉器的雕琢在继承传统的风格和形式上，能融会贯通，推陈出新，这

种令人耳目一新的面貌也体现在玉簪的雕琢上。唐代的玉簪主要有两类：一类为传统形，即整器用玉雕琢，简洁朴素。如陕西西安东郊韦美美墓[21]出土的白玉簪（见图十二），玉质温润细腻，洁白无瑕，簪身呈圆柱体，往下逐渐变细，末端平。近簪首处有一圆穿，圆穿上部靠左处有一浅孔。簪首琢花蕾钮，钮颈束腰。打磨光滑。一类为镶嵌形，即将玉簪首镶嵌在金、银簪身上。如陕西省唐长安城兴庆宫遗址[22]出土的6件白玉簪首，均呈薄片状，前端宽，末端收细有小缺口，方便镶嵌。双面饰鸳鸯海棠纹（见图十三）、石榴海棠纹（见图十四）和凤鸟海棠纹。花叶和鸟的翅膀用排列正齐的细阴线表现，生活气息浓郁，写实性强。宁夏回族自治区吴忠市唐墓[23]也有相似的玉簪首出土，虽然工艺没有兴庆宫遗址出土的细腻，但分层雕琢，立体感更强。

图十三　　　　　　　　　　　　　　　　　图十四

　　从玉簪的构图和纹饰中可以看出，这一时期的玉器大量吸收绘画和雕塑的表现手法，呈现出写实、生活气息浓郁的艺术风貌，完全摆脱了过去玉器神秘抽象的特点。碾琢方面，善于运用细劲、密集、整齐的阴线刻画细部，并着眼于对精神状态的表现，强调生活性，实开一代玉雕艺术之新风。

　　宋代出土的玉簪，形制、种类与唐代比较接近，整器用玉琢制的大部分都光素无纹，非常简洁，但雕琢和抛光严谨。如江西瑞昌县武蛟乡金凤村南宋墓[24]和安徽省休宁县城关朱晞颜夫妇合葬墓[25]出土的玉簪。也有个别雕有纹饰，如现藏中国文物信息咨询中心的碧玉簪[26]，簪首雕琢成龙首，龙口微张，短吻，双龙角，簪身光素无纹，末端呈尖锥状。玉簪首的出土以四川省广汉市和兴乡联合村[27]为代表（见图十五），青玉，片状，双面透雕缠枝莲花，形制与唐代相似。另外上海市青浦县，浙江省杭州市和江西省德兴市均有玉簪出土。

图十五

　　宋代玉器在唐代玉器艺术的基础上，得到了进一步的发展，写实性比唐代更强，特别是花鸟的表现，形象生动传神，与宋代花鸟画注重师法自然相吻合，达到了生活与艺术的和谐统一。雕琢工艺细腻娴熟，一丝不苟，阴刻线的运用比唐代疏朗，具有淳厚朴茂，华而不艳的特点。

　　元代的统治者是北方的蒙古少数民族，其服饰和习俗与汉族不同，统治时间又短，所以出土的玉簪资料比较缺乏，出土地点主要有河北省石家庄市、邢台县，江苏省无锡市，上海松江和四川省成都市。其中以石家庄市后太保村元朝丞相史天泽家族墓[28]出土的白玉凤鸟纹簪首（见图十六）和成都市利民巷元代窖藏[29]出土的缠枝花纹玉簪首最具代表性。前者为白玉，凤鸟头部高冠为镂空，双翼欲展，尾部下垂饰镂空花纹，头部与双翼均刻有细阴刻线表示羽毛，凤鸟立在一刻有云纹的条形玉饰上。条形玉饰的一头插入簪顶的巩部，再用金丝固定。后者为青玉，片状，两面透雕出盛开的莲花和莲蓬，花茎纤细流畅，交错缠绕。

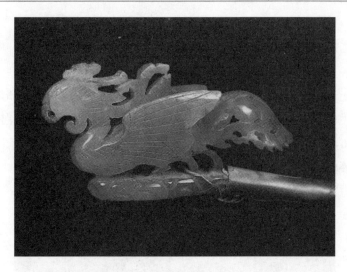

图十六

从上述玉器来看，元代的玉器受宋代的影响较深，例如玉凤的造型，追求自然，写实；镂空缠枝莲花簪首，花卉枝叶互相缠绕，空灵剔透。但又呈现出北方游牧民族的剽悍粗犷的艺术风格，如玉凤颈部和花瓣用深刀法，充满力度与魄力，并且具有强烈的立体感，还有线条的刚劲有力，细部的不加修饰等，都说明了元代既能尊崇本民族的风俗习惯又能吸收不同民族的优秀传统，做到兼收并举，融会贯通，虽然出土玉器不多，但时代风格明显。

明清两代，是玉器步入鼎盛的时期。原来由皇家贵族专享的玉器，已经走入平民百姓家，和田玉的大量开采和皇家对玉的重视，促使制玉业高度发达。玉器数量之多，品种之全，工艺之精均为历代之最。所以出土和传世的玉簪，数量和品类都非常丰富。

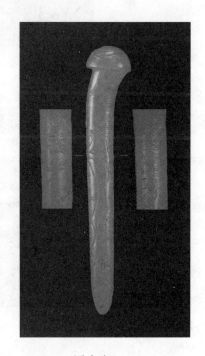

图十七

明代的玉簪造型丰富，题材广泛，特别是富有民族特色的吉祥图案极为盛行，寓意深刻，构思巧妙，情趣盎然。从造型和纹饰上分，主要有以下几式：

1式：簪首呈半圆球形（蘑菇形），簪身近圆锥体，或素身，或饰云龙纹，或饰蟠螭纹。以安徽省灵璧县高楼公社窖藏③为代表（见图十七）。白玉，簪首呈蘑菇形，饰浅浮雕蟠螭纹，簪身正面饰浅浮雕盘龙纹，背面上部阴线刻两行篆体"言念君子温其如玉"。此类玉簪上海、南京等市均有出土，但有铭刻的罕见。

2 式：簪首为动物形，有龙首、凤首、虎首、麒麟、狮子等，分为圆雕、扁平透雕和立体透雕三种。簪身或为圆锥形、或为方形、或为六棱形。圆雕以福建省龙岩市墓葬[31]出土为代表（见图十八），青白玉，簪首为圆雕虎首，簪身呈圆柱形，末端成尖锥状。扁平透雕见广东省文物鉴定站原藏品[32]（现拨给广东省博物馆），白玉龙凤纹玉簪1 对（见图十九，另见彩版四），玉质莹润，簪首扁平，分别透雕龙纹、凤纹，簪身扁圆长条状。立体透雕以上海浦东明陆氏墓[33]出土为代表，簪体为六棱形，平头，顶部透雕一雄狮，昂首竖尾。此类玉簪，传世品较多。

图十八

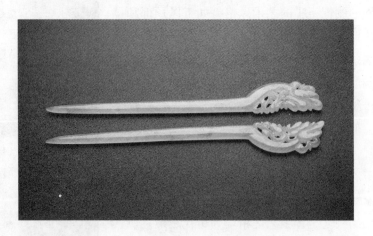

图十九

3 式：簪首为立体透雕花鸟。有玉兰、莲花、海棠、梅花、鸳鸯、喜鹊等。以上海浦东明陆氏墓出土为代表。

4 式：整器雕琢成竹形。南京沐叡墓[34]和江西省南城县明益定王朱由木墓[35]有出土。

5 式：玉簪呈扁弧形，簪身较宽，簪首透雕吉祥图案，多为蝙蝠、寿桃、如意、花卉等，末端或圆弧，或收尖。以四川省绵阳市明墓[36]（见图二十）为代表。

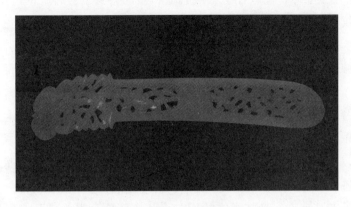

图二十

6 式：玉簪两头尖锐，弧折成几状，器面纵向呈弧形。江西省星子县砖瓦厂取土工地采集㉗。

7 式：玉簪上镶嵌宝石、金银饰件等。如定陵地宫㉘出土的玉簪（见图二十一），选用白玉作为主题装饰，玉片雕刻成花朵和变形"寿"字，周边以黄金嵌红蓝宝石、猫眼石、珍珠等组成"寿"字形簪顶，极显雍容华贵。

图二十一

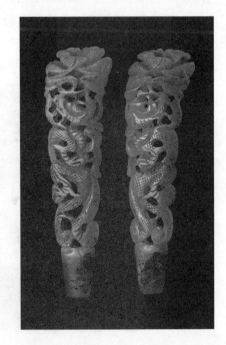

图二十二

8 式：簪首用玉雕琢，镶嵌在金银或其他材质的簪身上。簪首的造型主要有花鸟、龙凤、童子等纹饰。如安徽嘉山县板桥陇西恭献王李贞夫妇墓[39]出土的一对玉簪首（见图二十二），形制、纹饰基本相同，扁平体，头部弯折，透雕花卉，阴线刻花、叶细部，中部透雕缠体"S"形龙凤纹，龙身用阴线刻斜方格纹，末端为榫部，可与其他质地簪身镶嵌。

明代的玉簪，逐渐摆脱唐宋时期形神兼备，雍容华贵的艺术风格，趋向世俗化，图案以民间喜闻乐见的事物为题材，装饰韵味较重，工艺上则追求灵巧秀美，线条富于变化。注重玉器表面的琢磨，而忽视细部的处理，特别是透雕的玉器，在底部、侧部仍可见到雕琢的痕迹。

清代的统治者是满人，受其服饰的影响，整个清代，男子必须剃发留辫，不得束发，故玉簪多为妇女使用，以传世品居多，出土者则见吉林通榆兴隆山清代公主墓[40]，江西南昌市向塘飞机场[41]、瓦窑庙墓葬[42]，安徽省蚌埠市西郊清代墓[43]等。部分形制和纹饰基本是沿袭明代，如清代公主墓出土的金首嵌玉石银簪，与明代 7 式相似；向塘飞机场、瓦窑庙墓葬和蚌埠市西郊墓出土的透雕玉簪，与明代 5 式相似。此外，清代常见的玉簪还有以下几式：

1 式：传统形，簪身呈圆锥形，素身，簪首雕琢简洁。以云南省昆明市刘家山[44]和浙江省嵊州市甘霖镇香主庙清墓[45]出土为代表。

2 式：两端宽，略弧收尖，中间内收，素面无纹。江西省九江市清山西巡抚刘瑞祺墓[46]出土（见图二十三）。此类发簪清代较多。

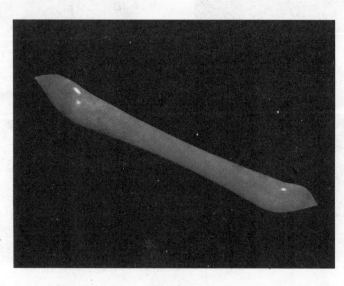

图二十三

3式：簪身扁长，下端收尖，光素无纹，簪首稍弯，作如意形，上浮雕或阴线琢出纹饰。有部分如意上镶嵌宝石。多见于传世品。

4式：簪身呈扁长条形，又称为"扁方"，是清代满族妇女首饰，使用时安插在旗髻之中，呈"一"字型。故宫博物院收藏较多，如万寿扁方[47]（见图二十四），白玉，簪首一端为圆弧状，另一端卷边似顶，卷边的截面为梅花形，簪身上面透雕"卍"字纹，中部饰九个圆形"寿"字，一字排列。透雕技术精湛，碾磨极薄。

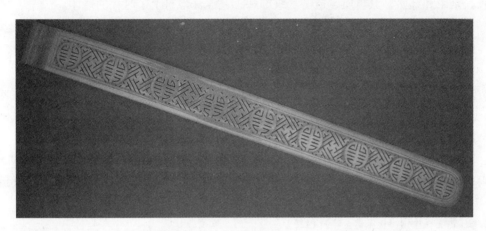

图二十四

5式：耳勺形玉簪，簪身呈弧形，两端微翘，尾部收尖，簪首为耳勺形状，中上部为透雕花卉。福建龙溪地区专署工地[48]出土。

清代所用的玉料，除常见的白玉、青玉、碧玉外，还大量使用缅甸翡翠，如图二十三的翡翠簪。从工艺上来看，清代玉器是历代工艺的集大成者，各种技法综合运用，规矩方圆，一丝不苟，尤其玉簪，无论是出土或是传世品，都雕刻精美，元明时期不拘小节的雕琢特点，在清代已不复存在，特别是侧面、底部、膛里和不为人所注意的地方，也精雕细刻，碾磨圆滑，十分讲究。

综上所述，玉簪的发展是有规律的，有起伏，也有兴衰，与玉器的发展规律一样，这与当时的统治阶级以及政治、经济、文化、风俗等因素有关。例如商代，由于阶级社会的出现，玉器被统治者所独占，所以玉簪出土较为集中，仅妇好一墓，就出土20多件，数量之多已经超出了实用意义和装饰意义，更多地体现王权和财富。两宋时期，玉器摆脱王室的控制，逐渐走向民间，平民百姓也可用玉，西湖九曜山宋代平民墓[49]出土2件玉簪就是最有力的见证。到了明清，玉材的开放，玉器作为商品大量进入流通领域，使用更加普遍化，所以玉簪数量剧增。春秋战国至隋唐五代，是玉簪使用的衰弱期，其中原因主要有三方面，一是玉簪的使用范围受限制，除了王室贵胄，一般人是不能使用的，例如唐代的官服，规定天子冠冕用玉簪，太子冠冕只能用犀簪，不能僭越。二是金银器工艺发达，用金银作为簪饰更显富丽堂皇，还有用玉镶嵌在金银器上，特别受妇女青睐，所以从唐代开始出现了雕刻精美的玉簪首。三是隋唐时期妇女流行用玉钗来装饰高髻，玉钗是从玉簪发展而来的，顶部相连，分开两股，逐渐变细成尖状，插在发髻上更牢固。

可见，无论玉簪的兴衰，它始终伴随着中国古代玉器的发展，见证了玉器的产生、成长、繁荣和鼎盛，其材质、造型、纹饰和工艺深深地打上了时代的烙印。

注　释

① 中国玉器全集编辑委员会《中国玉器全集（5）隋·唐－明》，河北美术出版社　1993年

②⑤⑨ 古方《中国出土玉器全集》（10），科学出版社 2005 年（以下简称古方《中国出土玉器全集》）。

③⑥⑦ 古方《中国出土玉器全集》（14）。

④ 石家河考古队等《肖家屋脊》（天门石家河考古发掘报告之一），文物出版社，1999 年第 6 期。

⑧⑪ 中国社会科学院考古研究所山东工作队《山东临朐朱封龙山文化墓葬》，《考古》1990 年第 7 期。

⑩㉛㊽ 古方《中国出土玉器全集》（11）。

⑫ 古方《中国出土玉器全集》(3)。

⑬ 中国社会科学院考古研究所安阳工作队《安阳殷墟五号墓的发掘》，《考古学报》1977 年第 2 期。

⑭ 中国社会科学院考古研究所安阳工作队《安阳小屯村北的两座殷代墓》，《考古学报》1981 年第 4 期。

⑮ 安阳亦工亦农文物考古短训班 中国科学院考古研究所安阳发掘队《安阳殷墟奴隶祭祀坑的发掘》，《考古》1977 年第 1 期。

⑯ 梁思永等《侯家庄 1001 号大墓》，（台湾）历史语言研究所 1962 年。

⑰ 中国社会科学院考古研究所　《张家坡西周玉器》，文物出版社，2007 年。

⑱ 河南省博物馆 淅川县文管会 南阳地区文管会《河南淅川县下寺一号墓发掘简报》，《考古》1981 年第 2 期。河南省文物研究所等《淅川下寺春秋楚墓》，文物出版社，1991 年。

⑲ 山西省文物工作委员会晋东南工作组 山西省长治市博物馆《长治分水岭 269、270 号东周墓》，《考古学报》1974 年第 2 期。

⑳ 中国社会科学院考古研究所 河北省文物管理处《满城汉墓发掘报告》（中国田野考古报告集 考古学专刊 丁种第二十号），文物出版社，1980 年。

㉑ 呼林贵 侯宁彬 李恭《西安东郊唐韦美美墓发掘记》，《考古与文物》1992 年第 5 期。

㉒㊼ 杨伯达《中国玉器全集（中）·秦·汉－明·清》，河北美术出版社。

㉓ 古方《中国出土玉器全集》(15)。

㉔ 《江西瑞昌发现南宋纪年墓》，《考古》1991 年第 1 期。

㉕㉚㊴㊸　古方《中国出土玉器全集》(6)。

㉖　中国文物信息咨询中心　《中国古代玉器艺术》，人民美术出版社 2004 年。

㉗㉙㊱　古方《中国出土玉器全集》(13)。

㉘　河北省文物研究所《石家庄市后太保元代史氏墓群发掘简报》，《文物》1996 年第 9 期。

㉜　广东省文物鉴定站《岭南藏玉》，广东教育出版社，2006 年。

㉝　上海博物馆　《上海浦东明陆氏墓记述》，《考古》1985 年第 6 期。

㉞　南京市博物馆《江苏南京市明黔国公沐昌祚、沐睿墓》，《考古》1999 年第 10 期。

㉟㊲㊶㊷㊺　古方《中国出土玉器全集》(9)。

㊳　中国社会科学院考古所等《定陵》，文物出版社，1990 年。

㊵　吉林省文物工作队 白城地区文管会 通榆县文化局《吉林通榆兴隆山清代公主墓》，《文物》1984 年第 11 期。

㊹　古方《中国出土玉器全集》(12)。

㊼　古方《中国出土玉器全集》(8)。

㊾　钟公佩《杭州西湖九曜山发现许多文物》，《文物参考资料》1956 年第 9 期。

玉器形式美初探

张　亮（广东省文物鉴定站）

美是一种视觉效果。形式美是一种具有相对独立性的审美对象。形式美的构成因素一般划分为两大部分：一部分是构成形式美的感性质料，一部分是构成形式美的感性质料之间的组合规律，或称构成规律、形式美法则。构成形式美的感性质料主要是色彩、形状、线条、声音等。构成形式美的感性质料组合规律，也即形式美的法则主要有齐一与参差、对称与平衡、比例与尺度、主从与重点、过渡与照应、稳定与轻巧、节奏与韵律、渗透与层次、质感与肌理、调和与对比、多样与统一等。这些规律是人类在创造美的活动中不断地熟悉和掌握各种感性质料因素的特性，并对形式因素之间的联系进行抽象、概括而总结出来的。玉器是一个丰富多彩的世界。先民们在对自然物质世界探索的过程中，逐渐发现了玉器中存在的色泽、声音、材质的美，赋予玉器各种美德，并通过玉器雕琢的各种技法和各种纹饰，把这种形式美淋漓尽致地传达出来。因此"美实质是情感与事物内形式所建构的和谐关系"。玉器的形式美体现出和谐美、对称美、奇异美、简单美、繁复美等不同的审美特性。

1. 和谐美

和谐的广义解释是：判断两种以上的要素，或部分与部分的相互关系时，各部分所给我们的感受和意识是一种整体协调的关系。和谐的狭义解释是统一与对比两者之间不是乏味单调或杂乱无章。单独的一种颜色、单独的一根线条无所谓和谐，几种要素具有基本的共通性和融合性才称为和谐。比如一组协调的色块，一些排列有序的近似图形等。和谐的组合也保持部分的差异性，但当差异性表现得强烈、显著时，和谐的格局就向对比的格局转化。因此，和谐是指配合适当和匀称。毕达哥拉斯学派提出"美是和谐与比例"，"和谐是杂多的统一，不协调因素的协调"[①]。因此，和谐又是多样化中的特殊统一，是在差异或对立因素之间的相互联系中取得的协调一致。和谐是变化以及对称、均衡、对比、调和、节奏、比例等诸多因素的有机组合。

玉器的和谐美是指对立因素之间的相互联系中取得的协调一致。先民们把玉器作为研究和审美对象时，他们运用各种雕琢技法、各种纹饰来描述一个和谐的玉器世界。如彩版四良渚文化的神人兽面纹玉琮②，器表纹饰用横凹槽分为上下两节，并以四角为中线，各刻一组神像。上节是两条平行的横棱、两个线刻圆圈和一条横凸块组成的简易神脸；下节是以蛋圆形的凸面作眼睑、重圈为眼、以桥形凸面和一个横凸块作鼻组成的兽面。在神脸和兽面的四角各刻一只飞鸟，刻画细腻。神人、兽面、飞鸟三者有机地组合在一起，神人兽面纹体现了人与神灵、人与自然共生的和谐统一，玉琮体现了天圆地方的协调统一。反映了远古社会人类的宗教信仰，折射出了人的意识形态与宗教形式的和谐统一。从中可以窥探出原始社会人类的精神生活。或许在蒙昧的原始社会，由于生产力、人类意识水平低下，人类希望借助神灵的庇护而躲避灾难、不幸的发生。在外在形式上，就通过神人兽面纹来表现，因为鸟可以上天，兽可以入地，借助神人、鸟、兽可以与天地神灵沟通。在玉器发展史上，不同时代不同地域的玉器都存在这种和谐美，如西周玉器中的人龙合体佩也同样体现了人与神兽（神灵）的和谐统一，而唐宋时代的绶带鸟衔花佩不仅给人一种清新、自然的美感，更体现了生物世界的共生统一。

2. 对称美

自古以来，美与对称就是联系在一起的。刘勰在其文学理论巨著《文心雕龙》中论到："造化赋形，肢体必双；神理为用，事不孤立。夫心生文，辞运载百虑，高下相须，自然成对。"③他讲的就是文学现象中的对称，也是大自然中的一种大对称之美。对称，泛指两个以上的事物或一个事物的诸方面在数量上相等或相当，在内涵上相近或相对。对称美是形式美的法则之一，按古希腊毕达哥拉斯学派的观点："美是和谐与比例"，对称美应是"和谐与比例"的具体表现形式之一。自然界中到处可见对称的形式，如鸟类的羽翼、花木的叶子等。所以，对称的形态在视觉上有自然、安定、均匀、协调、整齐、典雅、庄重、完美的朴素美感，符合人们的视觉习惯。

图一　西汉玉透雕双龙谷纹璧

玉器中也同样存在这种对称美。玉器中的对称是指以一个点、一条线或一个面为对称中心或对称轴时，玉器上一部分与另一部分的对等。对称美是一种匀称、均衡美。事物内部各因素达到平衡后显示出的一种美感。

　　玉器中很多器物存在这种对称美。如图一西汉玉透雕双龙谷纹璧④，璧面布满谷纹，璧的上部有透雕出廓双龙，以垂直的中心线为对称轴，左右两面可以完全重合。彩版三西汉双凤纹玉剑格④，以垂直的中心线为对称轴，剑格左右两面饰对称的透雕凤纹。以上两件器物都显示出均衡的对称美。它们虽然外观不一，但都存在自己的对称轴和对称中心，反映了一种和谐与协调，给人一种安定、整齐之美。

　　大自然中，对称不局限于客观事物的这种外形的对称，不仅表现为现象的相似、形态上的对映，还反映自然界中对立统一的两个方面。前者被称为形象对称，后者被称为抽象对称。前文提到的西汉玉透雕双龙谷纹璧，西汉双凤纹玉剑格属于形象对称。玉器中也同样存在抽象对称。如图二秦男女玉人④；龙、凤等等，反映了大自然造物中对立统一的两个方面，属于抽象对称。没有这种对称，就没有了阴阳。没有了阴阳，就没有了"大小"、"正反"、"好坏"等等，也就没有了事物的矛盾、对立、统一；亦没有了一种哲学思辨。秦男女玉人就反映了这种哲学思想，即便在封建社会有男尊女卑的思想，但社会、家庭还是要有男有女才平衡。

图二　秦男女玉人

　　从以上实例中可以看出形象对称和抽象对称间有着密切联系，对称性深刻地揭示了不同文化、不同时代的玉器相互联系中的一致性、相对的不变性与共同性，反映了玉器发展变迁中的一种自然规律。先民们往往通过对称的、直观的玉器形态反映物质世界深刻的对称特征，上述西汉玉透雕双龙谷纹璧，西汉双凤纹玉剑格，阴、阳人，龙、凤等就反映了这种奇特的对称美。

3．奇异美

　　奇异是指某些超出常人想象而使人惊奇的特征，这些特征使审美主体产生强烈的新奇感。玉器的奇异美表现为调和中的奇异与协调中的破缺。前文探讨了对称美，并不意味着它的反面——不对称就不美。相反，不对称在一定条件下也能给人以美感。有的时候，在整体对称的格局中加入一些不对称的因素，反而能增加构图版面的生动性和美感，避免了单调和呆板。谐调中的破缺最主要的就体现了这种不对称之美。对称与不对称总是在相互联系、相互依存中表现出来。对称往往意味着在一定条件下和一定范围内的一种静态平衡，不对称则意味着这种原有的平衡被打破，显示出奇异的动态之美。如彩版三战国玉龙纹板⑤，画面雕琢四龙纹作两两相互缠绕的形象，龙头相向，交叉于龙身屈曲的空当间，两龙身饰鳞甲纹，两龙身饰绳索纹。让人称奇的是龙身上又背着小龙，两小龙饰鳞甲纹，两小龙饰绳索纹。这块玉板上龙纹的设计，颇具匠心，在画面空间无增加的情况下，龙的数量增加一倍，给人一种新颖奇巧的感觉，显示出一种匠心独运的奇异美。其实玉器中很多器物都存在这种奇特美，如金元时期的"春水"、"秋山"玉，工匠们采用透雕、圆雕和浮雕的技法，使器物具有多层次、远近深景的效果，显示出一种奇特美。

4．简单美

　　单纯齐一，这是最简单的形式美。在单纯中见不到明显的差异和对立因素。简单性有多种理解。爱因斯坦说："美，本质中就是简单性"。当然，朴素、简单仅仅是其外在形式，要达到朴素而天下美莫能与之争美的境界，还必须有深厚的底蕴。只有既朴实清秀，又底蕴深厚，才称得上至美。玉器中的简单美表现为朴素的外观。先民们在探索自然界认识玉器的过程中，一开始就发现了这种简单美。如图三红山文化的玉鸮⑥、图四玉箍形器⑥，红山先民采用具象写实的艺术手法，通过使用圆雕、浮雕、钻孔、抛光等多种技法，或寥寥几笔勾勒出纹饰和体形或光素无纹。有纹饰的玉鸮线条简洁，仅求形似，在头部和翅膀施纹，展翅欲飞，形象生动；无纹饰的玉箍形器器表光洁润泽。尽显了一种平淡、朴实的美。反映了红山先民对自然界及社会生产、生活的关注，具有自然质朴的特点。

 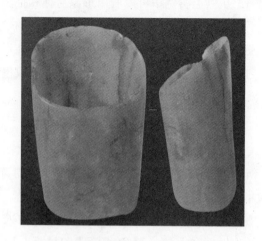

图三　玉鸮　红山文化　　　　　　图四　玉箍形器　红山文化

5．繁复美

繁复与简洁相对立。人们一般推崇简洁美，但也不能因此绝对化，否定繁复美。我国古代典籍中，对繁复美多有肯定。刘勰在《文心雕龙》里说："繁缛者，博喻酿采，炜烨枝派者也。"可见繁复可以满足人类某种特殊的审美需求。玉器中的繁复美表现为玉工精雕细琢、用多层次、多角度的画面反映主题图案。

图五　元　渎山大玉海

如图五元代的渎山大玉海[⑦]，体椭圆，内空，体外周身浮雕波涛汹涌的大海和沉浮于海中的海龙、海马、海猪、海鹿、海犀、海螺等，形态各异，栩栩如生，给人一种大气磅礴的美感。

如图六清代的大禹治水图山子[⑧]，作者采用立体圆雕的手法，雕琢出陡峭险峻的大山形。作者随形施艺，凸雕耸立的山峰、树木和悬崖绝壁；深雕山洞、山道和突出空间的巨石；以立雕表现人物的不同动作和姿态。有的挖泥开渠，有的肩荷重担，有的小径行车，有的引水入渠。玉工利用玉料本身的绺纹和色泽，表现嶙峋的巨石、光线的明暗和层次的远近。画面虽繁复但气势恢宏。这种壮观的劳动场面非繁复不足以体现。

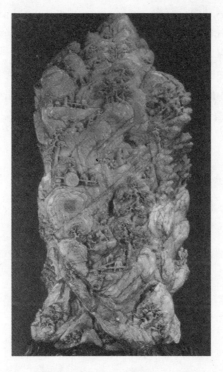

图六　清 大禹治水图山子

　　玉器发展到西周中期以后，逐渐出现了繁复的佩饰。西周贵族们把大量精美的玉器成组挂在脖子上、腰带上，不仅不嫌其繁缛沉重，还以玉佩碰撞发出的声音表现佩戴者的身份和气度，以及规范自己的行止按礼仪行事[②]。说明玉器已经成为一种装饰品，颇受人们欢迎，显示出一种繁复美，更显示出一种礼仪文化。

　　总之，玉器是一个多姿多彩的世界，玉器中存在各种形式的美，上述所列五种审美特性是形式美中的一部分，并不能全部概括玉器的美，各种审美特性也不是独立存在的。然见微知著，从这些审美特性审视玉器，可以窥探前人的精神生活和意识形态，对研究古代社会文化大有益处。

注　释

① 张玉敏《化学中的形式美之探讨》，《江汉大学学报（自然科学版）》，2003 年第 3 期，30 ~

33 页。

②　图片引自牟永抗、云希正主编《中国玉器全集·原始社会》第 109 页，河北美术出版社，1993 年。

③　周振甫：《语词主雕龙注释》，人民文学出版社，1981 年，第 384 页。

④　图片引自卢兆荫主编《中国玉器全集·秦·汉—南北朝》第 68 页、第 62 页，第 7 页，河北美术出版社，1993 年。

⑤　图片引自贾峨主编《中国玉器全集·春秋·战国》第 150 页，河北美术出版社，1993 年。

⑥　图片引自古方主编《中国出土玉器全集·2》第 26 页，第 33 页，科学出版社，2005 年

⑦　图片引自杨伯达主编《中国玉器全集·隋·唐—明》第 108 页，河北美术出版社，1993 年。

⑧　图片引自李久芳主编《中国玉器全集·清》第 175 页，河北美术出版社，1993 年。

⑨　云希正《传世美玉触目皆琳琅》，《中国古代玉器艺术·上卷》第 17 页，人民美术出版社，2004 年。

青铜先方彝辨疑

吴生道（广东省文物鉴定站）

2009 年"五一"假日，我在北京参观了某大型企业在其总部设立的一个以收藏青铜器为主的博物馆，青铜器展厅内陈列了许多奇珍异宝，惊世骇俗，我被深深吸引，于是看得特别认真、仔细。遗憾的是，有几件青铜器我表示怀疑，其中一件疑点较多，我拍的照片较清晰，相关资料查找方便，可以直观进行对照，试排列如下，请方家释疑，不吝赐教。

一、先方彝的主要特征

据说明牌及拓片，先方彝内铸铭文"先"字，定在商代（图一、二、三）。先方彝通高约 20 厘米，盖作四阿式屋顶形，盖钮也似屋顶，斜直腹，高圈足，腹足无明显分界，圈足中间有拱弧形缺口，器身横截面、纵剖面均呈长方形，不出扉棱。先方彝纹饰繁缛，三层花，云雷纹地。器身正面纹饰分三层，以鳞片纹为界栏。鳞片呈轴对称迴环排列，最后汇聚于口沿下中心一块圆鳞片上，很有规律。正面上层纹饰中间为无足蝉纹，左右对称置"巨嘴鸟"纹，鸟的勾喙饰鳞片纹；中层面积大，是主体纹饰，为一兽面，双目鼓凸，内卷颚，巨角，角内侧、耳圈、额左右边际均饰鳞片纹；下层饰对称的弯角顾龙纹。器身侧面中、下层纹饰与正面几乎完全一致。上层饰一虎耳外卷颚兽面，两侧置勾喙鸟纹，与兽体相连，完全不同于器身正面纹饰。侧面的鳞片纹界栏呈轴对称放射状排列，与正面稍异。器盖纹饰也以鳞片纹为界栏，正面饰一个与器身主纹基本相同的兽面，不同的是角内侧的双排鳞片纹无凸起的分界线，鳞片由角根向角尖排列，额际无鳞片纹，眼与角距离宽，眉勾线上方增加了云雷纹（图四）。器盖侧面也饰一兽面，无颚，下勾型"臣"字眼，"T"型短眉，"T"型环柱角耳，巨角，饰双排无界栏鳞片纹，角外层无角质状附纹（图二）。盖钮饰兽面纹和三角云纹。

图一　先方彝正面　　　　图二　先方彝侧面

图三　先方彝说明牌

图四　先方彝局部

二、先方彝的时代属性

考古发现的商代方彝有 6 件整器、1 件器身和 1 个器盖。1976 年在河南安阳小屯 5 号墓出土了"妇好"偶方彝和"妇好"方彝，其中偶方彝通高 60 厘米，长 88.2 厘米，是目前所见最大的一件方彝，"妇好"方彝通高 36.6 厘米，是出土普通型制方彝中最大的（图五）[①]。其他分别是 1935 年在安阳小屯 M238 发现了 1 件整器和 1 件器身[②]，同年在安阳武官北地 M1023 出土了"右"方彝；1983 年在安阳大司空南 M663 出土了 1 件兽面纹方彝，1984 年在安阳戚家庄东 M269 出土了"爰"方彝[③]，1922 年在湖南常德桃源漆家河发现了 1 件方彝盖[④]。这些方彝通高均在 22 至 28 厘米之间。

传世的商代方彝《青铜器全集》8 件，分别是上海博物馆藏的"鼎"方彝（图六）和兽面纹方彝，美国哈佛大学藏的"子蝠"方彝高 29.3 厘米（图七），大都会博物馆藏有"亚兽"方彝，旧金山亚洲艺术博物馆藏的"乡宁"方彝，日本白鹤美术馆藏的"史"方彝（图八）和 1 件兽面纹方彝，德国科隆亚洲艺术博物馆藏的"宁"方彝。这些方彝通高均在 21 至 27 厘米之间，档案记载多为"传河南安阳出土"[⑤]。另外，容庚先生的《商周彝器通考》著录了"亚酗"方彝和鸥鹑纹方彝。

图五　妇好方彝

图六　鼎方彝

图七　子蝠方彝

图八　史方彝

　　考古发现和传世的西周方彝尽管数量很少，但西周早期方彝均有弯曲的腹部，中期纹饰变化很大，均与商代方彝有显著的差异，故不录。

　　根据以上出土和传世的方彝分析，商代青铜方彝有以下特征，一是行用时间短，均为商代晚期器；二是行用地域狭窄，主要的出土地点在安阳殷墟；三是扉棱装饰是其基本特征；四是纹饰之间均以浅槽分界。

　　根据以上出土和传世的方彝分析，商代青铜方彝可分2型，一是偶方彝，一是单体方彝，根据器盖形状，单体方彝又可分为2式，Ⅰ式为四阿隆坡盖式，Ⅱ式为四阿直坡盖式。"妇好"方彝属于Ⅰ式，"爰"方彝、"鼎"方彝属于Ⅱ式，时代相差很小一段。

　　先方彝基本型制可以归入Ⅰ式。时代属性与妇好墓相当。据此我们可参照商代晚期的青铜器型制、纹饰、工艺特征等对先方彝作一番探讨。

三、先方彝纹饰的独特性

　　1. 方彝无扉棱装饰，除明器外，很少见。饰纹以鳞片纹为界栏，在商周青铜器中极为罕见；

　　2. 先方彝腹部正面上层纹饰中间饰蝉纹，绝无仅有。一般青铜器纹饰均是对鸟或对龙中间饰兽面纹，蝉纹一般是附纹，如果作主纹，一般有多只蝉虫连续排列，如1985年山西灵石旌介出土的邑鼎，饰有幼蝉和成蝉，集群式排列（图九）。

　　3. 先方彝腹部正面上层纹饰为左右对称的"巨嘴鸟"纹，类似的有4件传世品，分别是藏于美国弗利尔美术馆的鸢卣、旧金山亚洲艺术博物馆的兽面纹卣和藏于上海博物馆的 2 件兽面纹簋（图一〇、一一）[6]，以上 4 件均不是勾喙，更像象的长鼻。殷墟晚期的酗卣，器盖和器身重复饰有类似的纹饰，不过它完全是末端分叉的长象鼻，象鼻下有与先方彝相同的舌状饰（图一二）。前面已述，先方彝特别注重鳞片纹的排列方式，器身正面界栏的鳞片纹呈轴对称迴环排列，最后汇聚于口沿下正中央的一块圆鳞片上，很对称很整齐，但在巨鸟勾喙上的鳞片却是从嘴部向喙尖反向排列，令人讶异；

图九　邑鼎

图一〇　鸢卣局部

图一一　兽面片纹簋局部拓片

图一二　殷墟晚期酗卣颈部

4. 先方彝腹部正面和侧面纹饰不一致，这种安排，在商周单体方彝中仅此 1 件，在方形青铜器中也是少有的。先方彝腹部侧面上层饰一虎耳外卷颚兽面，两侧置勾喙鸟纹，与兽体相连。鸟兽连体的情况仅见于牺尊的宏观层面，微观层面，局部纹饰，安排在这个位置罕见，一般是中间为兽面，两侧分开置鸟或兽以为配；

5. 先方彝腹部侧面上层的虎耳外卷颚兽面纹，兽面额部平板无纹，獠牙笨钝，两侧配鸟的巨喙笨钝无犄角，巨爪肘部笨钝无犄角，这在商周青铜器中是见不到的（图一三、一四、一八）；

图一三　先方彝局部

图一四　陈佩芬先生2009 年5 月课堂用拓片

图一五　亚兽方彝局部

图一六　先方彝局部

图一七　先方彝局部

图一八　殷墟出土陶范

6. 先方彝腹部正面的主体兽面纹的巨角置反向排列的有凸线分界的双排鳞片纹，这在商周青铜器中是少有的；

7. 商代早、中期青铜器纹饰中常见"T"形环柱角，先方彝盖侧兽面置"T"形柱环角式耳是罕见的。另外，无颚的兽面也难得一见。

8. 商周时期的三层花青铜器，在凸起的兽面纹或其他主纹上，均以凸起的块面来表现形体，然后在凸起的块面上用稍浅但凌厉的阴线来刻画五官形态，精细的话也可同时兼顾阳线的表达力。但是，特别令人惊愕的是，先方彝的纹饰表达刚好相反，在凸起的兽面上，阳线圆润，表达力明显强过阴线，阴线毫无凌厉可言，宽窄不均，不利落。特别是，在器身侧面主兽面的右耳根、上层兽鸟连体兽面的虎耳上、两侧鸟爪子上的阴线居然跑出去了，阴线跑出去后，阳线末端同云雷地纹的连属关系没有交代，也没法交代了。

总之，先方彝的许多纹饰单元在商周时期的青铜器上都是很少见的，有些是孤例、是唯一，组合在一起即是独此一件，一件奇异的方彝。

四、先方彝的纹饰安排

1. 整体观察

对照上海博物馆藏的"鼎"方彝观察，因为增加了鳞片纹装饰，又没有素面的凹槽，先方彝的纹饰显得特别满特别挤，满到凸起的主纹饰四面逼边，满到巨喙该有的犄角、顾龙腹下该有的犄角或腿无处安身，只好简化、省略。

先方彝的纹饰安排失当。"巨嘴鸟"喙的鳞片居然是该器中最宽大的，显得喧宾夺主。"巨嘴鸟"超大，置于中央的蝉纹既然已凸起来了，应当更大，可它很小很猥琐，不精致，周围只有一道凹槽，没有更多从属的云雷地纹将它突显。又，器腹侧面本来就较窄，还参照妇好方彝，在器腹上层安排一个兽面，这个兽面巨大，占到器宽的1/3，两侧的鸟只好委曲一下，与兽连体，该省的就省了。另外，器身侧面的纹饰，自口沿起就严重歪斜，为了校正，中间的兽面歪扭得太明显了，下层的顾龙纹明显向左上翘。

2. 局部分析

局部问题比比皆是，只能举例说明。如"巨嘴鸟"喙上面的边线修饰得太圆熟，尾部、肘部、爪部等等的阴线勾勒又太生拙，分尾上卷尾和下勾尾孱弱，同时代安排在相同部位本应完全相同的鸟纹，前爪的倒指等必不可少的纹饰缺失。云雷地纹太规矩，局部又杂乱无章法，地纹太粗太深，相同面积能安排的云雷地纹太少（图一五、一六、一七、一八）。主兽面纹的眉勾线、额边际的鳞片是成型后加刻的，浅多了，崩茬很明显（图一九、图二〇）。我们有理由推测，此方彝的纹饰是非铜材料塑造的，因为这类材料附着性不强，所以纹饰必须深些、宽些，如果过细过浅，用手一摸地纹就将模糊不清或者完全变平。先方彝用手摸过的位置就像低温陶器的纹饰一样浅下去，模糊下去（图二一）。有些地方纹饰完全丢失，如右边"巨嘴鸟"上卷尾内的云雷地纹，兽鸟连体纹右边鸟纹丑爪内的主纹等等，四边都好好的，"氧化"不严重，恰恰中间完全"锈"蚀掉了（图一三、一六）。

图一九　先方彝局部　　　　　　　　　　图二〇　史方彝局部

图二一　先方彝局部

五、先方彝铸造技术的独特性

1. 我们知道，块范拼合错位现象十分普遍。商晚以后，饰精细花纹的方形青铜礼器一般在四角加铸扉棱（明器除外），原因之一是为了增加块范之间的接触面，避免因错位导致几个分型面接触不良，导致成品边缘歪扭或厚薄不均，甚至会导致块范完全接触，以致铸出来的成品四边因连接不上而成废品。加饰扉棱可以大大提高精细青铜礼器铸造的成功率。中间的扉棱更多应该是为了视觉的平衡。增加扉棱是铸造技术提高的表现，同时，扉棱的增加，或者并不是现代审美观认为的丑陋，反而能使有限的铜增加礼器的视觉体积，给人更大更震撼的感觉。先方彝的铸造有时代的局限性或者审美观念的超越性。图一所示先方彝器身右边转折的两块范拼兑是不成功的，出现了铜液因块范接触而灌注不到的现象，整个这条边线歪扭，线条不凛冽、不干脆，只好加锈，给人锈坏的感觉以瞒过铸造的缺失。左边口沿往内收，原因是一样的。如果加饰扉棱，所有的拼兑误差都可以累积到扉棱上，最后把扉棱打磨抛光即可几乎消失于无形。当然，扉棱上凹处的范线因打磨不到是可以细察见的。

2. 先方彝器腹中间及腹足之间的鳞片纹界栏，在出土和传世方彝相应的位置均为凹弦纹，这圈凹弦纹在陶范上的实际作用是纹饰的最高控制面，铸成器物后则是最低控制面，它的存在不仅能起到界格纹饰的作用，还有实际铸造方面的需要。实际上，商周青铜器中这圈凹弦纹的存在是十分普遍的。先方彝满花不留空表明其铸造时代具有超前性。

3. 先方彝主体兽面纹的凹槽过细过深，在浇铸前的泥质陶范上即是过细过高，经高温铜水的冲刷，是很难立得住足的。同理，云雷地纹阴线也太深，阳线则过宽，表面过于平整，如果阳线经过打磨，所以显得平、宽，那么，地纹的阴线应当更浅。这也说明先方彝的铸造跨越了时代。

4. 先方彝纹饰的总体感觉是细碎、柔弱、平滑、平板，线条深浅不一，不干脆、不利索，无一处呈现从精研细腻的泥质陶范中剥离出来的印象。

六、先方彝的锈蚀

先方彝的锈大体分四层，底子为嫩绿锈，上为翠绿锈，再上是泛白的绿土锈，最外是蓝锈，零星处有类似的枣红锈。先方彝的初步印象是疙瘩锈多，氧化程度很深，锈蚀特别重，圈足位置最严重，局部属于发坑。定睛一看，总体感觉是，它的锈杂乱不自然，泛白的绿土锈呈膏状、粉状，松浮，像是一种粉状物调胶涂抹上去的，与图二二安阳小屯 M5 出土的兽面纹瓿器盖左边修复位置后加的"锈"类似。

细察，先方彝锈蚀有以下几处无法交代。

首先，先方彝多处露地子，但通体无一处泛丝绸般的金属光泽，包括最不易长锈的兽眼也蒙上了一层灰白的阴翳，浑浊无光。

其次，发坑纹饰应该是像发馒头一样鼓起来，鼓起来的纹饰至少"熟"到根部，严重的会"熟"入基体深处，甚至完全"熟"透，但先方彝相应部位的纹饰仍然是平的，根本就没有发的感觉（图二三、二四）。

图二二　商代兽面纹瓿局部

图二三　先方彝局部

图二四　河南近出方鼎局部

再次，先方彝器身锈的地子太浅，口沿处最明显，几乎没有氧化的感觉（图四）。相对而言，器盖正面一边口沿处的锈相当贴骨，不像器身口沿处的锈那样呈涂染状，枣皮红地子自然，氧化较深。另外，纹饰风格也不一致，器盖鳞片明显有依次叠压的感觉，兽面角部线条也不同于"巨嘴鸟"线条那样圆熟。先方彝部分器盖有可能是一方形器真器器盖的一块残片，加饰纹饰，再刷一层与器身相同的粉绿色覆盖物。

综上，我认为，先方彝是一件仿商伪古青铜器。

清代广式家具中的西洋风

赵　敏（广东省文物鉴定站）

　　家具与人类的社会生活密不可分，并随着社会生产的进步日益丰富多彩。由于受到社会政治、经济、文化背景以及各地风俗习惯的影响，不同时代、不同地域的家具，在造型、用材、结构、纹饰等方面都有所不同，从而逐渐形成了各自不同的风格。

　　中国的传统家具从席地而坐到床榻时期，再到椅凳时期，经历了漫长的发展阶段。从战国时代到宋元时期，家具的时代特征变化较大。到了明清时期，中国的家具更是达到了一个前所未有的繁荣期，明清家具集科学性、实用性和装饰性于一身，已不仅仅是人们的生活用具，家具制作与设计上升到了艺术层面。而且由于产地不同，在全国各地形成了不同的地域风格。至今，明式家具和清式家具依然为国内外的家具收藏者热捧。特别是明式家具，因其造型和装饰风格上的简洁质朴，含蓄典雅的风格和科学合理的榫卯工艺，被公认为是中国传统家具中的精华。

　　而形成于清代中期的清式家具则一改明式家具的朴素、典雅，代之以端庄、绚丽、豪华的新风格。清式家具的产地主要有北京、苏州、广州三个地方，逐步形成了"京式"、"苏式"、"广式"三种不同的地域风格。由于受到外来文化的影响，清式家具在传统家具的基础上，吸收西洋家具中的设计理念，形成了中西合璧的风格。这其中，以广东地区生产的广式家具最具代表性。

一、广式家具：中西合璧，自成风格

　　广州的家具制造在明代已经有所发展，但是明代至清代早期，都是以苏式家具为主打，苏州一带制作的传统家具深受宫廷及社会欢迎。当时广州的家具制作主要以仿制苏式家具的样式和风格为主，尚未形成自己的特色。这也就是当时人所谓的"苏州样，广州匠"。广式家具的真正形成，还是要从清代乾隆时期开始。当时由于宫廷审美风尚的改变，带动了家具行业的变化，含蓄、典雅的明式家具逐渐被装饰繁杂、用料粗大、厚重的清式家具所取代。广式家具就是在这样的社会背景下应运而生。

　　广州是东南亚各国优质木材进口的主要港埠和通道,大批优质木材源源不断从南洋运到中国。同时,广东、广西又是中国贵重木材的主要产地,品种也比较多。据《博物要览》记载:"花梨产交(交趾)广(即广东、广西)溪涧,一名花榈树,叶如梨而无实,木色红紫而肌理细腻,可做器具、桌、椅、文房诸器。"从史书记载,可以知道广东制造家具的木材比较充裕,这些得天独厚的有利条件,也使得广州的家具制造业异军突起,迅速发展起来[①]。

　　16 世纪葡萄牙开辟中国贸易以来,不少欧洲传教士、商人与使团成员来到中国,从不同的角度观察中国、报道中国[②]。他们把中国的文化艺术介绍到了西方。在西方的社会生活中刮起了一股"中国风"。这就是 17 ~ 18 世纪流行于欧洲的一种东方情调的装饰艺术风格,这种风格也称为"中国风格"。

　　与之相对应的,西方来华人士向欧洲引进中国文化艺术的同时,也把西方的文化、艺术带到了中国,潜移默化之中,使得中国的社会风尚受到了不断的影响,开始接受西方的新奇产品,并不断加以学习改造,影响到了社会生活的很多方面。单从家具设计领域来说,18 世纪后期,清代的广东家具开始吸收西洋文化的元素,将之与中国传统家具相结合,逐渐形成了独特的地域风格并发扬光大。

　　其中,对广式家具影响最大的应该是 17 ~ 18 世纪欧洲流行的巴洛克和洛可可艺术风格。这两种艺术风格使广式家具制作一改含蓄典雅的风格,注重造型上的变化和细节部分的装饰,追求尽可能完美的视觉效果。

　　巴洛克的艺术风格追求整体造型的厚重,装饰的繁缛,家具的外观是以曲线和端庄的形式相结合,构成上将家具几个主要装饰区以和谐的曲线联系成流动感的整体;而洛可可风格则强调曲线美和细部的装饰。家具造型优美,做工精巧,高雅华贵而崇尚曲线,家具的构造形式以凸曲线作为基调,以 C 形和 S 形的曲线处理家具的轮廓,其表面装饰十分精致[③]。

　　这两种风格在清代晚期,很快被广式家具所广泛运用。轻快动感的曲线取代了传统家具平静而肃穆的垂直线和水平线。广式家具中,有很多形制的家具体现了这两种风格的影响,甚至把这两种不同的艺术风格融合在了一起。比如有着如宫殿府邸般的遮檐、廊柱、围栏构饰的橱柜、拱形的连脚枨、S 形和 X 形的桌椅腿脚、攀缠着西番莲的坐椅靠背等。总之在所有能施以刀工的部位,都充满了装饰。胡德生先生就曾总结出广式家具的特点,"装饰上富丽堂皇,雕刻繁复;用材厚重,体态宽大"。

二、西风浩荡下广式风格凸显

　　由于自然条件和经济条件等各方面的有利因素,清代广东的商业、手工业都很繁荣。正如《清代广式家具》一书中所分析的，"占有天时、地利、人和的清代广东家具领先突破了我国千百年来传统家具的原有格式，它大胆地吸收了西欧造型等新的家具形式，创造出崭新的广式家具"④。清代广式家具的产生与广东独特的地理环境，以及清代中后期独特的社会文化环境密不可分。

1. 地利——独特的地理环境

广州地处沿海，历来是中国与外界交往的重要门户，有"千年外贸港市"的美誉。早在汉代，广州已经和海外一些国家有了贸易往来。在广州象岗山发现的南越文王陵墓，就出土了波斯银盒等舶来品。梁朝时，每年来到广州的各国商船有十多批，到了唐代，广州已经成为世界著名的港口，对外贸易范围扩大到南太平洋和印度洋区域诸国。为了加强对外贸易管理，当时的政府在这里设置了中国最早的外贸机构和海关"市舶使"以总管对外贸易。从五代到宋元时期，广州已成为中国最大的商业城市和通商口岸。

到了明清时期，中国逐渐走向闭关锁国状态。而从乾隆二十二年（1757年）开始，清政府下令关闭宁波港，限令外商仅能在广州一口贸易，把原来的多口通商转为独口通商。这意味着广州成为中国面向世界的唯一窗口。因为这种独特的地利，广州获得了与西方物质和文化交流的先机，西方先进的产品，以及艺术、建筑学、美术等方面的新成就，由西方的传教士们先后带入我国。而广州作为西方来华人士最先接触的地方，率先吸收了这些西方的文化艺术，并加以改进与融合，从而形成了独具特色的广式风格。广式家具就是这种中西融合的表现形式之一。

2. 社会文化背景

由于广州成了中国唯一开放的对外贸易口岸，全国进出口货物一下子汇集到广州，在广州旧城西城外的十三行商馆区建起了一幢幢给外国商人存货和居住的夷馆（图一）⑤。广州城内西洋建筑风格的商馆、洋行如雨后春笋般出现，中西贸易兴盛，西方国家的商品源源不断输入中国市场，尤其是罕见的钟表、珐琅器、天文仪器等，引发国人的极大

图一　一百年前的十三行图景

兴趣，上至皇亲国戚，下至黎民百姓，对西洋器物无不倾慕之至，以拥有为时尚。当时的社会风气对于西方的物品具有强烈的好奇心。这也间接促使了广式家具的西化。

西方的建筑形式、生活方式和精美的工艺品传入中国后，由于社会风气和审美风尚的转变，对家具制造业也提出了新的要求。于是，一批适应时人要求的家具应运而生。

它吸收了西方家具设计中的各种型制和装饰，同时，又与中国传统家具加以融合，创造出了独具特色的广式家具。

3. 东西方文化的碰撞

另外一方面，"中国风"的影响在西方依然持续，欧洲社会对于具有中国特色的艺术品具有强烈的偏好。于是，一批专门制作加工西方家具的"洋作坊"诞生了。他们主要承接来料加工的任务。根据外国客户的要求，按照他们绘制的图纸进行加工制作。这就在广式家具中产生了一批"洋装家具"。图二⑥是一副描绘 1825 年广州西式家具作坊生产场景的画，从图中我们可以看到西式的独挺圆桌、扶手椅、沙

图二　广州的欧式家具作坊（1825 年）

发等。这些家具的造型与中国传统家具有所不同，但是又从细节部分体现出传统家具的风格特点，这种中西交融的广式家具在当时的对外贸易中很受西方国家的欢迎。

三、西洋风渗透进家具设计深处

1. 家具型制上的西洋风

中国传统家具的结构，大多以直线为主，方方正正，给人以端正沉稳之感。由于受到西方家具风格的影响，清代广式家具从品种到结构上都发生了一系列的变化。出现了一些新的品种，有的家具整体造型上就是模仿西方，产生了很多曲线动感的造型；有的则在腿足等细小部位采用西方的结构，还有的则从尺寸上加以改进。从不同方面体现了西洋风对于中国家具制作的影响。

（1）椅凳类

中国传统家具中，椅凳类的品种比较少，如圈椅、太师椅、官帽椅、靠背椅、坐墩等，都是比较传统的式样，

图三　X 型高背椅

椅面的结构以直线为主，腿足、靠背部分设计得比较简洁。

　　而在广式家具中，由于受到西洋风的影响，产生了一批完全不同于传统椅凳的家具。如 X 型椅（图三）[7]

　　西方 X 型椅（图四）[8]早在新古典主义时代就被使用，至英国汤姆时代又被重新应用。从图片可以看出，西方 X 形椅的原型，纯粹为 X 型，上下各连以旋木。而广式家具中的 X 型椅又加上了高靠背，纹饰上也增加了传统的龙纹图样。这种中西结合的椅子完全不同于中国传统家具中靠背椅的造型。而细节部分，曲线、旋木、兽爪足也取代了传统家具那种平直肃穆的风格。

　　另外还有一些完全取自西式造型的椅子，如法式花篮椅（图五）[9]。这种花篮椅的造型来自法国。椅子的前后腿均作 S 形弯曲，前后腿之间上下各以旋木连接。从其造型分析，应用 C 形和 S 形的腿柱，注重动感的设计，应是洛可可艺术影响下的产物。

图四　西方 X 型椅

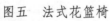

图五　法式花篮椅

图六　单柱旋转椅

　　单柱式的椅子和凳子在清代的广式家具中也比较常见。这种单柱的造型本身就来源于西方。一般在桌子中比较常见。用于椅凳上的时候，单柱可以旋转（图六）[10]。图中的这个椅子，上半部分保留了一些传统家具中圈椅的特点，但是靠背增加了曲线和动感。单柱的设计就完全体现了西洋风格。

　　（2）床榻类

　　中国传统家具中，床榻类是历史最悠久的一种，在没有椅凳的时代，床榻类家具还充当坐具的功能。明清时期，床榻类家具主要有架子床、罗汉床等。广式家具中的一部分床榻，由于受到西方床榻造型的影响，具有典型的异域风格。如扶手式罗汉床（图七）[11]。这种床整体造型上保留了罗汉床的特征，但是从细部来看，每一个部分都体现了西洋风格。床的两侧以曲线形的扶手代替了围屏，后屏采用了透雕花草图案，中间高两边低，有西方建筑里檐柱的形式。床的腿足部分则为西式的兽爪足。

图七　扶手式罗汉床

图七　西式翘头靠床

图八[12]为一张西式翘头靠床。这种床在形制上是中国罗汉床和西洋白日床（daybed）二者的结合。侧围成倾斜圆坡形，适用于人体倚靠或斜枕之用，西方仕女图中常见此类靠床，背围则是罗汉床的背围形式和西洋装饰的合璧。

（3）桌案类

桌案类的家具在传统造型中，主要有方桌、长桌、书桌、平头案、翘头案等。在广式家具中，出现了较多新品种的桌案和台式家具。如独挺桌、梳妆台、写字台等等。这些造型新颖的家具一改传统家具中方正平直的桌案形象，将曲线、动感的造型融入了桌案之中。

图九　透雕云龙纹波边大台

图十　梳妆台

　　图九[13]中的桌子，单从造型上看完全不同于传统家具中的桌子造型。尤其是桌子腿足之间的连脚枨，中间雕刻了一朵大花的形象。这种繁琐的连脚枨，在西方十八世纪巴洛克式的家具中较为常见。

　　图十[14]是广式家具中的梳妆台，这种造型也是中国传统家具中所未见的。台上方中央是一面大圆镜，台的中间有抽屉，两旁是面盆架。这种结构相对于传统家具中的面盆架来说，功能更多，更为实用。广式家具中较多类似的梳妆台造型。

　　（4）橱柜类

　　传统家具中的橱柜，往往更注重其储物功能和实用性。常见的有闷户橱、圆角柜、博古架、书架等。一般型制较为简洁。广式家具中，有一部分橱柜受西方影响，造型复杂，注重装饰。如层架式台柜、博古架等。（图十一、十二）[15]

图十一　拱门式博古架　　　　　　　　　图十二　洋花多宝柜

　　图十一为拱门式博古架，架的上方做拱门式，这是典型的西方建筑形式。架的底足同样也是西方的兽爪足。而图十二中的多宝柜相对于传统家具中的多宝柜，层格更为宽阔，整体支架也是西方建筑中的柱子形状。

　　图十三[16]中的这件衣橱形体高大，造型上一反明清家具的传统风格，突破了家具平面的局限，采用多层次立体对称格局。衣橱顶部仿作西方家具建筑风格。底足部位也是西方家具中的兽爪足。橱面设计为左右对称的形式，整体造型上，层次分明，比传统的

衣橱多了很多功能。

图十三　大衣橱

2. 家具装饰中的西洋风

（1）装饰纹样

清代广式家具的一大特点就是注重细节部分的装饰，家具纹饰复杂。除了传统纹样之外，出现了很多西洋风格的装饰图案。

①西番莲（图十四）

图十四　西番莲纹饰

西番莲为西洋传入的一种花，原产西欧。因其葡地蔓生，常被图案化后作缠枝花纹。这种花纹线条流畅，变化无穷，各部分衔接巧妙，很难分出它们的头尾，所以可根据不同器形而随意延伸。⑰

广式家具中较多采用西番莲的装饰，它多以一朵花或几朵花为中心向四围伸展枝叶，且大都上下左右对称。如果装饰在圆形器物上，则枝叶多作循环式，各面纹饰衔接巧妙，很难分辨它们的首尾。一般较多出现在椅背、桌子边缘、柜门等位置。这种纹饰在清代的瓷器和玉器上也被广泛利用。

②卷草纹（图十五）

又称良苕叶，是生长在欧洲南部的地中海沿岸的一种灌木，从拜占庭风格、哥特式风格到文艺复兴风格，西洋卷草纹是所有西洋风格艺术中最普遍的装饰主题⑱。

图十五　卷草纹

清代家具的装饰纹样以吉祥为主，所谓"纹必有意，意必吉祥"，除了中国的传统吉祥纹饰之外，西洋卷草纹的连绵不绝的意境也受到了广式家具制作者的欢迎。一般来说，卷草纹多出现在家具的牙条、背板、腿足等部位。

③西洋风景与建筑

广式家具中，有很多在装饰纹样上采用了西洋的建筑形式与风景，图案的立体感很强。如拱门式博古柜中的拱门，就是西方的典型建筑，还有亭台式书写台中的西式亭台装饰等等。

（2）装饰手法

广式家具的装饰手法上也吸收了西方巴洛克和洛可可这两种艺术风格，比较注重局部的细腻装饰。往往将多种纹样组合在一起，形成了纷繁复杂的视觉效果。

另外，在装饰的技法上，广式家具比较重视采用透雕和镶嵌的技法。透雕风格，更强调了家具纹样的立体感，这也和西方美术中立体透视的技法是分不开的。而镶嵌技法则是在中国传统家具镶嵌技术的基础上发扬光大。所用材质千奇百怪，除了常见的大理石、螺钿、象牙、瘿木之外，还有金银、瓷板、百宝、藤竹、玉石、兽骨甚至景泰蓝等等，所表现的内容，大多为繁复的吉祥图案与文字。集中体现了广式家具"多种材料并用，多种技法结合"的特征。

四、西洋风格的余韵及影响

就家具而言，广式家具是最早受到西洋风影响的，这种影响从清代中期开始，一直延续到民国时期，使得广式家具在18世纪到20世纪初期，占据了中国家具的半壁江山。而广式家具中的这阵西洋风，同时也吹到了其他地域和其他艺术设计领域，给中国的传统文化带来了强有力的冲击。

当然，广式家具在西洋风的影响下也并不是一味仿效，很多重点部件结构和装饰工艺仍保持了中国传统家具的风格，并由此形成了一种既区别于传统家具，又不同于西方家具的新风格。这同时也代表了古典家具向现代家具的过渡形式。这种家具形式是当时社会变革的深刻体现，打破了传统家具的封闭局面，为现代家具的发展注入了一股新鲜血液。

1. 西洋风的波及地域

清代的广式家具受西洋风的影响可见一斑，而从清代末年开始，因为社会的动荡和混乱，传统的家具更加式微。西洋风的影响遍及全国。

西洋风影响下的广式家具，不仅仅在宫廷和对外贸易中受欢迎，在广东地区民间所用的家具也受到了这种西洋风的影响。（见图十六、十七）[19]

图十六　女子被掳图

图十七　夏日食荔图

　　这两幅图中描绘的是清末广东民间的生活图景，从图中我们可以看见西式的单柱圆桌，还有廊檐上的卷草纹图案。

　　清末到民国年间，随着整个社会风气的转变，苏式家具也开始仿造广式家具的造型和装饰，向繁琐和注重装饰方面转变。借鉴了广式家具中的镶嵌和雕刻，与传统家具的风格有明显不同。

　　而上海一带的所谓海派家具也是受到西洋文化影响后应运而生的。时间为清末到民国年间。出现了一批完全西式或中西合璧式的家具。1843年南京条约签订后，上海开埠，英、美、法纷纷在上海外滩和徐家汇划定租借区，大批洋人涌人上海，同广州一样，西方的文化、艺术和生活方式也涌入上海。海派的家具雕工细致，注重装饰，也明显受到了巴洛克、洛可可等艺术风格的影响。

2. 西洋风引领的社会潮流

　　另外一方面，清末民国时期，整体的社会风尚都比较崇尚西方文化，这也给西洋风的劲吹带来了更广阔的环境。不仅是家具行业，陶瓷、钟表、珐琅器、象牙雕刻等行业都受到了充分的影响。在广州更是如此。清末民国时期，广东地区的对外贸易发达，广式珐琅、广州牙雕、广州钟表，不仅作为贡品进攻入京，更多的是作为商品被出口到西方国家，受到欧洲社会的欢迎。这在另一方面，又更加刺激了广式制作行业中的西洋风设计。

从清代的广式家具中，我们可以看见西洋文化的影响。当然，这种文化上的交流与影响是双向的，在西方，具有中国特色的家具和工艺品也一样受到了当地人的追捧。正是这种相互的交流，使得全球的文化与艺术在不断的融合之中得到传承与发展。

注　释

① http：//info. jj. hc360. com/2008/06/23081556638. shtml

② 袁宣萍《十七至十八世纪欧洲的中国风设计》，第 39 页，文物出版社，2006 年 5 月第 1 版。

③ 蔡易安编著《清代广式家具》，第 68 页，上海书店出版社，2001 年 1 月第 1 版。

④ 蔡易安编著《清代广式家具》，第 50 页，上海书店出版社，2001 年 1 月第 1 版。

⑤ 图片来源，蔡易安编著《清代广式家具》，上海书店出版社，2001 年 1 月第 1 版。

⑥ 图片来源 The Art of Shopping in China. http：//www. pem. org/exhibitions/exhibition. phdid = 37

⑦ 图片来源，蔡易安编著《清代广式家具》，上海书店出版社，2001 年 1 月第 1 版。

⑧ 同上。

⑨ 同上。

⑩ 同上。

⑪ 同上。

⑫ 同上。

⑬ 同上。

⑭ 同上。

⑮ 同上。

⑯ 图片来源，李宗山《中国家具史图说》，湖北美术出版社，2001 年 6 月第 1 版。

⑰ 胡德生《清代广式家具》，故宫博物院院刊，1986，3 期，13～16 页。

⑱ 卢洁《论西方文化对清代广式家具的影响》，《湘潭师范学院学报》自然科学版，第 30 卷第 4 期。

⑲ 广东省立中山图书馆编《旧粤百态：广东省立中山图书馆藏晚清画报选辑》，中国人民大学出版社，2008 年 4 月第 1 版。

非破坏性表面热释光片测定
陶瓷器（α+β）年剂量

鲁　方（广东省文物鉴定站）

梁宝鎏（香港城市大学古陶瓷科学鉴定中心）

一、引　言

热释光测年技术在陶瓷鉴定方面的应用越来越多，其破坏性取样也逐渐为更多人所接受，但测量误差及有少量破坏性的缺点始终存在。这两者又紧密关联，若想提高准确度，则要做年剂量测量[①]，需要取用较大量样品，对考古样品来说是可行的，但对体小胎薄类瓷器而言是不能承受如此严重的破坏；故在鉴定文物真伪时，受限于取样量，年剂量无法测量而取典型值代替，因此容易产生较大的误差。此外，即便做了年剂量的测试，仍因长期存放或埋藏历史环境的变迁，γ 变化的不明影响，也必然存在一定的误差。

尝试在相同取样量情况下减少测年误差，梁宝鎏等（1999）[②]，夏君定等（2001）[③]采用 $CaSO_4$：Tm 超薄型剂量片（TLD 片），分别在取样后留下的孔内及直接在瓷器表面上作无损的 β 年剂量测量，加上对特殊环境 γ 剂量的测量，得到了 34 个元、明、清代瓷片的（β + γ）年剂量。它们和 α 计数法的平均值关系为：

孔内 TLD 片：表面 TLD 片：α 计数法结果 = 5. 89：5. 61：4. 92（mGy）.

这对于瓷器的年剂量估计又前进了一步，虽然平均值误差仍大（14%）以及环境 γ 变化仍未考虑。

在正常使用热释光高温细粒法测定陶器时，α 年剂量一定要考虑的，是否能用同一方法测量呢？本实验用 8 件陶、瓷片作表面 TLD 片测试，为了更准确地得到的（α + β）等效年剂量与 α 计数法结果的关系，需要扣除不真实的特殊环境 γ 剂量的影响。

如果这个（α + β）及前述②③文中 β 年剂量，对比 α 计数法相应量有可靠且相近结果的话，人们可以专注估计环境 γ 及其变化，甚至也用此 TLD 片来单独研究各种环境 γ 剂量，这将是很有意义的事。

二、实验方法

2. 1　实验条件：

选取 8 件陶瓷片样品，表面各贴上二、三片 Φ8mmTLD 片，用发泡胶压紧，再用橡皮筋捆好，外包锡纸、黑纸；环境 γ 辐射剂量的测量是用同样 Φ8mm TLD 片，放在直径 6cm 烧瓶、内装有约 5cm 厚的纯 SiO₂ 颗粒中间；样品及烧瓶全部放在无放射源及热源的柜子里，静置一年后，取出相应 TLD 片，用冲子冲出 Φ2mm 片作测量用。

2. 2　弱标定源问题：

一般要求 TLD 标定用的实验室 β 辐射剂量率，它所引发的热释光量，应该与要测量的 TLD 片所引发的热释光量相当。但我们用于标定陶瓷样品古剂量 β 源（热释光剂量仪内置密封源），辐射剂量率都很强，不适宜直接标定此处较弱的年剂量。

2. 3　改进方法：

一是加大强标定源与样品的距离，如②③文中所用的一样；另一方法是在强标定源与样品之间加隔减弱射线的物质，例如铅片。在此我们采用后者，用一块 $40 \times 28mm$，$1148mg/cm^2$ 的铅片加贴于丹麦 Risφ 的 TL/OSL – DA – 15 型测试系统中强 β 标定源（4918 ± 98 mGy）出射口处。由下表 1 的测试数据及标定公式得

D_I（50 sec）＝（C_I/Cs）× Ds；最后得到的平均值 ＝（5.72 ± 0.06）mGy

D_I（50 sec）– 不同片被标定的辐照 50 秒 β 剂量率；

C_I – 对应不同片 D_I（50 sec）剂量的热释光量；

Ds – 标准辐射 β 剂量率（4918 mGy）；Cs – 对应不同片 Ds 剂量的热释光量。

C_I，Cs 为对应不同片热释光发光曲线峰值 ±25℃ 范围积分值，加热速率为 5℃/Sec。

表 1　弱标定源的建立

标准辐射 β 剂量率 Ds（mGy）	对应标准 β 剂量率释光量 Cs	对应减弱 β 剂量率释光量 C$_I$	减弱后 β 剂量率 D$_I$（50sec）（mGy）
4918 ± 98	18328785	20718	5. 56 ± 0. 11
4918 ± 98	6593695	7665	5. 72. ± 0. 11
4918 ± 98	2094278	2510	5. 89 ± 0. 11
		平均 Average	5. 72 ± 0. 06

三、实验结果

使用上述改进后热释光测试系统，依据下列公式：

Dx ＝（Cx/C_I）x D_I（50sec），Dx、Cx 为对应不同陶瓷样品表面 TLD 片的测试剂量及相应的热释光量；

D_I（50sec）为标定剂量 ＝ 5.72 ±0.06 mGy

测量数据及每个样品 Dx 值见表2。

实际上，贴在表面的 TLD 片测试剂量 Dx 只代表所测样品（α＋β）等效年剂量的一半加上放置一年期间从环境中吸收的 γ 剂量。表中的 Dx 值偏大，原因是我们使用该 TLD 片总热释光量直接计算其剂量而没有实时减去该片热释光本底缘故（因为信号量少，噪声大，导致相对误差很大）。我们在后面减去环境 γ 年剂量（Dγ）时已一并减去此本底。因而得到的样品（α＋β）等效年剂量 D（α＋β）：

$$D（α＋β）＝（Dx － Dγ）x 2$$

全部样品名称及测试结果列于表3。

由表3可知，表面 TLD 片测试剂量 D（α＋β）与 α 计数法得到（α＋β）年剂量比较，平均值大致相近（相差约0.63%），但个别相差达20%～30%，有一个更达54%，个别误差需要做更多更准确的实验以验证误差来源。两种方法得到的 D（α＋β）平均值达到8.9mGy左右，与我们常用的经验值5.5mGy（含 Dγ）有较大的差距，其中第3、5号样品两种方面测得的（α＋β）年剂量很大，可能与标本成份有关，具体原因还有待探讨。

本方法可在不扩大陶瓷取样损伤情况下提高其测年准确度（减少年龄误差），由于测试周期较长（三个月至半年），对于博物馆或考古研究所等收藏单位而言没有太多问题，但难以满足一般社会收藏者的快速鉴定需求。

表2　TLD 样品测试数据

样品号 Sample x	计数 Counts		TLD 片的测试剂量 Dx（mGy）
	TLD 片的热释光量 C_x	对应减弱 β 剂量率释光量 C_I	
1	24809	11262	12.60 ± 0.13
	18402	10582	9.95 ± 0.10
		平均值 Average	11.28 ± 0.08
2	7810	3422	13.05 ± 0.14
		平均值 Average	13.05 ± 0.14

	21144	7035	17. 19 ± 0. 18
3	30147	11590	14. 88 ± 0. 16
	18395	6294	16. 72 ± 0. 18
		平均值 Average	16. 26 ± 0. 10
4	24033	9142	15. 04 ± 0. 16
	12681	6716	10. 80 ± 0. 11
		平均值 Average	12. 92 ± 0. 10
5	17598	6073	16. 58 ± 0. 17
	17624	5967	16. 89 ± 0. 18
	26042	9070	16. 42 ± 0. 12
		平均值 Average	16. 63 ± 0. 09
6	17771	9044	11. 24 ± 0. 12
	12141	5246	13. 24 ± 0. 14
		平均值 Average	12. 24 ± 0. 09
7	12288	5517	12. 74 ± 0. 13
	12288	5517	12. 74 ± 0. 13
		平均值 Average	12. 74 ± 0. 09
8	19141	7533	14. 53 ± 0. 15
	22021	10327	12. 20 ± 0. 13
		平均值 Average	13. 37 ± 0. 10
Bkg	8520	4888	9. 97 ± 0. 24
	7658	5322	8. 23 ± 0. 18
		平均值 Average	9. 10 ± 0. 10

表 3：TLD 样品测年数据

序号 No	样品 描述 Sample Descrip – tion	年代 Date	TLD 片的 热释光量 Dx（mGy）	等效年剂量 D（α＋β）（mGy）	D（α＋β）（α计数法）（mGy）	D（α＋β）/ D（α＋β）（α计数法）
1	硬陶片 Hard pottery	六朝 – 隋 （AD420 –618）	11. 28	4. 36	6. 42	0. 68

2	瓷片 Cramic chip	南宋－金 （AD1127－1234）	13. 05	7. 9	10. 85	0. 73
3	青瓷片 Celadon	南宋－元 （AD1127－1368）	16. 26	14. 32	11. 53	1. 24
4	硬陶片 Hard pottery	隋－唐 （AD581－907）	12. 92	7. 64	7. 93	0. 96
5	瓷片 Cramic chip	元 （AD1280－1368）	16. 63	15. 06	9. 77	1. 54
6	青花瓷 Blue－White Porcelain	明中、后期 （AD1505－1644）	12. 24	6. 28	6. 27	1. 00
7	青花瓷 Blue－White Porcelain	南宋－元 （AD1127－1368）	12. 74	7. 28	9. 27	0. 785
8	青花瓷片 Blue－White Porcelain	乾隆 （AD1736－1795）	13. 37	8. 57	8. 92	0. 96
平均值 Average				8. 926	8. 87	1. 0063

＊本文受广东省科技计划资助（项目编号：2006B36401003）

注　释

① M. J. Aitken, Thermoluminescence Dating, 1985, Chaper 4（pp. 61－109）

② 梁宝鎏, Stokes M J, 夏君定, 等. 核技术, 1999, 22（9）：617－621

③ 夏君定, 王维达, 梁宝鎏, 核技术, 2001, 24（12）：1002－1005

封面设计：周小玮
责任印制：陈　杰
责任编辑：贾东营

图书在版编目（CIP）数据

文物鉴定与研究.4/广东省文物鉴定站编.—北

京：文物出版社,2010.4

ISBN 978 – 5010 – 2942 – 6

Ⅰ.①文…　Ⅱ.①广…　Ⅲ.①文物—鉴定—中国②文

物—研究—中国　Ⅳ.①K854.2

中国版本图书馆 CIP 数据核字（2010）第 045776 号

文 物 鉴 定 与 研 究（四）

广东省文物鉴定站　编

*

文 物 出 版 社 出 版 发 行

（北京东直门内北小街 2 号楼）

http://www.wenwu.com

E – mail：web@ wenwu.com

北京君升印刷有限公司印刷

新 华 书 店 经 销

787 × 1092　1/16　印张：19

2010 年 4 月第 1 版　2010 年 4 月第 1 次印刷

ISBN 978 – 7 – 5010 – 2942 – 6　定价：90.00 元